民法典普及推荐读本

民法典

物权编

实用问题版

实用问题及实务工具部分撰稿人
黎明琳
上海市黄浦区行政学院
王文静
上海市黄浦区行政学院

法律出版社 | LAW PRESS

图书在版编目(CIP)数据

民法典物权编:实用问题版 / 法律出版社法律应用中心编. -- 北京:法律出版社,2021
(民法典实用问题版系列)
ISBN 978-7-5197-4813-5

Ⅰ. ①民… Ⅱ. ①法… Ⅲ. ①物权法-汇编-中国 Ⅳ. ①D923.29

中国版本图书馆CIP数据核字(2020)第139509号

民法典物权编:实用问题版
MINFADIAN WUQUANBIAN:SHIYONG WENTI BAN

法律出版社法律应用中心 编

责任编辑 朱海波 谢瑞忠
装帧设计 鲁 娟

出版 法律出版社
总发行 中国法律图书有限公司
经销 新华书店
印刷 天津嘉恒印务有限公司
责任校对 周诗湄
责任印制 吕亚莉
编辑统筹 法律应用出版分社
开本 A5
印张 14.25
字数 466千
版本 2021年2月第1版
印次 2021年2月第1次印刷

法律出版社/北京市丰台区莲花池西里7号(100073)
网址/www.lawpress.com.cn
投稿邮箱/info@lawpress.com.cn
举报维权邮箱/jbwq@lawpress.com.cn
销售热线/400-660-8393
咨询电话/010-63939796

中国法律图书有限公司/北京市丰台区莲花池西里7号(100073)
全国各地中法图分、子公司销售电话:
统一销售客服/400-660-8393/6393
第一法律书店/010-83938432/8433 西安分公司/029-85330678 重庆分公司/023-67453036
上海分公司/021-62071639/1636 深圳分公司/0755-83072995

书号:ISBN 978-7-5197-4813-5 **定价**:55.00元
(如有缺页或倒装,中国法律图书有限公司负责退换)

出版说明

2021 年 1 月 1 日《民法典》正式施行。《民法典》是一本写满民事权利的宣言书，与人民的生活密切相关，几乎所有的民事活动都能在《民法典》中找到依据。为帮助读者更好地理解《民法典》中的法律概念、术语以及具体条文的适用，我们从实用、易懂、便捷的角度出发，编写了“民法典实用问题版系列”图书。

本套图书具有以下特点：

1. 实用的解读。对重点条文根据立法、司法、行政机关的释义、解读以及相关法律法规的规定等进行精炼、准确的解答，为理解、适用《民法典》的条文规定提供实用的解读。

2. 实用的指引。结合生活、工作实践提炼法律适用问题，并依据《民法典》及相关法律法规、司法解释、部门规章的进一步规定进行分析解答，为处理法律事务、解决法律问题提供实用的指引。

3. 实用的工具。提炼法律知识图表，让成体系的《民法典》相关规定的适用一目了然，同时收录了常用的法律文书（合同）范本，供读者参照使用，为处理民事法律事务提供实用的工具。

4. 实用的依据。收录常用的法律法规、司法解释、部门规章等（电子版免费阅读使用，并持续更新），并以《民法典》的体例进行划分，条理清晰、查询方便，后续电子版将根据法律法规的变化持续调整，为处理民事法律事务提供实用的依据。

带着问题学习法律，以法律解决实际问题！希望本套丛书能够为广大读者带来切实的法律帮助。

2021 年 2 月

《民法典》线上配套法律法规汇编

本汇编为“民法典实用问题版系列”的配套法规，旨在为读者提供便捷的、全面的在线内容查询。本汇编以《民法典》的体例划分，条理清晰、查询方便，后续将根据法律法规的变化持续调整，为处理民事法律事务提供实用的依据。

本汇编包含：(1)《民法典》全文正式版本。(2)《民法典》与《婚姻法》《继承法》《民法通则》《收养法》《担保法》《合同法》《物权法》《侵权责任法》《民法总则》相关法律的条文对照。(3)与《民法典》相关的法律、行政法规、司法解释、司法批复、司法文件、部门规章等。

目　录

民法典　第二编　物　权

实用问题

关联法规

实用工具

民法典

第二编　物　权

第一分编　通　　则

第一章　一般规定

第二百零五条　【物权编的调整范围】本编调整因物的归属和利用产生的民事关系。

条文注解

本条规定了物权编规范的社会关系，也就是物权编的调整范围。物的归属，是指物的所有人是谁，确定物的归属即是确定在民事上财产权属于谁，这是对物进行利用的前提。所有权人对其所有物无论自己使用还是交他人使用，都是对物的利用。对物的利用是对物拥有所有权的目的所在。需要明确的是，物权编并不一般性地调整所有的物的归属和利用的关系，而只调整平等主体之间因物的归属和利用而产生的财产关系，也就是本条规定的“民事关系”。

关联法规

《民法典》第2、114、115条

第二百零六条　【社会主义基本经济制度与社会主义市场经济】国家坚持和完善公有制为主体、多种所有制经济共同发展，按劳分配为主体、多种分配方式并存，社会主义市场经济体制等社会主义基本经济制度。

国家巩固和发展公有制经济，鼓励、支持和引导非公有制经济的发展。

国家实行社会主义市场经济，保障一切市场主体的平等法律地位和发展权利。

条文注解

物权编把社会主义基本经济制度两个“毫不动摇”作为物权编的基本原则，这一基本原则规定作为物权编的核心，贯穿并体现在整部物权编的始终。作为规范平等主体之间因物的归属和利用而产生的财产关系的物权编，物权关系的主体具有平等的法律地位是物权编调整的平等财产关系存在的前提，这也是物权编乃至民法存在的前提。没有平等关系就没有民法，没有平等的财产关系就没有物权编。因此，物权编将实行社会主义市场经济与保障一切市场主体的平等法律地位和发展权利作为基本原则。

关联法规

《宪法》第6、11、15条

第二百零七条　【物权平等保护原则】国家、集体、私人的物权和其他权利人的物权受法律平等保护，任何组织或者个人不得侵犯。

条文注解

本条是关于平等保护国家、集体和私人的物权原则的规定。民法调整平等主体的自然人、法人和非法人组织之间的人身关系和财产关系;民事主体的人身权利、财产权利以及其他合法权益受法律保护,任何组织或者个人不得侵犯;民事主体在民事活动中的法律地位一律平等;民事主体从事民事活动,应当遵循自愿、公平、诚实信用的原则。本条规定了“其他权利人的物权”,这是由于本条是从所有制的角度对物权主体分类规定平等保护原则的,尚有无法完全纳入“国家”“集体”“私人”的权利人,如公益性基金会等,因此规定了“其他权利人”。

关联法规

《宪法》第12、13条,《民法典》第3、113条

第二百零八条 【物权公示原则】不动产物权的设立、变更、转让和消灭,应当依照法律规定登记。动产物权的设立和转让,应当依照法律规定交付。

条文注解

物权公示原则包括两个方面:一是物权变动,物权人享有物权、物权的内容变更或者物权消灭以什么方式确定;二是物权公信,由于物权是排他的“绝对权”“对世权”,须让广大的义务人清楚地知道谁是权利人,不应该妨碍谁。除有相反证据外,确定物的归属就是不动产看登记,动产看占有。物权编有关财产归属的规定是人类文明的优秀成果,各国有关财产归属的规定大同小异,方法简单,一目了然。如果不采取这种方法,必然使经济秩序混乱不堪,最终影响经济的发展和社会的进步。

关联法规

《城市房地产管理法》第60、61条,《不动产登记暂行条例》

第二章　物权的设立、变更、转让和消灭

第一节　不动产登记

第二百零九条　【不动产物权登记的效力】不动产物权的设立、变更、转让和消灭，经依法登记，发生效力；未经登记，不发生效力，但是法律另有规定的除外。

依法属于国家所有的自然资源，所有权可以不登记。

条文注解

不动产，即土地以及房屋、林木等土地附着物。不动产的物权，在各国和地区都是物权编最重要的内容。不动产物权的重要意义和作用，又与不动产登记制度有着紧密的联系。本条规定，除法律另有规定外，不动产物权的设立、变更、转让和消灭，经依法登记，发生效力；未经登记，不发生效力。这表明，原则上不动产物权登记是不动产物权的法定公示手段，是不动产物权设立、变更、转让和消灭的生效要件，也是不动产物权依法获得承认和保护的依据。

本条规定，“法律另有规定的除外”，主要包括三个方面的内容：一是本条第2款所规定的，依法属于国家所有的自然资源，所有权可以不登记。二是本章第三节规定的物权设立、变更、转让或者消灭的一些特殊情况，即主要是非依法律行为而发生的物权变动的情形：第一，因人民法院、仲裁委员会的法律文书，人民政府的征收决定等，导致物权设立、变更、转让或者消灭的，自法律文书生效或者人民政府的征收决定等行为生效时发生效力。第二，因继承取得物权的，自继承开始时发生效力。第三，因合法建造、拆除房屋等事实行为设立和消灭物

权的,自事实行为成就时发生效力。三是考虑到现行法律的规定以及我国的实际情况尤其是农村的实际情况,并未一概规定必须经依法登记才发生效力。

关联法规

《不动产登记暂行条例》,《不动产登记暂行条例实施细则》,《民法典》第 374 条,《森林法》第 3 条,《土地管理法》第 12 条,《草原法》第 11 条

第二百一十条 【不动产登记机构和不动产统一登记】不动产登记,由不动产所在地的登记机构办理。

国家对不动产实行统一登记制度。统一登记的范围、登记机构和登记办法,由法律、行政法规规定。

关联法规

《不动产登记暂行条例》,《不动产登记暂行条例实施细则》

第二百一十一条 【不动产登记申请资料】当事人申请登记,应当根据不同登记事项提供权属证明和不动产界址、面积等必要材料。

条文注解

《不动产登记暂行条例》第 16 条就明确规定,申请人应当提交下列材料,并对申请材料的真实性负责:(1)登记申请书;(2)申请人、代理人身份证明材料、授权委托书;(3)相关的不动产权属来源证明材料、登记原因证明文件、不动产权属证书;(4)不动产界址、空间界限、

面积等材料；(5)与他人利害关系的说明材料；(6)法律、行政法规以及该条例实施细则规定的其他材料。

关联法规

《不动产登记暂行条例》第14~16条

第二百一十二条 【登记机构的职责】登记机构应当履行下列职责：

(一)查验申请人提供的权属证明和其他必要材料；

(二)就有关登记事项询问申请人；

(三)如实、及时登记有关事项；

(四)法律、行政法规规定的其他职责。

申请登记的不动产的有关情况需要进一步证明的，登记机构可以要求申请人补充材料，必要时可以实地查看。

关联法规

《不动产登记暂行条例》第17~22条

第二百一十三条 【登记机构不得从事的行为】登记机构不得有下列行为：

(一)要求对不动产进行评估；

(二)以年检等名义进行重复登记；

(三)超出登记职责范围的其他行为。

关联法规

《不动产登记暂行条例》第29、30条

第二百一十四条　【不动产物权变动的生效时间】不动产物权的设立、变更、转让和消灭，依照法律规定应当登记的，自记载于不动产登记簿时发生效力。

关联法规

《不动产登记暂行条例》第21条

第二百一十五条　【合同效力与物权变动区分】当事人之间订立有关设立、变更、转让和消灭不动产物权的合同，除法律另有规定或者当事人另有约定外，自合同成立时生效；未办理物权登记的，不影响合同效力。

条文注解

以发生物权变动为目的的基础关系，主要是合同，它属于债权法律关系的范畴，成立以及生效应该依据合同法来判断。民法学将这种合同看成物权变动的原因行为。不动产物权的变动只能在登记时生效，依法成立生效的合同也许不能发生物权变动的结果。这可能是因为物权因客观情势发生变迁，使物权的变动成为不可能；也可能是物权的出让人"一物二卖"，其中一个买受人先行进行了不动产登记，其他的买受人便不可能取得合同约定转让的物权。有关设立、变更、转让和消灭不动产物权的合同和物权的设立、变更、转让和消灭本身是两个应当加以区分的情况。除非法律有特别规定，合同一经成立，只要不违反法律的强制性规定和社会公共利益，就可以发生效力。合同只是当事人之间的一种合意，并不必然与登记联系在一起。登记是针对民事权利的变动而设定的，它是与物权的变动联系在一起的，是一种物权变动的公示方法。登记并不是针对合同行为，而是针对物权的变动所采取的一种公示方法，如果当事人之间仅就物权的变动达成合意，而没有办理登记，合同仍然有效。例如，当事人双方订立了房屋买卖合同之后，合同就已经生效，如果没有办理登记手续，房屋所有权不能发生移转，但买受人基于有效合同而享有的占有权仍然受到保护。违约的合同当事人一方应该承担违约责任。依不同情形，买受人可以请求债务人实际履行合同，即请求出卖人办理不动产转让登记，或者请求债务人赔偿损失。

关联法规

《民法典》第 502 条

第二百一十六条　【不动产登记簿的效力和管理】不动产登记簿是物权归属和内容的根据。

不动产登记簿由登记机构管理。

条文注解

本条第 1 款的规定，在民法学上一般称为权利正确性推定原则，即在不动产登记簿上记载某人享有某项物权时，推定该人享有该项权利，其权利的内容也以不动产登记簿上的记载为准。

不动产登记簿记载的权利和事实上的权利应当是一致的，法律也要求登记机构正确履行职责，如实记载登记事项，但是由于现实经济生活的复杂性，也会产生两者不符的情形。法律在为建立公正安全的交易秩序而保护相对人利益的同时，也为可能的事实权利人提供了异议登记、更正登记等救济手段。

关联法规

《不动产登记暂行条例》第8~10条

第二百一十七条 【不动产登记簿与不动产权属证书的关系】不动产权属证书是权利人享有该不动产物权的证明。不动产权属证书记载的事项，应当与不动产登记簿一致；记载不一致的，除有证据证明不动产登记簿确有错误外，以不动产登记簿为准。

关联法规

《不动产登记暂行条例》第21条，《最高人民法院关于适用〈中华人民共和国民法典〉有关担保制度的解释》第47条

第二百一十八条 【不动产登记资料的查询、复制】权利人、利害关系人可以申请查询、复制不动产登记资料，登记机构应当提供。

关联法规

《不动产登记暂行条例》第27条

第二百一十九条 【不动产登记资料的合理使用】利害关系人不得公开、非法使用权利人的不动产登记资料。

关联法规

《不动产登记暂行条例》第28条

第二百二十条 【更正登记与异议登记】权利人、利害关系人认为不动产登记簿记载的事项错误的，可以申请更正登记。不动产登记簿记载的权利人书面同意更正或者有证据证明登记确有错误的，登记机构应当予以更正。

不动产登记簿记载的权利人不同意更正的，利害关系人可以申请异议登记。登记机构予以异议登记，申请人自异议登记之日起十五日内不提起诉讼的，异议登记失效。异议登记不当，造成权利人损害的，权利人可以向申请人请求损害赔偿。

条文注解

更正登记与异议登记同样是保护事实上的权利人或者真正权利人以及真正权利状态的法律措施。与异议登记不同的是，更正登记是彻底地消除登记权利与真正权利不一致的状态，避免第三人依据不动产登记簿取得不动产登记簿上记载的物权。因此，也可以认为更正登记是对原登记权利的涂销登记，同时是对真正权利的初始登记。更正登记有两种方式：一种是经权利人（包括登记上的权利人和事实上的权利人）以及利害关系人申请的登记；另一种是登记机关自己发现错误后作出的更正登记。

所谓异议登记，就是将事实上的权利人以及利害关系人对不动产登记簿记载的权利所提出的异议记入登记簿，异议登记的法律效力是，登记簿上所记载权利失去正确性推定的效力，第三人也不得主张依照登记的公信力而受到保护。异议登记虽然可以对真正权利人提供保护，但这种保护应当是临时性的，因为它同时也给不动产物权交易造成了一种不稳定的状态。为使不动产物权的不稳定状态早日恢复正常,法律必须对异议登记的有效期间作出限制。因此,本条规定,申请人自异议登记之日起15日内不起诉的,异议登记失效。申请人在异议登记之日起15日内不起诉,说明异议登记的申请人不积极行使其权利,为使登记簿上记载的权利人的利益和正常的交易秩序不致受到严重的影响,法律规定这时该异议登记失去其效力。由于异议登记可以使登记簿上所记载权利失去正确性推定的效力。同时,异议登记的申请人在提出异议登记的申请时也无须充分证明其权利受到了损害,因此,如果申请人滥用异议登记制度,将可能对登记簿上记载权利人的利益造成损害。所以,本条规定,异议登记不当,造成权利人损害的,权利人可以向申请人请求损害赔偿。

关联法规

《最高人民法院关于适用〈中华人民共和国民法典〉物权编的解释(一)》第3条

第二百二十一条 【预告登记】当事人签订买卖房屋的协议或者签订其他不动产物权的协议,为保障将来实现物权,按照约定可以向登记机构申请预告登记。预告登记后,未经预告登记的权利人同意,处分该不动产的,不发生物权效力。

预告登记后,债权消灭或者自能够进行不动产登记之日起九十日内未申请登记的,预告登记失效。

条文注解

预告登记,是指为保全一项请求权而进行的不动产登记,该项请求权所要达到的目的,是在将来发生不动产物权变动。这种登记是不动产登记的特殊类型。其他的不动产登记都是对现实的不动产物权进行登记，而预告登记所登记的，不是不动产物权，而是将来发生不动产物权变动的请求权。预告登记的本质特征是使被登记的请求权具有物权的效力。也就是说，进行了预告登记的请求权，对后来发生的与该项请求权内容相同的不动产物权的处分行为，具有对抗的效力，这样，所登记的请求权就得到了保护。

关联法规

《城市商品房预售管理办法》第10条，《最高人民法院关于适用〈中华人民共和国民法典〉物权编的解释（一）》第4、5条，《最高人民法院关于适用〈中华人民共和国民法典〉有关担保制度的解释》第52条

第二百二十二条　【不动产登记错误的赔偿】当事人提供虚假材料申请登记，造成他人损害的，应当承担赔偿责任。

因登记错误，造成他人损害的，登记机构应当承担赔偿责任。登记机构赔偿后，可以向造成登记错误的人追偿。

条文注解

本条第2款规定，因登记错误，给他人造成损害的，登记机构应当承担赔偿责任。这里造成登记错误的原因，既包括登记机构工作人员故意以及疏忽大意等过错，也包括当事人提供虚假材料欺骗登记机构等情形。登记错误的受害人处于相对弱势的地位，这样规定，是为了对受害人提供更加充分的保护。登记机构赔偿后，可以向造成登记错误的人追偿。

关联法规

《不动产登记暂行条例》第29条

第二百二十三条 【不动产登记的费用】不动产登记费按件收取，不得按照不动产的面积、体积或者价款的比例收取。

关联法规

《国家发展改革委员会、财政部关于不动产登记收费标准等有关问题的通知》

第二节 动产交付

第二百二十四条 【动产交付的效力】动产物权的设立和转让，自交付时发生效力，但是法律另有规定的除外。

条文注解

"动产物权的设立和转让，自交付时发生效力"，指的是当事人通过合同约定转让动产所有权和设立动产质权两种情况。物权编所说的交付，指的是物的直接占有的转移，即一方按照法律行为要求，将物的直接占有移转给另一方的事实。本条规定的"法律另有规定的除外"主要指的是：(1)本节对动产物权的设立和转让的一些特殊情况，即本法第226~228条；(2)本章第三节对主要是非依法律行为而发生的物权变动问题所作的规定，即本法第229~231条；(3)本法物权编第四分编"担保物权"对动产抵押权和留置权的相关规定。

关联法规

《民法典》第226~231条,《民法典》物权编第四分编

第二百二十五条 【特殊动产登记的效力】船舶、航空器和机动车等的物权的设立、变更、转让和消灭,未经登记,不得对抗善意第三人。

条文注解

法律对船舶、航空器和汽车等动产规定有登记制度,其物权的变动如果未在登记部门进行登记,就不产生社会公信力,不能对抗善意第三人。所谓善意第三人,就是指不知道也不应当知道物权发生了变动的物权关系相对人。

关联法规

《海商法》第3、9、10、13条,《民用航空法》第5、11、12、14、16条,《道路交通安全法》第8、12条,《最高人民法院关于适用〈中华人民共和国民法典〉物权编的解释(一)》第6、19条

第二百二十六条 【简易交付】动产物权设立和转让前,权利人已经占有该动产的,物权自民事法律行为生效时发生效力。

条文注解

本条是对简易交付的规定。简易交付,是指交易标的物已经为受让人占有,转让人无须进行现实交付的无形交付方式。民事法律行为是一种目的性行为,即以设立、变更或终止民事法律关系为目的,民事

法律行为的目的与实际产生的后果是相互一致的。本条规定的民事法律行为,主要指的是动产所有权人与受让人订立动产转让的协议以及与质权人订立动产出质协议。受让人已经取得对动产的占有又依据民事法律行为取得其物权的情况下,动产物权的公示已经在事先完成,物权受让人已经能够依物权的排他性行使物权。因此,物权的变动就在当事人之间的关于物权变动的协议生效时生效。

关联法规

《最高人民法院关于适用〈中华人民共和国民法典〉物权编的解释(一)》第17条

第二百二十七条 【指示交付】动产物权设立和转让前,第三人占有该动产的,负有交付义务的人可以通过转让请求第三人返还原物的权利代替交付。

条文注解

指示交付,又称返还请求权的让与,是指让与动产物权的时候,如果让与人的动产由第三人占有,让与人可以将其享有的对第三人的返还请求权让与给受让人,以代替现实交付。

关于本条所规定的指示交付,其逻辑上的前提是,动产物权的让与人对其所转让的标的不享有物理意义上直接占有和直接控制的可能,出让人无法通过现实交付的方式使动产物权得以变动,因此才有本条指示交付适用的余地。条文中的"第三人"即指能够对转让标的(动产)进行物理意义上直接占有和直接控制的一方,例如,前例中根据租赁或者借用协议而占有自行车的乙,或者根据保管合同、动产质押协议等而占有动产的保管人、质权人等,都可以成为本条所规定的

“第三人”。此外需要特别说明的是，在利用提单、仓单等证券进行动产物权变动时，接受货物而签发提单或者仓单的承运人或者仓储保管人都可能成为本条中的“第三人”。

除去这一类基于合同等关系而产生的能够对动产进行直接占有和控制的“第三人”外，还有一类“第三人”也在本条的适用范围之内，即不具备法律上的正当原因而占有动产的无权占有人。例如，甲将自己收藏的古董出售给乙，买卖合同达成时甲不知该古董已被丙盗去，甲此时只能向乙转让他对于丙的返还原物请求权来代替实际交付，而丙即是本条所指的“第三人”。

关联法规

《最高人民法院关于适用〈中华人民共和国民法典〉物权编的解释（一）》第17条

第二百二十八条 【占有改定】动产物权转让时，当事人又约定由出让人继续占有该动产的，物权自该约定生效时发生效力。

条文注解

占有改定，是指动产物权的让与人使受让人取得对标的物的间接占有，以代替该动产现实移转的交付。

占有改定必须符合下列三项要件：第一，让与人与受让人达成移转动产物权的合意，一般通过买卖或者让与担保的设定，使受让人取得动产所有权。第二，让与人与受让人之间还须具有某种使得受让人取得动产间接占有的具体法律关系，即本条所规定的由出让人继续占有该动产的双方约定。第三，让与人已经对物进行了直接占有或者间接占有，否则不能发生占有改定的适用。当让与人间接占有标的物时，让与人可以使受让人取得更上一级的间接占有，这样可能存在多层次的占有关系。举例来说，甲将其寄放在乙处的某物出售给丙，同时又与丙签订借用合同以代替交付，则乙为直接占有人，甲、丙都为间接占有人。此外，需要说明的是，除去现实已经存在的动产，占有改定制度还适用于将来可取得的动产。

第三节 其他规定

第二百二十九条 【法律文书或征收决定导致的物权变动】因人民法院、仲裁机构的法律文书或者人民政府的征收决定等，导致物权设立、变更、转让或者消灭的，自法律文书或者征收决定等生效时发生效力。

关联法规

《最高人民法院关于适用〈中华人民共和国民法典〉物权编的解释（一）》第7、8条，《最高人民法院关于审理建筑物区分所有权纠纷案件适用法律若干问题的解释》第1条

第二百三十条 【因继承取得物权】因继承取得物权的，自继承开始时发生效力。

条文注解

继承是导致物权变动的一个重要方式，根据继承编的规定，继承从被继承人死亡时开始。因此，本条所指的"继承开始"就是"被继承人死亡"之时。而此所谓"死亡"既包括自然死亡，如老死、病死、意外事故致死，也包括宣告死亡。在宣告死亡的情形下，自判决所确定的死亡之时继承开始。

需要说明的是，依照根据本节规定，因继承而取得物权，如果涉及的遗产为不动产，依照法律规定需要办理登记，但继承人未办理登记的，对该不动产的处分行为不发生效力。

关联法规

《最高人民法院关于适用〈中华人民共和国民法典〉物权编的解释（一）》第 8 条，《最高人民法院关于审理建筑物区分所有权纠纷案件适用法律若干问题的解释》第 1 条

第二百三十一条　【因事实行为发生物权变动】因合法建造、拆除房屋等事实行为设立或者消灭物权的，自事实行为成就时发生效力。

条文注解

所谓事实行为，应是指不以意思表示为要素的能够产生民事法律后果的法律事实。这一定义表明：首先，事实行为是人的行为，是人的一种有意识的活动，与自然事实有别；其次，事实行为是一种法律事实，即能够在人与人之间产生、变更或终止民事法律关系；最后，事实行为不以意思表示为要素，即行为人是否表达了某种心理状态，法律不予考虑，只要有某种事实行为存在，法律便直接赋予其法律效果。

具体到本条的规定，能够引起物权设立或者消灭的事实行为，如用钢筋、水泥、砖瓦、木石建造房屋或者用布料缝制衣服，用木料制作家具，将缝制好的衣物抛弃或者将制作好的家具烧毁等。本条规定的“自事实行为成就时发生效力”，就是指房屋建成之时、衣服制成之时、家具完成之时或者衣服被抛弃之时、家具被烧毁之时，这些物的所有

权或为设立或为消灭。这些因事实行为而导致的物权的设立或者消灭，自事实行为成就时发生效力，而不需要遵循一般的物权公示方法（不动产为登记，动产为交付）即生效。

关联法规

《最高人民法院关于适用〈中华人民共和国民法典〉物权编的解释（一）》第8条，《最高人民法院关于审理建筑物区分所有权纠纷案件适用法律若干问题的解释》第1条

第二百三十二条　【处分非因民事法律行为享有的不动产物权】处分依照本节规定享有的不动产物权，依照法律规定需要办理登记的，未经登记，不发生物权效力。

第三章　物权的保护

第二百三十三条　【物权纠纷解决方式】物权受到侵害的，权利人可以通过和解、调解、仲裁、诉讼等途径解决。

第二百三十四条　【物权确认请求权】因物权的归属、内容发生争议的，利害关系人可以请求确认权利。

第二百三十五条　【返还原物请求权】无权占有不动产或者动产的，权利人可以请求返还原物。

条文注解

返还原物是物权请求权的一种。物权人的物被他人侵占，物权人的对物支配权受到侵害时，物权人有权请求返还原物，使物复归于物权人事实上的支配。返还原物权请求权的产生，须有他人无权占有不动产或者动产的事实。无权占有就是没有法律根据、没有合法原因的占有。一般包括两种情形：一是占有人从占有之始就没有法律根据，如占有人占有的物是盗窃物。二是占有之初本来有法律根据，但是后来该根据消灭，如租赁他人之物，租赁期限届满而不返还。享有返还原物请求权的权利人应当是物权人，包括所有权人、用益物权人等。至于占有人，无论其是否为有权占有，均应依据占有请求权行使权利，而不能依返还原物请求权行使权利。

关联法规

《最高人民法院关于适用〈中华人民共和国民法典〉物权编的解释(一)》第8条

第二百三十六条　【排除妨害请求权】妨害物权或者可能妨害物权的，权利人可以请求排除妨害或者消除危险。

条文注解

排除妨害也是一种物权请求权。妨害，是指以非法的、不正当的行为，包括施加无权施加的设施，影响了特定物的权利人行使物权。排除妨害请求的目的是消除对物权的障碍或者侵害，使物权恢复圆满状态。需要注意的是，被排除的妨害须具有不法性，倘若物权人负有容忍义务，则物权人不享有排除妨害请求权。

消除危险也是一种物权请求权。消除危险请求权，是指对于某种尚未发生但确有发生可能性的危险，物权人也可以请求有关的当事人采取预防措施加以防止。物权人行使消除危险请求权，只需有危险存在的客观事实，而不论有关的当事人是否具有故意或者过失的主观过错。

关联法规

《最高人民法院关于适用〈中华人民共和国民法典〉物权编的解释（一）》第8条

第二百三十七条　【物权复原请求权】造成不动产或者动产毁损的，权利人可以依法请求修理、重作、更换或者恢复原状。

关联法规

《最高人民法院关于适用〈中华人民共和国民法典〉物权编的解释（一）》第8条

第二百三十八条　【物权损害赔偿请求权】侵害物权，造成权利人损害的，权利人可以依法请求损害赔偿，也可以依法请求承担其他民事责任。

关联法规

《最高人民法院关于适用〈中华人民共和国民法典〉物权编的解释（一）》第8条

第二百三十九条　【物权保护方式的单用与并用】本章规定的物权保护方式，可以单独适用，也可以根据权利被侵害的情形合并适用。

条文注解

物权受到侵害的，当事人可以通过请求确认权利、返还原物、排除妨害、消除危险、修理、重作、更换、损害赔偿等方式保护自己的权利。上述保护方式，可以单独适用，也可以根据权利被侵害的情形合并适用。如果一种方式不足以救济权利人，就同时适用其他方式。

第二分编　所　有　权

第四章　一般规定

第二百四十条　【所有权的定义】所有权人对自己的不动产或者动产，依法享有占有、使用、收益和处分的权利。

条文注解

通常认为，所有权是对物的支配权，这样讲是很抽象的，具体来说在理论上通常都认为所有权具有四项基本权能：(1)占有。占有就是对于财产的实际管领或控制。拥有一个物的一般前提就是占有，这是财产所有者直接行使所有权的表现。所有人的占有受法律保护，不得非法侵犯。对于动产，除非有相反证明，占有某物即是判定占有人享有该物所有权的标准。(2)使用。使用是权利主体对财产的运用，以便发挥财产的使用价值。(3)收益。收益是通过财产的占有、使用等方式取得的经济效益。收益也包括孳息。(4)处分。处分是财产所有人对其财产在事实上和法律上的最终处置。处分权一般由所有权人行使，但在某些情况下，非所有权人也可以有处分权。

第二百四十一条 【所有权人设立他物权】所有权人有权在自己的不动产或者动产上设立用益物权和担保物权。用益物权人、担保物权人行使权利,不得损害所有权人的权益。

条文注解

所有权人在自己的不动产或者动产上设立用益物权和担保物权,是所有权人行使其所有权的具体体现。由于用益物权与担保物权都是对他人的物享有的权利,因此都称为“他物权”,与此相对应,所有权称为“自物权”。

第二百四十二条 【国家专属所有权】法律规定专属于国家所有的不动产和动产,任何组织或者个人不能取得所有权。

第二百四十三条 【征收】为了公共利益的需要,依照法律规定的权限和程序可以征收集体所有的土地和组织、个人的房屋以及其他不动产。

征收集体所有的土地,应当依法及时足额支付土地补偿费、安置补助费以及农村村民住宅、其他地上附着物和青苗等的补偿费用,并安排被征地农民的社会保障费用,保障被征地农民的生活,维护被征地农民的合法权益。

征收组织、个人的房屋以及其他不动产,应当依法给予征收补偿,维护被征收人的合法权益;征收个人住宅的,还应当保障被征收人的居住条件。

任何组织或者个人不得贪污、挪用、私分、截留、拖欠征收补偿费等费用。

关联法规

《土地管理法》第48条

第二百四十四条　【耕地保护】国家对耕地实行特殊保护，严格限制农用地转为建设用地，控制建设用地总量。不得违反法律规定的权限和程序征收集体所有的土地。

关联法规

《土地管理法》第4、30条，《基本农田保护条例》，《刑法》第342、410条

第二百四十五条　【征用】因抢险救灾、疫情防控等紧急需要，依照法律规定的权限和程序可以征用组织、个人的不动产或者动产。被征用的不动产或者动产使用后，应当返还被征用人。组织、个人的不动产或者动产被征用或者征用后毁损、灭失的，应当给予补偿。

条文注解

征用是国家强制使用组织、个人的财产。强制使用就是不必得到所有权人的同意，在国家有紧急需要时即直接使用。国家需要征用组织、个人的不动产和动产的原因，是抢险、救灾、应对突发公共卫生事件等在社会整体利益遭遇危机的情况下，需要动用一切人力、物力进行紧急处理和救助。所以，法律允许在此种情况下限制单位和个人的财产所有权。

由于征用是对所有权的限制，并可能对所有权人造成不利的后果，因此，征用的采用亦有严格的条件限制：(1)征用的前提条件是发

生紧急情况，因此征用适用于出现紧急情况时，平时不得采用；(2)征用应符合法律规定的权限和程序；(3)使用后应当将征用财产返还被征用人，并且给予补偿，但通常不及于可得利益的损失。

关联法规

《突发事件应对法》第52条

第五章　国家所有权和集体所有权、私人所有权

第二百四十六条　【国有财产的范围、国家所有的性质和国家所有权的行使】法律规定属于国家所有的财产，属于国家所有即全民所有。

国有财产由国务院代表国家行使所有权。法律另有规定的，依照其规定。

关联法规

《宪法》第9条，《土地管理法》第2条

第二百四十七条　【矿藏、水流、海域的国家所有权】矿藏、水流、海域属于国家所有。

关联法规

《宪法》第9条，《矿产资源法》第3条，《水法》第3条，《乡镇煤矿管理条例》第3条，《对外合作开采陆上石油资源条例》第3条，《对外

合作开采海洋石油资源条例》第2条

第二百四十八条 【无居民海岛的国家所有权】无居民海岛属于国家所有,国务院代表国家行使无居民海岛所有权。

关联法规

《海岛保护法》第4、5条

第二百四十九条 【国家所有土地的范围】城市的土地,属于国家所有。法律规定属于国家所有的农村和城市郊区的土地,属于国家所有。

关联法规

《宪法》第10条,《土地管理法》第9条

第二百五十条 【自然资源的国家所有权】森林、山岭、草原、荒地、滩涂等自然资源,属于国家所有,但是法律规定属于集体所有的除外。

第二百五十一条 【野生动植物资源的国家所有权】法律规定属于国家所有的野生动植物资源,属于国家所有。

关联法规

《野生动物保护法》,《野生植物保护条例》

第二百五十二条　【无线电频谱资源的国家所有权】无线电频谱资源属于国家所有。

关联法规

《无线电管理条例》

第二百五十三条　【文物的国家所有权】法律规定属于国家所有的文物,属于国家所有。

条文注解

本条规定,法律规定属于国家所有的文物,属于国家所有。在此需要明确的是,并不是所有的文物都归国家所有,而是法律规定属于国家所有的文物,属于国家所有。文物的所有者可以是各类民事主体,民事主体可以按照法律规定享有对文物的所有权。依照《文物保护法》第5条的规定,以下文物属于国家所有:(1)中华人民共和国境内地下、内水和领海中遗存的一切文物,属于国家所有。(2)古文化遗址、古墓葬、石窟寺属于国家所有。国家指定保护的纪念建筑物、古建筑、石刻、壁画、近代现代代表性建筑等不可移动文物,除国家另有规定的以外,属于国家所有。(3)下列可移动文物,属于国家所有:①中国境内出土的文物,国家另有规定的除外;②国有文物收藏单位以及其他国家机关、部队和国有企业、事业组织等收藏、保管的文物;③国家征集、购买的文物;④公民、法人和其他组织捐赠给国家的文物;⑤法律规定属于国家所有的其他文物。《文物保护法》第5条中还规定:"属于国家所有的可移动文物的所有权不因其保管、收藏单位的终止或者变更而改变。国有文物所有权受法律保护,不容侵犯。""国有不可移动文物的所有权不因其所依附的土地所有权或者使用权的改变而改变。”国家依法享有对法律规定属于国家所有的文物的所有权，也就是国家依法享有对其所有的文物的占有、使用、收益和处分的权利。

关联法规

《文物保护法》第5条，《水下文物保护管理条例》第2条

第二百五十四条　【国防资产和基础设施的国家所有权】国防资产属于国家所有。

铁路、公路、电力设施、电信设施和油气管道等基础设施，依照法律规定为国家所有的，属于国家所有。

关联法规

《国防法》第37条第2款、第39条第1款，《电力法》第4条

第二百五十五条　【国家机关的物权】国家机关对其直接支配的不动产和动产，享有占有、使用以及依照法律和国务院的有关规定处分的权利。

第二百五十六条　【国家举办的事业单位的物权】国家举办的事业单位对其直接支配的不动产和动产，享有占有、使用以及依照法律和国务院的有关规定收益、处分的权利。

第二百五十七条　【国家出资的企业出资人制度】国家出资的企业，由国务院、地方人民政府依照法律、行政法规规定分别代表国家履行出资人职责，享有出资人权益。

关联法规

《公司法》第64~70条,《国有企业资产法》

第二百五十八条 【国有财产的保护】国家所有的财产受法律保护,禁止任何组织或者个人侵占、哄抢、私分、截留、破坏。

条文注解

“侵占”,是指以非法占有为目的,将其经营、管理的国有财产非法占为己有。“哄抢”,是指以非法占有为目的,组织、参与多人一起强行抢夺国有财产的行为。“私分”,是指违反国家关于国有财产分配管理规定,以单位名义将国有财产按人头分配给单位内全部或者部分职工的行为。“截留”,是指违反国家关于国有资金等国有财产拨付、流转的决定,擅自将经手的有关国有财产据为己有或者挪作他用的行为。“破坏”,是指故意毁坏国有财产,影响其发挥正常功效的行为,如采取爆破的方式毁坏国有铁路,影响国家正常交通运输的行为。破坏的主体可以是任何的组织或者个人,而且须有主观上的毁坏国有财产的故意。

侵占、哄抢、私分、截留、破坏国有财产的,应当承担返还原物、恢复原状、赔偿损失等民事责任;触犯治安管理处罚法和刑法的,还应当承担相应的法律责任。有关组织的责任人也要依法追究行政责任甚至是刑事责任。

第二百五十九条 【国有财产管理的法律责任】履行国有财产管理、监督职责的机构及其工作人员,应当依法加强对国有财产的管理、监督,促进国有财产保值增值,防止国有财产损失;滥用职权,玩忽职守,造成国有财产损失的,应当依法承担法律责任。

违反国有财产管理规定，在企业改制、合并分立、关联交易等过程中，低价转让、合谋私分、擅自担保或者以其他方式造成国有财产损失的，应当依法承担法律责任。

第二百六十条 【集体财产的范围】集体所有的不动产和动产包括：

（一）法律规定属于集体所有的土地和森林、山岭、草原、荒地、滩涂；

（二）集体所有的建筑物、生产设施、农田水利设施；

（三）集体所有的教育、科学、文化、卫生、体育等设施；

（四）集体所有的其他不动产和动产。

第二百六十一条 【农民集体所有财产归属及重大事项集体决定】农民集体所有的不动产和动产，属于本集体成员集体所有。

下列事项应当依照法定程序经本集体成员决定：

（一）土地承包方案以及将土地发包给本集体以外的组织或者个人承包；

（二）个别土地承包经营权人之间承包地的调整；

（三）土地补偿费等费用的使用、分配办法；

（四）集体出资的企业的所有权变动等事项；

（五）法律规定的其他事项。

关联法规

《土地管理法》第9、10条，《农村土地承包法》第28、52条，《村民委员会组织法》第21～24条，《最高人民法院关于审理涉及农村土地

承包纠纷案件适用法律问题的解释》第1条

第二百六十二条 【集体所有的不动产所有权行使】对于集体所有的土地和森林、山岭、草原、荒地、滩涂等,依照下列规定行使所有权:

(一)属于村农民集体所有的,由村集体经济组织或者村民委员会依法代表集体行使所有权;

(二)分别属于村内两个以上农民集体所有的,由村内各该集体经济组织或者村民小组依法代表集体行使所有权;

(三)属于乡镇农民集体所有的,由乡镇集体经济组织代表集体行使所有权。

条文注解

关于谁来行使集体所有权,本条的规定分为三种情况:

一是属于村农民集体所有的,由村集体经济组织或者村民委员会代表集体行使所有权。这里的"村",是指行政村,即设立村民委员会的村,而非自然村。

二是分别属于村内两个以上农民集体所有的,由村内各该集体经济组织或者村民小组代表集体行使所有权。这里"分别属于村内两个以上农民集体所有",主要是指该农民集体所有的土地和其他财产在改革开放以前就分别属于两个以上的生产队,现在其土地和其他集体财产仍然分别属于相当于原生产队的村民小组的农民集体所有。这里的"村民小组",是指行政村内的由村民组成的自治组织。根据《村民委员会组织法》的规定,村民委员会可以根据村民居住状况、集体土地所有权关系等分设若干个村民小组。

三是属于乡镇农民集体所有的,由乡镇集体经济组织代表集体行使所有权。其又可分为两种情况:一种情况是指改革开放以前,原来以人民公社为核算单位的土地,在公社改为乡镇以后仍然属于乡镇农民集体所有；另一种情况是指在人民公社时期，公社一级掌握的集体所有的土地和其他财产仍然属于乡镇农民集体所有。上述两种情况下，由乡镇集体经济组织来行使所有权。

还需要解释的是“行使所有权”。一是行使集体所有权的客体，既包括集体所有的土地和森林、山岭、草原、荒地、滩涂，也包括集体所有的建筑物、生产设施、农田水利设施；集体所有的教育、科学、文化、卫生、体育等设施；以及集体所有的其他不动产和动产。二是行使所有权的内容就是对集体所有的财产享有占有、使用、收益和处分的权利。

关联法规

《土地管理法》第11条，《农村土地承包法》第13条

第二百六十三条　【城镇集体所有的财产权利行使】城镇集体所有的不动产和动产，依照法律、行政法规的规定由本集体享有占有、使用、收益和处分的权利。

第二百六十四条　【集体成员对集体财产的知情权】农村集体经济组织或者村民委员会、村民小组应当依照法律、行政法规以及章程、村规民约向本集体成员公布集体财产的状况。集体成员有权查阅、复制相关资料。

第二百六十五条　【集体所有财产保护及农村集体成员合法权益保护】集体所有的财产受法律保护，禁止任何组织或者个人侵占、哄抢、私分、破坏。

农村集体经济组织、村民委员会或者其负责人作出的决定侵害集体成员合法权益的，受侵害的集体成员可以请求人民法院予以撤销。

条文注解

针对损害集体财产的主要行为,本条强调了禁止任何组织或者个人侵占、哄抢、私分、破坏集体财产。所谓的“侵占”,是指以非常占有为目的,将其经营、管理的集体财产非法占为已有。侵占的客体是集体所有的资产。侵占的主体一般是经营、管理集体资产的单位或者个人。构成侵占,还必须具有非法占有集体资产的主观故意。“哄抢”,是指以非法占有为目的,组织、参与多人一起强行抢夺集体财产的行为。哄抢的客体是集体财产。哄抢的主体可以是任何的组织或者个人,并且还须具备非法占有集体财产的主观故意。“私分”,是指违反集体财产分配管理规定,擅自将集体财产按人头分配给部分集体成员的行为,如有少数村委会干部将应分配给全体村民的征收补偿款擅自分配据为已有。“破坏”,是指故意毁坏集体财产,致使其不能发挥正常功效的行为。如故意毁坏集体企业的机器设备或者农村集体所有的水利设施,影响集体经济组织生产经营的行为。破坏的主体可以是任何的组织或者个人,而且须有毁坏集体财产的主观故意。

侵占、哄抢、私分、破坏集体所有财产的,应当承担返还原物、恢复原状、赔偿损失等民事责任;触犯治安管理处罚法和刑法的,还应当承担相应的法律责任。有关单位的责任人也要依法承担行政甚至是刑事责任。

第二百六十六条 【私有财产的范围】私人对其合法的收入、房屋、生活用品、生产工具、原材料等不动产和动产享有所有权。

条文注解

“私人”是与国家、集体相对应的物权主体,不但包括我国的公民,也包括在我国合法取得财产的外国人和无国籍人。不仅包括自然人,还包括个人独资企业、个人合伙等非公有制企业。

私有财产的范围：(1)收入。收入，是指人们从事各种劳动获得的货币收入或者有价物。主要包括：①工资。②从事智力创造和提供劳务所取得的物质权利，如稿费、专利转让费、讲课费、咨询费、演出费等。③因拥有债权、股权而取得的利息、股息、红利所得。④出租建筑物、土地使用权、机器设备、车船以及其他财产所得。⑤转让有价证券、股权、建筑物、土地使用权、机器设备、车船以及其他财产取得的所得。⑥得奖、中奖、中彩以及其他偶然所得。⑦从事个体经营的劳动收入、从事承包土地所获得的收益等。(2)房屋。房屋是我国公民最主要最基本的生活资料，包括依法购买的城镇住宅，也包括在农村宅基地上依法建造的住宅，还包括商铺、厂房等建筑物。(3)生活用品。生活用品，是指用于生活方面的物品，包括家用电器、私人汽车、家具和其他用品。(4)生产工具和原材料。生产工具，是指人们在进行生产活动时所使用的器具，如机器设备、车辆、船舶等运输工具。原材料，是指生产产品所需的物质基础材料，如矿石、木材、钢铁等。除上述外，私人财产还包括其他的不动产和动产，如图书、个人收藏品、牲畜和家禽等。

需要强调的是，私人只能对其合法获得的财产享有所有权，对贪污、侵占、抢夺、诈骗、盗窃、走私等方式非法获取的财产，不但不能受到法律的保护，而且行为人还要依法承担没收、返还原物、赔偿损失等法律责任，构成犯罪的，还要依法追究刑事责任。

关联法规

《宪法》第13条，《刑法》第92条

第二百六十七条　【私人合法财产的保护】私人的合法财产受法律保护，禁止任何组织或者个人侵占、哄抢、破坏。

第二百六十八条 【国家、集体和私人依法出资设立公司或其他企业】国家、集体和私人依法可以出资设立有限责任公司、股份有限公司或者其他企业。国家、集体和私人所有的不动产或者动产投到企业的，由出资人按照约定或者出资比例享有资产收益、重大决策以及选择经营管理者等权利并履行义务。

第二百六十九条 【法人财产权】营利法人对其不动产和动产依照法律、行政法规以及章程享有占有、使用、收益和处分的权利。

营利法人以外的法人，对其不动产和动产的权利，适用有关法律、行政法规以及章程的规定。

关联法规

《民法典》第57、76条

第二百七十条 【社会团体法人、捐助法人合法财产的保护】社会团体法人、捐助法人依法所有的不动产和动产，受法律保护。

关联法规

《民法典》第87、90、92条

第六章 业主的建筑物区分所有权

第二百七十一条 【建筑物区分所有权】业主对建筑物内的住宅、经营性用房等专有部分享有所有权，对专有部分以外的共有部分享有共有和共同管理的权利。

条文注解

业主的建筑物区分所有权是物权上一项重要的不动产权利，是高层或者多层建筑物产生，并在一栋建筑物存在多个所有权人后出现的物权种类。建筑物区分所有权，一般是指数人区分一建筑物而各有其专有部分，并就共有部分按其专有部分享有共有的权利。业主，是指享有建筑物专有部分所有权的人。根据本条的规定，业主的建筑物区分所有权包括以下三个内容：(1)业主对专有部分的所有权。即本条规定的，业主对建筑物内的住宅、经营性用房等专有部分享有所有权，有权对专有部分占有、使用、收益和处分。(2)业主对建筑区划内的共有部分的共有的权利。即本条规定的，业主对专有部分以外的共有部分如电梯、过道、楼梯、水箱、外墙面、水电气的主管线等享有共有的权利。(3)业主对建筑区划内的共有部分的共同管理的权利。本法规定，业主可以自行管理建筑物及其附属设施，也可以委托物业服务企业或者其他管理人管理。业主大会和业主委员会，对任意弃置垃圾、排放大气污染物或者噪声、违反规定饲养动物、违章搭建、侵占通道、拒付物业费等损害他人合法权益的行为，有权依照法律、法规以及管理规约，要求行为人停止侵害、消除危险、排除妨害、赔偿损失。

关联法规

《物业管理条例》第 6 条，《最高人民法院关于审理建筑物区分所有权纠纷案件适用法律若干问题的解释》第 1 条

第二百七十二条　【业主对专有部分的权利和义务】业主对其建筑物专有部分享有占有、使用、收益和处分的权利。业主行使权利不得危及建筑物的安全，不得损害其他业主的合法权益。

条文注解

建筑区划内符合下列条件的房屋，以及车位、摊位等特定空间，应当认定为本章所称的专有部分：(1)具有构造上的独立性，能够明确区分；(2)具有利用上的独立性，可以排他使用；(3)能够登记成为特定业主所有权的客体。规划上专属于特定房屋，且建设单位销售时已经根据规划列入该特定房屋买卖合同中的露台等，应当认定为物权法本章所称专有部分的组成部分。

按照本条的规定，业主对建筑物内属于自己所有的住宅、经营性用房等专有部分可以直接占有、使用，实现居住或者营业的目的；也可以依法出租，获取收益；还可以出借，解决亲朋好友居住之难；或者在自己的专有部分上依法设定负担，例如，为保证债务的履行将属于自己所有的住宅或者经营性用房抵押给债权人，或者抵押给金融机构以取得贷款等；还可以将住宅、经营性用房等专有部分出售给他人，对专有部分予以处分。

建筑物的专有部分与共有部分具有一体性、不可分离性，故业主对专有部分行使专有所有权应受到一定限制，这与建筑物区分所有权的特殊性是分不开的。对此，本条规定，业主行使专有部分所有权时，不得危及建筑物的安全，不得损害其他业主的合法权益。例如，业主在对专有部分装修时，不得拆除房屋内的承重墙，不得在专有部分内储藏、存放易燃易爆等危险物品，危及整个建筑物的安全。

关联法规

《最高人民法院关于审理建筑物区分所有权纠纷案件适用法律若干问题的解释》第2条

第二百七十三条　【业主对共有部分的权利和义务】业主对建筑物专有部分以外的共有部分，享有权利，承担义务；不得以放弃权利为由不履行义务。

业主转让建筑物内的住宅、经营性用房，其对共有部分享有的共有和共同管理的权利一并转让。

条文注解

业主专有部分以外的共有部分，通常是指除建筑物内的住宅、经营性用房等专有部分以外的部分，既包括建筑物内的走廊、楼梯、过道、电梯、外墙面、水箱、水电气管线等部分，也包括建筑区划内，由业主共同使用的物业管理用房、绿地、道路、公用设施以及其他公共场所等，但法律另有规定的除外。建筑区划内的以下部分，也应当认定为本章所称的共有部分：(1)建筑物的基础、承重结构、外墙、屋顶等基本结构部分，通道、楼梯、大堂等公共通行部分，消防、公共照明等附属设施、设备，避难层、设备层或者设备间等结构部分；(2)其他不属于业主专有部分，也不属于市政公用部分或者其他权利人所有的场所及设施等。

业主对专有部分以外的共有部分的权利包括两部分内容，即共有和共同管理的权利。(1)业主对专有部分以外的共有部分享有共有的权利，但是，如何行使占有、使用、收益或者处分的权利，还要依据本法及相关法律、法规和建筑区划管理规约的规定。例如，本法第283条规定，建筑物及其附属设施的费用分摊、收益分配等事项，有约定的，按照约定；没有约定或者约定不明确的，按照业主专有部分面积所占比例确定。业主对专有部分以外的共有部分的共有，还包括对共有部分共负义务。同样，业主对共有部分如何承担义务，也要依据本法及相关法律、法规和建筑区划管理规约的规定。例如，依据本法第286条的规定，业主对共有部分承担的义务包括不得在共有部分任意弃置垃圾、违章搭建，不得随意侵占通道等。(2)业主对专有部分以外的共有部分不仅享有共有的权利，还享有共同管理的权利，有权对共有部分与公用设备设施的使用、收益、维护等事项行使管理的权利，同时对共有部分的管理也负有相应的义务。

业主的建筑物区分所有权是一个集合权，包括对专有部分享有的所有权、对建筑区划内的共有部分享有的共有和共同管理的权利，这些权利具有不可分离性。因此，业主转让建筑物内的住宅、经营性用房，其对共有部分享有的共有和共同管理的权利一并转让。

关联法规

《物业管理条例》第54条，《最高人民法院关于审理建筑物区分所有权纠纷案件适用法律若干问题的解释》第3、4条

第二百七十四条 【建筑区划内道路、绿地等的权利归属】建筑区划内的道路，属于业主共有，但是属于城镇公共道路的除外。建筑区划内的绿地，属于业主共有，但是属于城镇公共绿地或者明示属于个人的除外。建筑区划内的其他公共场所、公用设施和物业服务用房，属于业主共有。

关联法规

《物业管理条例》第37条，《最高人民法院关于审理建筑物区分所有权纠纷案件适用法律若干问题的解释》第3条

第二百七十五条 【车位、车库的归属】建筑区划内，规划用于停放汽车的车位、车库的归属，由当事人通过出售、附赠或者出租等方式约定。

占用业主共有的道路或者其他场地用于停放汽车的车位，属于业主共有。

条文注解

本法区分不同的情况对车位、车库的归属作了规定：(1)建筑区划内，规划用于停放汽车的车位、车库的归属，由当事人通过出售、附赠或者出租等方式约定。建筑区划内，规划用于停放汽车的车位、车库，即开发商在开发项目前，经政府核发的建设工程规划许可证批准同意，规划用于停放汽车的车位、车库。此类车位、车库，在开发商开发后，通过出售、附赠或者出租等方式，与当事人约定车位、车库的归属和使用。(2)占用业主共有的道路或者其他场地用于停放汽车的车位，属于业主共有。规划外的占用业主共有的道路或者其他场地用于停放汽车的车位、车库，由于属于规划外，且是占用业主共有的道路或者其他场地建设的，较易形成属于业主共有的共识，属于业主共有。

关联法规

《最高人民法院关于审理建筑物区分所有权纠纷案件适用法律若干问题的解释》第6条

第二百七十六条　【车位、车库的首要用途】建筑区划内，规划用于停放汽车的车位、车库应当首先满足业主的需要。

关联法规

《最高人民法院关于审理建筑物区分所有权纠纷案件适用法律若干问题的解释》第5条

第二百七十七条　【业主自治管理组织的设立及指导和协助】业主可以设立业主大会，选举业主委员会。业主大会、业主委员会成立的具体条件和程序，依照法律、法规的规定。

地方人民政府有关部门、居民委员会应当对设立业主大会和选举业主委员会给予指导和协助。

关联法规

《物业管理条例》第8~20条，《业主大会和业主委员会指导规则》第2、6、31、35条

第二百七十八条　【业主共同决定事项及表决】下列事项由业主共同决定：

（一）制定和修改业主大会议事规则；

（二）制定和修改管理规约；

（三）选举业主委员会或者更换业主委员会成员；

（四）选聘和解聘物业服务企业或者其他管理人；

（五）使用建筑物及其附属设施的维修资金；

（六）筹集建筑物及其附属设施的维修资金；

（七）改建、重建建筑物及其附属设施；

（八）改变共有部分的用途或者利用共有部分从事经营活动；

（九）有关共有和共同管理权利的其他重大事项。

业主共同决定事项，应当由专有部分面积占比三分之二以上的业主且人数占比三分之二以上的业主参与表决。决定前款第六项至第八项规定的事项，应当经参与表决专有部分面积四分之三以上

的业主且参与表决人数四分之三以上的业主同意。决定前款其他事项,应当经参与表决专有部分面积过半数的业主且参与表决人数过半数的业主同意。

条文注解

关于专有部分面积占比和业主人数占比的计算,可以按照下列方法认定:(1)专有部分面积,按照不动产登记簿记载的面积计算;尚未进行物权登记的,暂按测绘机构的实测面积计算;尚未进行实测的,暂按房屋买卖合同记载的面积计算。(2)建筑物总面积,按照前项的统计总和计算。

关于业主人数和总人数,可以按照下列方法认定:(1)业主人数,按照专有部分的数量计算,一个专有部分按一人计算。但建设单位尚未出售和虽已出售但尚未交付的部分,以及同一买受人拥有一个以上专有部分的,按一人计算。(2)总人数,按照前项的统计总和计算。

关联法规

《最高人民法院关于审理建筑物区分所有权纠纷案件适用法律若干问题的解释》第7~9条,《业主大会和业主委员会指导规则》

第二百七十九条　【业主改变住宅用途的限制条件】业主不得违反法律、法规以及管理规约,将住宅改变为经营性用房。业主将住宅改变为经营性用房的,除遵守法律、法规以及管理规约外,应当经有利害关系的业主一致同意。

条文注解

如何确定业主为有利害关系的业主,因改变住宅为经营性用房的用途不同,影响的范围、程度不同,要具体情况具体分析。总之,无论是不是相邻的业主,凡是因住宅改变为经营性用房受到影响的业主,均是本条所说的有利害关系的业主。

关联法规

《最高人民法院关于审理建筑物区分所有权纠纷案件适用法律若干问题的解释》第10、11条

第二百八十条 【业主大会、业主委员会决定的效力】业主大会或者业主委员会的决定,对业主具有法律约束力。

业主大会或者业主委员会作出的决定侵害业主合法权益的,受侵害的业主可以请求人民法院予以撤销。

条文注解

对业主具有约束力的业主大会或者业主委员会的决定,必须是依法设立的业主大会、业主委员会作出的,必须是业主大会、业主委员会依据法定程序作出的,必须是符合法律、法规及规章,不违背公序良俗,不损害国家、公共和他人利益的决定。

本条第2款赋予了业主请求人民法院撤销业主大会或者业主委员会作出的不当决定的权利。业主在具体行使这一权利时,还要依据本法总则编、民事诉讼法等法律的规定。例如,撤销的请求,要向有管辖权的人民法院提出,要有明确的诉讼请求和事实、理由等。《最高人民法院关于审理建筑物区分所有权纠纷案件适用法律若干问题的解释》第12条规定,业主请求人民法院撤销决定的,应当在知道或者应

当知道业主大会或者业主委员会作出决定之日起1年内行使。

关联法规

《物业管理条例》第12、19条，《最高人民法院关于审理建筑物区分所有权纠纷案件适用法律若干问题的解释》第12、13条

第二百八十一条 【建筑物及其附属设施维修资金的归属和处分】建筑物及其附属设施的维修资金，属于业主共有。经业主共同决定，可以用于电梯、屋顶、外墙、无障碍设施等共有部分的维修、更新和改造。建筑物及其附属设施的维修资金的筹集、使用情况应当定期公布。

紧急情况下需要维修建筑物及其附属设施的，业主大会或者业主委员会可以依法申请使用建筑物及其附属设施的维修资金。

条文注解

根据本条第2款的规定，紧急情况下需要维修建筑物及其附属设施的，业主大会或者业主委员会可以依法申请使用维修资金。此处对紧急情况下需要维修建筑物及其附属设施使用维修资金作了指引性规定，即需“依法申请”，此处的“依法”，既包括法律，也包括行政法规、部门规章和地方性法规等。

关联法规

《物业管理条例》第53、54、60条，《最高人民法院关于审理建筑物区分所有权纠纷案件适用法律若干问题的解释》第12、13条

第二百八十二条 【共有部分的收入分配】建设单位、物业服务企业或者其他管理人等利用业主的共有部分产生的收入，在扣除合理成本之后，属于业主共有。

条文注解

本条是本次民法典编纂新增加的条文。根据本条的规定，建设单位、物业服务企业或者其他管理人等利用业主的共有部分产生的收入，在扣除合理成本之后，属于业主共有。例如，很多小区会在业主的共有部分设置广告，这些广告收入，在扣除合理成本之后，应该属于业主共有。再如，占有业主共有的道路或者其他场地设置的车位，出租车位的租金收入，在扣除合理的成本之后，也应该属于业主共有。

关联法规

《物业管理条例》第53、54、60条，《最高人民法院关于审理建筑物区分所有权纠纷案件适用法律若干问题的解释》第14、17条

第二百八十三条 【建筑物及其附属设施的费用分摊和收益分配】建筑物及其附属设施的费用分摊、收益分配等事项，有约定的，按照约定；没有约定或者约定不明确的，按照业主专有部分面积所占比例确定。

第二百八十四条 【建筑物及其附属设施的管理主体】业主可以自行管理建筑物及其附属设施，也可以委托物业服务企业或者其他管理人管理。

对建设单位聘请的物业服务企业或者其他管理人，业主有权依法更换。

关联法规

《物业管理条例》第2、32~36条

第二百八十五条 【业主和物业服务企业或其他管理人的关系】物业服务企业或者其他管理人根据业主的委托，依照本法第三编有关物业服务合同的规定管理建筑区划内的建筑物及其附属设施，接受业主的监督，并及时答复业主对物业服务情况提出的询问。

物业服务企业或者其他管理人应当执行政府依法实施的应急处置措施和其他管理措施，积极配合开展相关工作。

关联法规

《民法典》第937~950条，《物业管理条例》第34条，《最高人民法院关于审理物业服务纠纷案件适用法律若干问题的解释》

第二百八十六条 【业主的相关义务及责任】业主应当遵守法律、法规以及管理规约，相关行为应当符合节约资源、保护生态环境的要求。对于物业服务企业或者其他管理人执行政府依法实施的应急处置措施和其他管理措施，业主应当依法予以配合。

业主大会或者业主委员会，对任意弃置垃圾、排放污染物或者噪声、违反规定饲养动物、违章搭建、侵占通道、拒付物业费等损害他人合法权益的行为，有权依照法律、法规以及管理规约，请求行为人停止侵害、排除妨碍、消除危险、恢复原状、赔偿损失。

业主或者其他行为人拒不履行相关义务的，有关当事人可以向有关行政主管部门报告或者投诉，有关行政主管部门应当依法处理。

条文注解

遵守法律、法规以及管理规约是居住于建筑区划内的业主应当履行的最基本的义务。此外,业主还应当遵守管理规约。管理规约是业主大会制定的区分所有建筑物管理的自治规则。管理规约的订立、变更或者废止,都必须经过业主大会决议,经专有部分占建筑物总面积过半数的业主且占总人数过半数的业主同意。

业主或者其他行为人违反法律、法规、国家相关强制性标准、管理规约,或者违反业主大会、业主委员会依法作出的决定,实施下列行为的,可以认定为"损害他人合法权益的行为":(1)损害房屋承重结构,损害或者违章使用电力、燃气、消防设施,在建筑物内放置危险、放射性物品等危及建筑物安全或者妨碍建筑物正常使用;(2)违反规定破坏、改变建筑物外墙面的形状、颜色等损害建筑物外观;(3)违反规定进行房屋装饰装修;(4)违章加建、改建,侵占、挖掘公共通道、道路、场地或者其他共有部分。

关联法规

《物业管理条例》第17、45、50条,《最高人民法院关于审理建筑物区分所有权纠纷案件适用法律若干问题的解释》第15条

第二百八十七条　【业主合法权益的保护】业主对建设单位、物业服务企业或者其他管理人以及其他业主侵害自己合法权益的行为,有权请求其承担民事责任。

第七章 相邻关系

第二百八十八条 【处理相邻关系的原则】不动产的相邻权利人应当按照有利生产、方便生活、团结互助、公平合理的原则，正确处理相邻关系。

条文注解

相邻关系，是指不动产的相邻各方因行使所有权或者用益物权而发生的权利义务关系。相邻的不动产不仅指土地，也包括附着于土地的建筑物。不动产的相邻关系一般指相互毗邻的不动产权利人之间的关系，但也并不尽然。例如，河流上游的权利人排水需要流经下游的土地，当事人之间尽管土地并不相互毗邻，但行使权利是相互邻接的。相邻的不动产权利人，不仅包括不动产的所有人，而且包括不动产的用益物权人和占有人。

处理相邻关系的原则，不仅是人们在生产、生活中处理相邻关系应遵从的原则，也是法官审理相邻关系纠纷案件应遵从的原则。特别是在法律对相邻关系的某些类型缺乏明确规定的情况下，需要法官以处理相邻关系的一般原则评判是非。

第二百八十九条 【处理相邻关系的法律依据】法律、法规对处理相邻关系有规定的，依照其规定；法律、法规没有规定的，可以按照当地习惯。

关联法规

《民法典》第10条

第二百九十条 【用水、排水相邻关系】不动产权利人应当为相邻权利人用水、排水提供必要的便利。

对自然流水的利用，应当在不动产的相邻权利人之间合理分配。对自然流水的排放，应当尊重自然流向。

条文注解

一方擅自堵截或者独占自然流水，影响他方正常生产、生活的，他方有权请求排除妨碍；造成他方损失的，受益人应负赔偿责任。

相邻一方必须使用另一方的土地排水的，应当予以准许；但应在必要限度内使用并采取适当的保护措施排水，如仍造成损失的，由受益人合理补偿。相邻一方可以采取其他合理的措施排水而未采取，向他方土地排水毁损或者可能毁损他方财产，他方要求致害人停止侵害、消除危险、恢复原状、赔偿损失的，应当予以支持。

第二百九十一条 【通行相邻关系】不动产权利人对相邻权利人因通行等必须利用其土地的，应当提供必要的便利。

条文注解

一方必须在相邻一方使用的土地上通行的，应当予以准许；因此造成损失的，应当给予适当补偿。

对于一方所有的或者使用的建筑物范围内历史形成的必经通道，所有权人或者使用权人不得堵塞。因堵塞影响他人生产、生活，他人要求排除妨碍或者恢复原状的，应当予以支持。但有条件另开通道的，可以另开通道。

第二百九十二条　【相邻土地的利用】不动产权利人因建造、修缮建筑物以及铺设电线、电缆、水管、暖气和燃气管线等必须利用相邻土地、建筑物的，该土地、建筑物的权利人应当提供必要的便利。

条文注解

相邻一方因施工临时占用他方使用的土地，占用的一方如未按照双方约定的范围、用途和期限使用的，应当责令其及时清理现场，排除妨碍，恢复原状，赔偿损失。

在邻地上安设管线，从建筑工程学角度上讲，土地权利人非经过邻人的土地而不能安设电线、水管、煤气管等管线，而此等管线又为土地权利人所必需，该土地权利人有权通过邻人土地的上下安设，但应选择损害最小的处所及方法安设，仍有损害的，应支付赔偿金。

第二百九十三条　【相邻通风、采光和日照】建造建筑物，不得违反国家有关工程建设标准，不得妨碍相邻建筑物的通风、采光和日照。

关联法规

《建筑采光设计标准》，《城市居住区规划设计标准》

第二百九十四条　【相邻不动产之间不可量物侵害】不动产权利人不得违反国家规定弃置固体废物，排放大气污染物、水污染物、土壤污染物、噪声、光辐射、电磁辐射等有害物质。

关联法规

《大气污染防治法》第8、9、12条,《水污染防治法》第12~15条,《固体废物污染环境防治法》第14条,《环境保护法》第42条,《广播电视设施保护条例》第11条

第二百九十五条　【维护相邻不动产安全】不动产权利人挖掘土地、建造建筑物、铺设管线以及安装设备等,不得危及相邻不动产的安全。

条文注解

所谓"不得危及相邻不动产的安全"主要包括以下几个方面:(1)在自己的土地上开挖地基时,要注意避免使相邻土地的地基发生动摇或有动摇之危险,致使相邻土地上的建筑物受到损害。(2)在相邻不动产的疆界线附近处埋设水管时,要预防土沙崩溃、水或污水渗漏到相邻不动产。(3)不动产权利人在自己的土地范围内种植的竹木根枝伸延,危及另一方建筑物的安全和正常使用时,应当消除危险,恢复原状。(4)不动产权利人在相邻土地上的建筑物有倒塌的危险从而可能危及自己土地及建筑物安全时,有权要求相邻不动产权利人消除危险。

关联法规

《建筑法》第39、40条

第二百九十六条　【使用相邻不动产避免造成损害】不动产权利人因用水、排水、通行、铺设管线等利用相邻不动产的,应当尽量避免对相邻的不动产权利人造成损害。

条文注解

《物权法》第92条规定："……造成损害的，应当给予赔偿。"本条删除此规定，并非造成损害无须赔偿，而是如果造成损害，可以依据民法典侵权责任编的规定请求损害赔偿。因为造成损害的，应当给予赔偿，可以由侵权责任编调整，无须在本条作出特别规定。

第八章　共　　有

第二百九十七条　【共有及其类型】不动产或者动产可以由两个以上组织、个人共有。共有包括按份共有和共同共有。

条文注解

共有，是指多个权利主体对一物共同享有所有权。共有的主体称为共有人，客体称为共有财产或共有物。各共有人之间因财产共有形成的权利义务关系，称为共有关系。根据本条的规定，共有包括按份共有和共同共有。按份共有和共同共有的区别在于，按份共有人对共有的不动产或者动产按照其份额享有所有权，共同共有人对共有的不动产或者动产共同享有所有权。

第二百九十八条　【按份共有】按份共有人对共有的不动产或者动产按照其份额享有所有权。

条文注解

按份共有，又称分别共有，是与共同共有相对应的一项制度，指数人按应有份额对共有物共同享有权利和分担义务的共有。

在按份共有中，各共有人对共有物享有不同的份额。各共有人的份额，又称应有份，其具体数额一般是由共有人约定明确的。在按份共有中，每个共有人对共有财产享有的权利和承担的义务，是依据其不同的份额所确定的。共有人的份额决定了其权利义务的范围。共有人对共有物持有多大的份额，就对共有物享有多大权利和承担多大义务，份额不同，共有人对共有财产的权利义务也不同。

按份共有与分别所有是不同的。在按份共有中，各个共有人的权利不是局限在共有财产的某一部分上，或就某一具体部分单独享有所有权，而是各共有人的权利均及于共有财产的全部。当然，在许多情况下，按份共有人的份额可以产生和单个所有权一样的效力，如共有人有权要求转让其份额，但是各个份额并不是一个完整的所有权，如果各共有人分别单独享有所有权，则共有也就不复存在了。

第二百九十九条 【共同共有】共同共有人对共有的不动产或者动产共同享有所有权。

条文注解

共同共有，是指两个或两个以上的民事主体，根据某种共同关系而对某项财产不分份额地共同享有权利并承担义务。共同共有的特征是：第一，共同共有根据共同关系而产生，以共同关系的存在为前提，如夫妻关系、家庭关系。第二，在共同共有关系存续期间内，共有财产不分份额。这是共同共有与按份共有的主要区别。第三，在共同共有中，各共有人平等地对共有物享有权利和承担义务。

第三百条 【共有人对共有物的管理权】共有人按照约定管理共有的不动产或者动产；没有约定或者约定不明确的，各共有人都有管理的权利和义务。

第三百零一条 【共有物的处分、重大修缮和性质、用途变更】处分共有的不动产或者动产以及对共有的不动产或者动产作重大修缮、变更性质或者用途的，应当经占份额三分之二以上的按份共有人或者全体共同共有人同意，但是共有人之间另有约定的除外。

第三百零二条 【共有物管理费用的分担】共有人对共有物的管理费用以及其他负担，有约定的，按照其约定；没有约定或者约定不明确的，按份共有人按照其份额负担，共同共有人共同负担。

条文注解

对共有物的管理费用主要包括以下几项：(1)对共有物的保存费用，即为保持共有物免于毁损、灭失，处于良好安全状态或使用状态而支付的费用。(2)对共有物作简易修缮或者重大修缮所支出的费用。(3)对共有物的其他费用负担，如因共有物对共有人以外的人造成损害，须向受害人支付赔偿金；因共有的房屋倒塌造成他人损害，而向受害人赔偿的医疗费、误工损失费等。

在按份共有中，对共有物的管理费用以及其他负担，有约定的，按照约定；没有约定或者约定不明确的，按份共有人按照其份额负担。在共同共有中，对共有物的管理费用以及其他费用负担，原则上由共同共有人共同负担，即以其他的共有财产支付，如共有的积蓄。但是共同共有人另有约定的，依照其约定。

共有人中的部分人支付管理费用，该管理费用是必要管理费用的，其超过应有份额所应分担的额外部分，对其他共有人可以按其各应分担的份额请求偿还。

第三百零三条　【共有物的分割】共有人约定不得分割共有的不动产或者动产，以维持共有关系的，应当按照约定，但是共有人有重大理由需要分割的，可以请求分割；没有约定或者约定不明确的，按份共有人可以随时请求分割，共同共有人在共有的基础丧失或者有重大理由需要分割时可以请求分割。因分割造成其他共有人损害的，应当给予赔偿。

第三百零四条　【共有物的分割方式】共有人可以协商确定分割方式。达不成协议，共有的不动产或者动产可以分割且不会因分割减损价值的，应当对实物予以分割；难以分割或者因分割会减损价值的，应当对折价或者拍卖、变卖取得的价款予以分割。

共有人分割所得的不动产或者动产有瑕疵的，其他共有人应当分担损失。

条文注解

分割共有的不动产或者动产，可以采取各共有人间协商确定的方式。协商的内容，由共有人自由决定，当然须经得共有人全体同意。当无法达成协议时，共有人可提请法院进行裁判分割。裁判分割应遵循本条关于实物分割、变价分割或者折价赔偿的原则规定：(1)实物分割。在不影响共有物的使用价值和特定用途时，可以对共有物进行实物分割。(2)变价分割。如果共有物无法进行实物分割，分割将减损物的使用价值或者改变物的特定用途时，或者共有人都不愿接受共有物时，应当将共有物进行拍卖或者变卖，对所得价款进行分割。(3)折价赔偿。对于不可分割的共有物或者分割将减损其价值的，如果共有人中的一人愿意取得共有物，可以由该共有人取得共有物，并由该共有人向其他共有人作价赔偿。

共有人分割所得的不动产或者动产有瑕疵的,其他共有人应当分担损失,即瑕疵担保责任,包括权利的瑕疵担保责任和物的瑕疵担保责任。前者指共有人应担保第三人就其他共有人分得之物不得主张任何权利;后者指共有人对其他共有人应担保其分得部分于分割前未隐含瑕疵。本款的规定是为了防止共有物分割后,共有人发现权利或者利益受到侵害而得不到赔偿的情况发生。

第三百零五条　【按份共有人的份额处分权和其他共有人的优先购买权】按份共有人可以转让其享有的共有的不动产或者动产份额。其他共有人在同等条件下享有优先购买的权利。

条文注解

法律规定其他共有人优先购买权,是为了简化共有关系,防止因外人的介入而使共有人内部关系趋于复杂。此处优先购买权是共有人相对于非共有人而言的,在共有人之间并无优先的问题。此种优先购买权仅具有债的效力,不得对抗善意第三人。而且共有人有相反的约定的,依其约定。

此处“同等条件下”是指其他共有人就购买该份额所给出的价格等条件与欲购买该份额的非共有人相同。即当其他共有人与此外的其他人出价相同时,其他共有人有优先购买的权利。

关联法规

《最高人民法院关于适用〈中华人民共和国民法典〉物权编的解释(一)》第9~10、13条

第三百零六条　【优先购买权的实现方式】按份共有人转让其享有的共有的不动产或者动产份额的，应当将转让条件及时通知其他共有人。其他共有人应当在合理期限内行使优先购买权。

两个以上其他共有人主张行使优先购买权的，协商确定各自的购买比例；协商不成的，按照转让时各自的共有份额比例行使优先购买权。

关联法规

《最高人民法院关于适用〈中华人民共和国民法典〉物权编的解释（一）》第11、12条

第三百零七条　【因共同财产产生的债权债务关系的对外、对内效力】因共有的不动产或者动产产生的债权债务，在对外关系上，共有人享有连带债权、承担连带债务，但是法律另有规定或者第三人知道共有人不具有连带债权债务关系的除外；在共有人内部关系上，除共有人另有约定外，按份共有人按照份额享有债权、承担债务，共同共有人共同享有债权、承担债务。偿还债务超过自己应当承担份额的按份共有人，有权向其他共有人追偿。

第三百零八条　【按份共有的推定】共有人对共有的不动产或者动产没有约定为按份共有或者共同共有，或者约定不明确的，除共有人具有家庭关系等外，视为按份共有。

第三百零九条　【按份共有人份额的确定】按份共有人对共有的不动产或者动产享有的份额，没有约定或者约定不明确的，按照出资额确定；不能确定出资额的，视为等额享有。

第三百一十条 【用益物权、担保物权共有的参照适用】两个以上组织、个人共同享有用益物权、担保物权的，参照适用本章的有关规定。

条文注解

本条是关于用益物权和担保物权的准共有的规定。所谓准共有，是指数人按份共有或者共同共有所有权以外的财产权。准共有具有以下特征：(1)准共有的标的物是所有权之外的财产权，包括用益物权、担保物权等。(2)准共有即准用共有的有关规定，各人就所有权之外的财产究竟是准用共同共有还是按份共有，应当视其共有关系而定。(3)准共有准用按份共有或共同共有的前提，是规范该财产权的法律没有特别规定。如果有，则应首先适用该特别规定。

第九章　所有权取得的特别规定

第三百一十一条 【善意取得】无处分权人将不动产或者动产转让给受让人的，所有权人有权追回；除法律另有规定外，符合下列情形的，受让人取得该不动产或者动产的所有权：

（一）受让人受让该不动产或者动产时是善意；

（二）以合理的价格转让；

（三）转让的不动产或者动产依照法律规定应当登记的已经登记，不需要登记的已经交付给受让人。

受让人依据前款规定取得不动产或者动产的所有权的，原所有权人有权向无处分权人请求损害赔偿。

当事人善意取得其他物权的，参照适用前两款规定。

条文注解

善意取得,是指受让人以财产所有权转移为目的,支付对价受让且善意占有该财产,即使出让人无转移所有权的权利,受让人仍取得其所有权。善意取得既适用于动产,又适用于不动产。产生善意取得的法律后果,需同时符合以下条件,三项条件必须同时具备,否则不构成善意取得。(1)受让人受让该不动产或者动产时是善意。受让人受让不动产或者动产时,不知道转让人无处分权,且无重大过失的,应当认定受让人为善意。真实权利人主张受让人不构成善意的,应当承担举证证明责任。(2)以合理的价格转让,即受让人是以合理的价格,以符合一般人认知的正常的市场价格受让该不动产或者动产。(3)转让的不动产或者动产依照法律规定应当登记的已经登记,不需要登记的已经交付给受让人,即交易的不动产或者动产已经依法发生了物权变动的效力。

关联法规

《最高人民法院关于适用〈中华人民共和国民法典〉物权编的解释(一)》第14~20条,《最高人民法院关于适用〈中华人民共和国民法典〉有关担保制度的解释》第37条

第三百一十二条 【遗失物的善意取得】所有权人或者其他权利人有权追回遗失物。该遗失物通过转让被他人占有的,权利人有权向无处分权人请求损害赔偿,或者自知道或者应当知道受让人之日起二年内向受让人请求返还原物;但是,受让人通过拍卖或者向具有经营资格的经营者购得该遗失物的,权利人请求返还原物时应当支付受让人所付的费用。权利人向受让人支付所付费用后,有权向无处分权人追偿。

条文注解

对于善意取得，有人认为应当规定盗赃物的善意取得。本法不规定盗赃物的善意取得，立法考虑是，对被盗、被抢的财物，所有权人主要通过司法机关依照刑法、刑事诉讼法、治安管理处罚法等有关法律的规定追缴后退回。在追赃过程中，如何保护善意受让人的权益，维护交易安全和社会经济秩序，可以通过进一步完善有关法律规定解决。

第三百一十三条　【善意取得的动产上原有权利的消灭】善意受让人取得动产后，该动产上的原有权利消灭。但是，善意受让人在受让时知道或者应当知道该权利的除外。

第三百一十四条　【拾得遗失物的返还】拾得遗失物，应当返还权利人。拾得人应当及时通知权利人领取，或者送交公安等有关部门。

条文注解

遗失物是非故意抛弃而丢失的物品。遗失物与废弃物不同，废弃物是故意抛弃之物。丢失遗失物的人，称遗失物丢失人。拾得遗失物，是发现并占有遗失物。拾得遗失物的人，称拾得人。拾得人拾得遗失物，知道遗失物所有人的，应当及时通知其领取，或者送交遗失物。拾得人拾得遗失物，不知道遗失物丢失人的，可以张贴招领告示，寻找遗失物丢失人，也可以将遗失物上缴公安机关或者有关单位。

第三百一十五条　【有关部门收到遗失物的处理】有关部门收到遗失物，知道权利人的，应当及时通知其领取；不知道的，应当及时发布招领公告。

条文注解

公安机关收到遗失物，应当查找遗失物丢失人，请其认领，或者存放在遗失物品招领处，待人认领。自公安机关收到遗失物发布招领公告之日起1年内无人认领的，遗失物归国家所有。公安机关可以拍卖、变卖遗失物，所得价金上缴国库。

第三百一十六条 【拾得人及有关部门妥善保管遗失物义务】 拾得人在遗失物送交有关部门前，有关部门在遗失物被领取前，应当妥善保管遗失物。因故意或者重大过失致使遗失物毁损、灭失的，应当承担民事责任。

第三百一十七条 【权利人在领取遗失物时应尽义务】 权利人领取遗失物时，应当向拾得人或者有关部门支付保管遗失物等支出的必要费用。

权利人悬赏寻找遗失物的，领取遗失物时应当按照承诺履行义务。

拾得人侵占遗失物的，无权请求保管遗失物等支出的费用，也无权请求权利人按照承诺履行义务。

第三百一十八条 【公告期满无人认领的遗失物归属】 遗失物自发布招领公告之日起一年内无人认领的，归国家所有。

第三百一十九条 【拾得漂流物、发现埋藏物或隐藏物】 拾得漂流物、发现埋藏物或者隐藏物的，参照适用拾得遗失物的有关规定。法律另有规定的，依照其规定。

条文注解

考虑到文物保护法中对构成文物的物(包括漂流物、埋藏物和隐藏物)的权属及处理程序作了详细规定,因此对于文物的处理不宜笼统参照拾得遗失物的有关规定,所以本条规定了但书,“法律另有规定的,依照其规定”。此外,由于遗失物、漂流物、埋藏物和隐藏物的概念在外延上同“文物”的概念存在交叉,无论是遗失物、漂流物、埋藏物或者隐藏物,只要构成“文物”,文物保护法的规定将优先适用。

关联法规

《文物保护法》第5、27、32条

第三百二十条　【从物所有权的转移】主物转让的,从物随主物转让,但是当事人另有约定的除外。

条文注解

主物与从物是根据两个物之间的关系对物所做的分类。主物,是指为同一所有人所有,需要共同使用才能更好地发挥效用,在两物中起主要作用的物。从物,是指两者中辅助主物发挥效用的物。一般来说,从物须具备以下要件:(1)与主物同属一人所有;(2)能够独立存在;(3)属于附从之物,辅助主物发生作用。为了充分发挥物的效用,从物通常不应与主物相分离,否则可能影响主物的功能和价值。

要准确把握本条关于主物转让的,从物随主物转让的一般规则,需要首先对主物和从物的概念进行理解。主物、从物的概念不同于物的整体与其重要成分之间的关系。物的重要成分是物的组成部分,而主物和从物在聚合之前分别为独立的物,如自行车与车锁,在聚合之前为独立的物。在聚合之后,根据它们的作用可以决定主从关系,并决定权利的变动。但物的重要成分与物的整体本身就是一个物,如汽车与其发动机,如果没有发动机的作用,汽车就不能称为汽车,也就无法发挥它的整体效用。因此法律上的规则是,不许可在物的整体上和该物的重要成分上分设两个独立的权利;而主物从物之间的关系却不同,在从物随主物转让的一般规则下,均承认当事人例外约定的效力。例如,甲将自行车出售给乙,完全可以约定自行车车锁不售仍由甲所有。

第三百二十一条 【天然孳息和法定孳息的归属】天然孳息,由所有权人取得;既有所有权人又有用益物权人的,由用益物权人取得。当事人另有约定的,按照其约定。

法定孳息,当事人有约定的,按照约定取得;没有约定或者约定不明确的,按照交易习惯取得。

条文注解

天然孳息,是指依物的自然属性所产生的物。天然孳息的范围非常广,主要来自种植业和养殖业,如耕作土地获得粮食和其他出产物,种植果树产生果实,包括竹木的枝根、养殖牲畜获得各种子畜和奶产品等。

法定孳息,是指依一定的法律关系由原物所生的物,是原物的所有权人进行租赁、投资等特定的民事法律活动而应当获得的合法收益。如房屋出租所得的租金,依股本金所得的股息等。法定孳息的归属当事人有约定的,按照约定取得;没有约定或者约定不明确的,按照交易习惯取得。交易习惯通常是,孳息在没有与原物分离以前,由原物所有权人享有,原物所有权转移后,孳息的所有权随之转移。

第三百二十二条 【添附取得物的归属】因加工、附合、混合而产生的物的归属，有约定的，按照约定；没有约定或者约定不明确的，依照法律规定；法律没有规定的，按照充分发挥物的效用以及保护无过错当事人的原则确定。因一方当事人的过错或者确定物的归属造成另一方当事人损害的，应当给予赔偿或者补偿。

条文注解

加工、附合、混合统称添附，是指不同所有人的物被结合、混合在一起成为一个新物，或者利用别人之物加工成为新物的事实状态。其中，附合、混合为物与物相结合，加工为劳力与他人之物相结合。添附的发生有的基于人的行为，也有的基于自然的偶然因素。添附包括三种情况：(1)加工。加工，是指将他人的物加工制造成新物。加工是一种事实行为，是劳动与动产的结合，包括劳力、知识技术与时间的投入。(2)附合。附合，是指不同所有人的物密切结合在一起而成为一种新物，如误将他人的油漆刷了自己的墙。(3)混合。混合，是指不同所有人的物掺合、融合在一起而成为新物，从而无法识别，或者虽有办法识别分离，但若进行识别分离则经济上不合理。混合和附合不同之处在于，混合后各所有人的原物已达不能凭视觉识别的程度。

根据本条的规定，因加工、附合、混合而产生的物的归属，按照以下原则确定：(1)有约定的，按照约定。(2)没有约定或者约定不明确的，依照法律规定。(3)没有约定，法律没有规定的，按照充分发挥物的效用以及保护无过错当事人的原则确定。发挥物的效用原则，是指物归属于哪一方更能发挥物的效用就归属于哪一方。(4)因一方当事人的过错或者确定物的归属造成另一方当事人损害的，应当给予赔偿或者补偿。

第三分编 用益物权

第十章 一般规定

第三百二十三条 【用益物权的定义】用益物权人对他人所有的不动产或者动产,依法享有占有、使用和收益的权利。

条文注解

用益物权是权利人对他人所有的不动产或者动产,依法享有占有、使用和收益的权利。用益物权是以对他人所有的物为使用、收益的目的而设立的,因而被称作"用益"物权。"占有"是对物的实际控制。"使用"是依物的自然属性、法定用途或者约定的方式,对物进行实际上的利用。"收益"是通过对物的利用而获取经济上的收入或者其他利益。

第三百二十四条 【国有和集体所有自然资源的用益物权】国家所有或者国家所有由集体使用以及法律规定属于集体所有的自然资源,组织、个人依法可以占有、使用和收益。

第三百二十五条 【自然资源使用制度】国家实行自然资源有偿使用制度,但是法律另有规定的除外。

关联法规

《土地管理法》第2条,《矿产资源法》第5条,《水法》第7条

第三百二十六条　【用益物权人权利的行使】用益物权人行使权利，应当遵守法律有关保护和合理开发利用资源、保护生态环境的规定。所有权人不得干涉用益物权人行使权利。

关联法规

《宪法》第9、10条，《土地管理法》第3、4、30条，《矿产资源法》第3、29、30、32条，《农村土地承包法》第1、18条

第三百二十七条　【用益物权人因征收、征用有权获得补偿】因不动产或者动产被征收、征用致使用益物权消灭或者影响用益物权行使的，用益物权人有权依据本法第二百四十三条、第二百四十五条的规定获得相应补偿。

条文注解

征收和征用，应当遵循三个原则：一是公共利益需要的原则。实施征收、征用，必须是出于公共利益的需要，这是征收、征用的前提条件。公共利益，通常是指全体社会成员的共同利益和社会的整体利益。二是依照法定程序的原则。征收、征用在一定程度上限制了他人的财产权。为了防止这种手段的滥用，平衡他人财产保护和公共利益需要的关系，征收、征用必须严格依照法律规定的程序进行。三是依法给予补偿的原则。尽管征收和征用是为了公共利益需要，但都不能采取无偿剥夺的方式，必须依法给予补偿。补偿的方式应视财产的类别而加以区别对待。在征收过程中，征收的对象一般都是不动产，并且所有权的改变，一般都要给予金钱补偿、相应的财产补偿或者其他形式的补偿。在征用过程中，如果是非消耗品，使用结束后，原物还存在的，应当返还原物，对于物的价值减少的部分要给予补偿；如果是消

耗品,通常要给予金钱补偿。

关联法规

《土地管理法》第48条

第三百二十八条 【海域使用权的法律保护】依法取得的海域使用权受法律保护。

第三百二十九条 【合法探矿权等权利的法律保护】依法取得的探矿权、采矿权、取水权和使用水域、滩涂从事养殖、捕捞的权利受法律保护。

第十一章 土地承包经营权

第三百三十条 【双层经营体制与土地承包经营制度】农村集体经济组织实行家庭承包经营为基础、统分结合的双层经营体制。

农民集体所有和国家所有由农民集体使用的耕地、林地、草地以及其他用于农业的土地,依法实行土地承包经营制度。

关联法规

《农村土地承包法》第1~3条

第三百三十一条 【土地承包经营权的定义】土地承包经营权人依法对其承包经营的耕地、林地、草地等享有占有、使用和收益的权利,有权从事种植业、林业、畜牧业等农业生产。

关联法规

《土地管理法》第 13 条,《农村土地承包法》第 8~11、17 条

第三百三十二条 【土地承包期】耕地的承包期为三十年。草地的承包期为三十年至五十年。林地的承包期为三十年至七十年。

前款规定的承包期限届满,由土地承包经营权人依照农村土地承包的法律规定继续承包。

第三百三十三条 【土地承包经营权的设立和登记】土地承包经营权自土地承包经营权合同生效时设立。

登记机构应当向土地承包经营权人发放土地承包经营权证、林权证等证书,并登记造册,确认土地承包经营权。

条文注解

要确定取得土地承包经营权的时间,就必须根据承包合同的生效时间判断。根据合同法的基本原则,合同的生效必须以合同的成立为基础。合同的成立是指订约当事人就合同的主要内容形成合意。对于合同的成立时间,合同法及民法典合同编都有规定,一般而言,承诺生效时合同成立。合同编还对书面形式合同的成立作出了规定,即当事人采用合同书形式订立合同的,自双方当事人签名、盖章或者捺印时成立。农村土地承包法明确规定土地承包合同应当采用书面形式。因此,承包合同成立的时间应当是当事人签名、盖章或者捺印之时。

需要注意的是,根据本法第 223 条的规定,不动产登记费按件收取,不得按照不动产的面积、体积或者价款的比例收取。

关联法规

《农村土地承包法》第22~24条

第三百三十四条　【土地承包经营权的互换、转让】土地承包经营权人依照法律规定，有权将土地承包经营权互换、转让。未经依法批准，不得将承包地用于非农建设。

关联法规

《农村土地承包法》第7、10、29~47条，《农村土地承包经营权流转管理办法》，《农村土地承包经营权证管理办法》

第三百三十五条　【土地承包经营权互换、转让的登记】土地承包经营权互换、转让的，当事人可以向登记机构申请登记；未经登记，不得对抗善意第三人。

条文注解

根据本条的规定，土地承包经营权互换、转让的，当事人要求登记的，应当向登记机构申请办理登记。申请登记时，应当提交土地变更登记申请书及相关资料，内容包括：转让人与受让人的姓名、住所，土地坐落、面积、用途，土地承包合同、土地承包经营权转让或者互换合同、土地承包经营权证书，以及登记部门要求提供的其他文件。登记部门收到变更登记的申请及上述文件后，经调查、审核，符合变更登记规定的，变更注册登记，更换或者更改土地承包经营权证书。

第三百三十六条　【承包地的调整】承包期内发包人不得调整承包地。

因自然灾害严重毁损承包地等特殊情形，需要适当调整承包的耕地和草地的，应当依照农村土地承包的法律规定办理。

条文注解

关于在哪些情况下可以调整承包地，本款规定是“因自然灾害严重毁损承包地等特殊情形”，即只有在特殊情形下，才可以适当调整承包地。在一般情形下，不应当采取调整承包地的方法，而应当主要通过土地流转，发展第二、三产业等途径，用市场的办法解决。这里的“特殊情形”，主要是指部分农户因自然灾害严重毁损承包地的。当然，在承包方发生了因自然灾害严重毁损承包地等特殊情形需要调整土地时，并不是必然发生对个别农户之间承包的耕地和草地进行调整，如果集体经济组织依法预留了机动地，或者有通过依法开垦等方式增加的土地，或者发包方依法收回和承包方依法、自愿交回的土地，应当先用这些土地解决无地农民的承包地问题，只有在没有上述土地的情况下，才可以对个别农户之间承包的耕地和草地进行适当调整。需要指出的是，人地矛盾突出并不是调整承包地的事由。根据《中共中央、国务院关于保持土地承包关系稳定并长久不变的意见》的规定，稳定承包关系必须继续提倡“增人不增地、减人不减地”原则。

关联法规

《农村土地承包法》第 28~31 条

第三百三十七条　【承包地的收回】承包期内发包人不得收回承包地。法律另有规定的，依照其规定。

关联法规

《农村土地承包法》第27条

第三百三十八条　【承包地的征收补偿】承包地被征收的，土地承包经营权人有权依据本法第二百四十三条的规定获得相应补偿。

关联法规

《土地管理法》第47、48条，《农村土地承包法》第17条

第三百三十九条　【土地经营权的流转】土地承包经营权人可以自主决定依法采取出租、入股或者其他方式向他人流转土地经营权。

条文注解

根据党中央、国务院出台的一系列关于“三权分置”的文件精神，“三权”分别是指集体所有权、农户承包权和土地经营权。“三权”中，农村土地集体所有权是土地承包经营权的前提，是农村基本经营制度的根本，必须得到充分体现和保障。农户享有土地承包权是农村基本经营制度的基础，是集体所有的具体实现形式，要稳定现有土地承包关系并保持长久不变。在土地流转中，从承包方的土地承包经营权中派生出土地经营权。赋予流转受让方更有保障的土地经营权，是完善农村基本经营制度的关键。根据本条的规定，土地承包经营权人可以自主决定依法采取出租、入股或者其他方式向他人流转土地经营权。具体而言，土地经营权流转的方式主要有三种：(1)出租。出租就是承包方以与非本集体经济组织成员的受让方签订租赁合同的方式设立

土地经营权，由受让方在合同期限内占有、使用承包地，并按照约定向承包方支付租金。(2)入股。入股就是承包方将土地经营权作为出资方式，投入到农民专业合作社、农业公司等，并按照出资协议约定取得分红。承包方以土地经营权入股后，即成为农民专业合作社的成员或者公司的股东，享有法律规定的合作社成员或公司股东的权利，可以参与合作社、公司的经营管理，与其他成员、股东一道共担风险、共享收益。(3)其他方式。其他方式就是出租、入股之外的方式，比如，根据《农村土地承包法》第47条中的规定，承包方可以用承包地的土地经营权向金融机构融资担保。这也是一种设立土地经营权的方式。在当事人以土地经营权设定担保物权时，一旦债务人未能偿还到期债务，担保物权人就有权就土地经营权优先受偿。

关联法规

《农村土地承包法》第36、47条，《关于开展土地经营权入股发展农业产业化经营试点的指导意见》

第三百四十条 【土地经营权的定义】土地经营权人有权在合同约定的期限内占有农村土地，自主开展农业生产经营并取得收益。

条文注解

土地经营权是受让方根据流转合同的约定对承包方承包的农村土地依法占有，利用其开展农业生产经营并取得收益的权利。土地经营权的权利主体就是根据土地经营权流转合同取得土地经营权的自然人或者组织。在承包方设立土地经营权后，受让方即成为土地经营权人。土地经营权人可以是自然人，也可以是法人；可以是本集体经济组织的自然人，也可以是非本集体经济组织的自然人；可以是农民专业合作社，也可以是从事农业生产经营的公司。

根据物权编及农村土地承包法等相关法律规定，土地经营权人的权利具体包括以下几个方面的内容：(1)占有权；(2)使用权；(3)收益权；(4)改良土壤、建设附属设施的权利；(5)再流转的权利；(6)以土地经营权融资担保的权利；(7)其他权利。

关联法规

《农村土地承包法》第43、46、47条

第三百四十一条 【土地经营权的设立及登记】流转期限为五年以上的土地经营权，自流转合同生效时设立。当事人可以向登记机构申请土地经营权登记；未经登记，不得对抗善意第三人。

关联法规

《农村土地承包法》第41、56条

第三百四十二条 【其他方式承包的土地经营权流转】通过招标、拍卖、公开协商等方式承包农村土地，经依法登记取得权属证书的，可以依法采取出租、入股、抵押或者其他方式流转土地经营权。

关联法规

《农村土地承包法》第48、49条

第三百四十三条　【国有农用地实行承包经营的参照适用】国家所有的农用地实行承包经营的，参照适用本编的有关规定。

关联法规

《土地管理法》第13条

第十二章　建设用地使用权

第三百四十四条　【建设用地使用权的定义】建设用地使用权人依法对国家所有的土地享有占有、使用和收益的权利，有权利用该土地建造建筑物、构筑物及其附属设施。

条文注解

出让人通过设立建设用地使用权，使建设用地使用权人对国家所有的土地享有了占有、使用和收益的权利，建设用地使用权人可以利用该土地建造建筑物、构筑物及其附属设施。建设用地包括住宅用地、公共设施用地、工矿用地、交通水利设施用地、旅游用地、军事设施用地等。本条中的建筑物主要是指住宅、写字楼、厂房等。构筑物主要是指不具有居住或者生产经营功能的人工建造物，如道路、桥梁、隧道、水池、水塔、纪念碑等；附属设施主要是指附属于建筑物、构筑物的一些设施。

关联法规

《城市房地产管理法》第二章

第三百四十五条 【建设用地使用权的分层设立】建设用地使用权可以在土地的地表、地上或者地下分别设立。

第三百四十六条 【建设用地使用权的设立原则】设立建设用地使用权，应当符合节约资源、保护生态环境的要求，遵守法律、行政法规关于土地用途的规定，不得损害已经设立的用益物权。

第三百四十七条 【建设用地使用权的设立方式】设立建设用地使用权，可以采取出让或者划拨等方式。

工业、商业、旅游、娱乐和商品住宅等经营性用地以及同一土地有两个以上意向用地者的，应当采取招标、拍卖等公开竞价的方式出让。

严格限制以划拨方式设立建设用地使用权。

条文注解

建设用地使用权出让的方式主要有两种：有偿出让和无偿划拨。有偿出让是建设用地使用权出让的主要方式，是指出让人将一定期限的建设用地使用权出让给建设用地使用权人使用，建设用地使用权人向出让人支付一定的出让金。有偿出让的方式主要包括拍卖、招标和协议等。划拨是无偿取得建设用地使用权的一种方式，是指县级以上人民政府依法批准，在建设用地使用权人缴纳补偿、安置等费用后将该幅土地交付其使用，或者将建设用地使用权无偿交付给建设用地使用权人使用的行为。划拨土地没有期限的规定。

关联法规

《土地管理法》第54条，《城市房地产管理法》第8、13、23、24条

第三百四十八条 【建设用地使用权出让合同】通过招标、拍卖、协议等出让方式设立建设用地使用权的，当事人应当采用书面形式订立建设用地使用权出让合同。

建设用地使用权出让合同一般包括下列条款：

(一)当事人的名称和住所；

(二)土地界址、面积等；

(三)建筑物、构筑物及其附属设施占用的空间；

(四)土地用途、规划条件；

(五)建设用地使用权期限；

(六)出让金等费用及其支付方式；

(七)解决争议的方法。

关联法规

《城市房地产管理法》第15条

第三百四十九条 【建设用地使用权的登记】设立建设用地使用权的，应当向登记机构申请建设用地使用权登记。建设用地使用权自登记时设立。登记机构应当向建设用地使用权人发放权属证书。

关联法规

《土地管理法》第12条，《城市房地产管理法》第60条

第三百五十条 【土地用途管制制度】建设用地使用权人应当合理利用土地，不得改变土地用途；需要改变土地用途的，应当依法经有关行政主管部门批准。

关联法规

《土地管理法》第4、54条，《城市房地产管理法》第18、44条

第三百五十一条　【建设用地使用权人支付出让金等费用的义务】建设用地使用权人应当依照法律规定以及合同约定支付出让金等费用。

第三百五十二条　【建设用地使用权人建造的建筑物等设施的权属】建设用地使用权人建造的建筑物、构筑物及其附属设施的所有权属于建设用地使用权人，但是有相反证据证明的除外。

条文注解

建设用地使用权人建造的建筑物、构筑物及其附属设施由建设用地使用权人所有作为通常情况，但仍然存在以下例外：一部分市政公共设施，是通过开发商和有关部门约定，由开发商在房地产项目开发中配套建设的，但是所有权归国家。这部分设施，其性质属于市政公用，其归属就应当按照有充分的证据证明的事先约定来确定，而不是当然地归建设用地使用权人。后续通过房地产交易成为建设用地使用权人的权利人也应当尊重这种权属划分。

掌握本条规定还应当注意，这里规定的建筑物、构筑物及其附属设施必须是合法建造产生的。对于非法占地、违规搭建，《土地管理法》第74、77、83条以及其他法律法规的有关规定都明确规定了制裁措施，这种违章建筑会被没收和强制拆除，更不会产生合法的所有权，因此并不在本条的调整范围内。

关联法规

《土地管理法》第74、77、83条

第三百五十三条 【建设用地使用权的流转方式】建设用地使用权人有权将建设用地使用权转让、互换、出资、赠与或者抵押，但是法律另有规定的除外。

关联法规

《土地管理法》第2条，《城市房地产管理法》第39、40、48、51条，《城镇国有土地使用权出让和转让暂行条例》第19条

第三百五十四条 【处分建设用地使用权的合同形式和期限】建设用地使用权转让、互换、出资、赠与或者抵押的，当事人应当采用书面形式订立相应的合同。使用期限由当事人约定，但是不得超过建设用地使用权的剩余期限。

关联法规

《城市房地产管理法》第15条，《城镇国有土地使用权出让和转让暂行条例》第20~22条

第三百五十五条 【建设用地使用权流转后变更登记】建设用地使用权转让、互换、出资或者赠与的，应当向登记机构申请变更登记。

关联法规

《不动产登记暂行条例》

第三百五十六条 【建筑物等设施随建设用地使用权的流转而一并处分】建设用地使用权转让、互换、出资或者赠与的，附着于该土地上的建筑物、构筑物及其附属设施一并处分。

关联法规

《城市房地产管理法》第32条，《城镇国有土地使用权出让和转让暂行条例》第23、33条

第三百五十七条 【建设用地使用权随建筑物等设施的流转而一并处分】建筑物、构筑物及其附属设施转让、互换、出资或者赠与的，该建筑物、构筑物及其附属设施占用范围内的建设用地使用权一并处分。

关联法规

《民法典》第365、397、398条，《城市房地产管理法》第32条，《城镇国有土地使用权出让和转让暂行条例》第24、33条

第三百五十八条 【建设用地使用权提前收回及其补偿】建设用地使用权期限届满前，因公共利益需要提前收回该土地的，应当依据本法第二百四十三条的规定对该土地上的房屋以及其他不动产给予补偿，并退还相应的出让金。

关联法规

《土地管理法》第58条

第三百五十九条 【建设用地使用权的续期】住宅建设用地使用权期限届满的，自动续期。续期费用的缴纳或者减免，依照法律、行政法规的规定办理。

非住宅建设用地使用权期限届满后的续期，依照法律规定办理。该土地上的房屋以及其他不动产的归属，有约定的，按照约定；没有约定或者约定不明确的，依照法律、行政法规的规定办理。

条文注解

国家通过出让的方式，使建设用地使用权人获得一定期限内利用土地的权利。根据《城镇国有土地使用权出让和转让暂行条例》的规定，土地使用权出让的最高年限为：居住用地70年；工业用地50年；教育、科技、文化、卫生、体育用地50年；商业、旅游、娱乐用地40年；综合或者其他用地50年。因此，建设用地使用权期限届满后，面临建设用地使用权如何续期的问题。本条住宅建设用地使用权期限届满的，自动续期。而非住宅建设用地的续期不是自动续期，需要根据法律规定办理。为什么非住宅建设用地使用权没有采取自动续期的规定？这是因为非住宅建设用地和住宅建设用地有较大的区别。非住宅建设用地的使用期限相对比较短，使用用途也各不相同。有的建设用地使用权人仅需要在特定的期限内使用建设用地，过了该期限，就没有使用该土地的必要。因此，不宜将自动续期作为非住宅建设用地使用权适用的一般原则，是否续期应当由建设用地使用权人自己决定。根据本条第2款的规定，非住宅建设用地使用权期限届满后的续期，依照法律规定办理，即建设用地使用权可以在建设用地使用权期限届满前1年申请续期。只要建设用地使用权人提出续期的要求，出让人就应当同意，只有在公共利益需要使用该建设用地的情况下，出让人才有权拒绝建设用地使用权人续期的要求，收回该土地。

关联法规

《城市房地产管理法》第22条

第三百六十条 【建设用地使用权注销登记】建设用地使用权消灭的，出让人应当及时办理注销登记。登记机构应当收回权属证书。

第三百六十一条 【集体所有土地作为建设用地的法律适用】集体所有的土地作为建设用地的，应当依照土地管理的法律规定办理。

第十三章 宅基地使用权

第三百六十二条 【宅基地使用权的定义】宅基地使用权人依法对集体所有的土地享有占有和使用的权利，有权依法利用该土地建造住宅及其附属设施。

关联法规

《宪法》第10条，《土地管理法》第9条

第三百六十三条 【宅基地使用权取得、行使和转让的法律适用】宅基地使用权的取得、行使和转让，适用土地管理的法律和国家有关规定。

条文注解

根据《土地管理法》第 62 条的规定，农村村民一户只能拥有一处宅基地，其宅基地的面积不得超过省、自治区、直辖市规定的标准。人均土地少、不能保障一户拥有一处宅基地的地区，县级人民政府在充分尊重农村村民意愿的基础上，可以采取措施，按照省、自治区、直辖市规定的标准保障农村村民实现户有所居。农村村民建住宅，应当符合乡(镇)土地利用总体规划、村庄规划，不得占用永久基本农田，并尽量使用原有的宅基地和村内空闲地。编制乡(镇)土地利用总体规划、村庄规划应当统筹并合理安排宅基地用地，改善农村村民居住环境和条件。农村村民住宅用地，由乡(镇)人民政府审核批准；其中，涉及占用农用地的，依照《土地管理法》第 44 条的规定办理审批手续。农村村民出卖、出租、赠与住宅后，再申请宅基地的，不予批准。国家允许进城落户的农村村民依法自愿有偿退出宅基地，鼓励农村集体经济组织及其成员盘活利用闲置宅基地和闲置住宅。国务院农业农村主管部门负责全国农村宅基地改革和管理有关工作。

关联法规

《土地管理法》第 62 条

第三百六十四条　【宅基地的灭失和重新分配】宅基地因自然灾害等原因灭失的，宅基地使用权消灭。对失去宅基地的村民，应当依法重新分配宅基地。

第三百六十五条　【宅基地使用权变更和注销登记】已经登记的宅基地使用权转让或者消灭的，应当及时办理变更登记或者注销登记。

关联法规

《土地登记规则》第37、39、56、58条

第十四章 居 住 权

第三百六十六条 【居住权的定义】居住权人有权按照合同约定,对他人的住宅享有占有、使用的用益物权,以满足生活居住的需要。

条文注解

居住权,是指居住权人对他人所有住宅的全部或者部分及其附属设施,享有占有、使用的权利。根据本条规定,居住权有以下法律特征:(1)居住权是居住权人在他人所有的住宅上设立的物权。(2)居住权是一种用益物权,居住权人对他人所有的住宅的全部或者部分及其附属设施享有占有、使用的权利,以满足生活居住的需要。特别应注意的是,并非所有居住他人住宅的权利均是本条规定的居住权。如果当事人之间存在抚养、扶养、赡养、租赁、借用等关系,也同样可能享有居住他人住宅的权利。但由此而享有的权利不具有物权的排他效力,不是本条所规定的居住权,不能适用本章的规定。(3)居住权是住宅所有人为特定自然人的利益在自己所有的住宅上设定的权利,法人或其他组织不能享有居住权。(4)居住权人只能将其享有居住权的住宅用于满足其生活居住的需要,一般情况下,居住权人不能将其享有居住权的住宅出租,但是当事人另有约定的除外。(5)居住权人按照合同约定对他人的住宅享有占有、使用的权利。

第三百六十七条　【居住权合同】设立居住权,当事人应当采用书面形式订立居住权合同。

居住权合同一般包括下列条款:

(一)当事人的姓名或者名称和住所;

(二)住宅的位置;

(三)居住的条件和要求;

(四)居住权期限;

(五)解决争议的方法。

条文注解

居住权既可以基于当事人的约定设立,也可以基于被继承人的遗嘱设立。设立居住权,当事人应当采用书面形式订立居住权合同。需要注意的是,本条第 2 款所规定的内容并非全部都是居住权合同必须约定的内容。当事人应当对第 1 项“当事人的姓名或者名称和住所”、第 2 项“住宅的位置”作出明确约定,如果欠缺这两项内容将导致居住权的主体和客体不明,不可能设立居住权。其他各项均非合同必须约定的内容,如果当事人未作约定,不影响居住权的设立。

第三百六十八条　【居住权的设立】居住权无偿设立,但是当事人另有约定的除外。设立居住权的,应当向登记机构申请居住权登记。居住权自登记时设立。

条文注解

根据本条的规定,当事人签订居住权合同后,居住权并未设立,当事人须持居住权合同到不动产登记机构申请居住权登记。不动产登记机构将设立居住权的情况登记在不动产登记簿上,居住权自登记时设立。如果仅就住宅的部分设立居住权应当在此居住权合同中予以明确,并在不动产登记簿上予以明确。

第三百六十九条 【居住权的转让、继承和设立居住权的住宅出租】居住权不得转让、继承。设立居住权的住宅不得出租,但是当事人另有约定的除外。

第三百七十条 【居住权的消灭】居住权期限届满或者居住权人死亡的,居住权消灭。居住权消灭的,应当及时办理注销登记。

第三百七十一条 【以遗嘱方式设立居住权的参照适用】以遗嘱方式设立居住权的,参照适用本章的有关规定。

关联法规

《民法典》第1133条

第十五章 地 役 权

第三百七十二条 【地役权的定义】地役权人有权按照合同约定,利用他人的不动产,以提高自己的不动产的效益。

前款所称他人的不动产为供役地,自己的不动产为需役地。

条文注解

地役权是传统民法用益物权中的一项重要权利,是按照合同约定利用他人的不动产,以提高自己不动产效益的权利。在地役权法律关系中为自己土地的便利而使用他人土地的一方成为地役权人，将自己的土地供他人使用的一方称为供役地人。他人的不动产称为供役地，自己的不动产称为需役地。地役权的设立，必须是以增加需役地的利用价值和提高其效益为前提。此种"效益"既包括生活上得到的便利，也包括经营上获得的效益。

第三百七十三条　【地役权合同】设立地役权，当事人应当采用书面形式订立地役权合同。

地役权合同一般包括下列条款：

（一）当事人的姓名或者名称和住所；

（二）供役地和需役地的位置；

（三）利用目的和方法；

（四）地役权期限；

（五）费用及其支付方式；

（六）解决争议的方法。

第三百七十四条　【地役权的设立与登记】地役权自地役权合同生效时设立。当事人要求登记的，可以向登记机构申请地役权登记；未经登记，不得对抗善意第三人。

条文注解

需要注意的是，地役权不登记，并非意味着地役权就不能对抗第三人，未登记的地役权，仅仅是不得对抗善意第三人。地役权属于用益物权，与债权不同（债权为相对权，不具有排他性），物权为绝对权。因此，地役权一经设立即具有对世效力。虽然地役权未经登记，但作为物权，仍可以对抗侵权行为人，如果他人非法侵害当事人的地役权，未登记的地役权人仍可以请求排除妨碍、赔偿损失。此外，未登记的地役权还可以对抗恶意第三人，所谓恶意第三人包括以不公正手段获得地役权登记的人，或者明知该地役权已经存在的第三人。

第三百七十五条 【供役地权利人的义务】供役地权利人应当按照合同约定，允许地役权人利用其不动产，不得妨害地役权人行使权利。

条文注解

在供役地权利人违反合同约定，阻挠、妨害地役权人行使地役权时，其行为形成违约责任与侵权责任的竞合，地役权人既可以选择根据合同请求供役地权利人承担违约责任，作为用益物权人也可以选择要求对方对侵害地役权的行为承担侵权责任。

关联法规

《民法典》第186、509条

第三百七十六条 【地役权人的义务】地役权人应当按照合同约定的利用目的和方法利用供役地，尽量减少对供役地权利人物权的限制。

条文注解

地役权人的主要权利就是利用供役地，以提高自己土地的效益。地役权人利用供役地的目的和方法都必须按照合同约定。一般而言，地役权的利用目的有通行、通过、排水、通风、采光、取水、眺望。

地役权人按照合同约定的利用目的和方法利用供役地时，应当采取对供役地损害最小的方法，在利用供役地的同时，不要过分损害其利益。同时地役权人还应当履行合同约定的其他义务，比如，交纳使用费用等。

第三百七十七条　【地役权期限】地役权期限由当事人约定；但是，不得超过土地承包经营权、建设用地使用权等用益物权的剩余期限。

第三百七十八条　【地役权的承继】土地所有权人享有地役权或者负担地役权的，设立土地承包经营权、宅基地使用权等用益物权时，该用益物权人继续享有或者负担已经设立的地役权。

第三百七十九条　【在先用益物权对地役权的限制】土地上已经设立土地承包经营权、建设用地使用权、宅基地使用权等用益物权的，未经用益物权人同意，土地所有权人不得设立地役权。

第三百八十条　【地役权的转让】地役权不得单独转让。土地承包经营权、建设用地使用权等转让的，地役权一并转让，但是合同另有约定的除外。

条文注解

地役权虽然是一种独立的用益物权，但仍然应当与需役地的所有权或者使用权共命运，必须与需役地所有权或者使用权一同移转，不得与需役地分离而单独让与，这就是地役权的从属性，主要表现在以下三种情形：第一，地役权人不得自己保留需役地的所有权或者用益物权,单独将地役权转让。第二,地役权人不得自己保留地役权,而单独将需役地的使用权转让。第三,地役权人也不得将需役地的使用权与地役权分别让与不同的人。

第三百八十一条 【地役权的抵押】地役权不得单独抵押。土地经营权、建设用地使用权等抵押的,在实现抵押权时,地役权一并转让。

第三百八十二条 【地役权对需役地及其上权利的不可分性】需役地以及需役地上的土地承包经营权、建设用地使用权等部分转让时,转让部分涉及地役权的,受让人同时享有地役权。

第三百八十三条 【地役权对供役地及其上权利的不可分性】供役地以及供役地上的土地承包经营权、建设用地使用权等部分转让时,转让部分涉及地役权的,地役权对受让人具有法律约束力。

第三百八十四条 【供役地权利人单方解除地役权合同的法定事由】地役权人有下列情形之一的,供役地权利人有权解除地役权合同,地役权消灭:

(一)违反法律规定或者合同约定,滥用地役权;

(二)有偿利用供役地,约定的付款期限届满后在合理期限内经两次催告未支付费用。

条文注解

认定地役权人是否滥用地役权,可以从两个方面判断。一是根据合同约定判断。一般而言,地役权合同会就供役地和需役地的位置、地役权的利用目的和方法等作出约定。如果地役权人违反合同约定的目的、方法等行使地役权，即可以认定为构成滥用地役权，此时供役地权利人可以单方解除地役权合同。二是根据法律规定判断。根据法律判断地役权人是否滥用地役权，所依据的法律既包括《民法典》的规定，也包括其他与行使地役权相关的法律规定。比如违反水污染防治法的规定，大量排放超过地方规定的水污染物排放标准的水污染物，造成土地被严重污染。

第三百八十五条　【已登记地役权的变更、转让或消灭手续】已经登记的地役权变更、转让或者消灭的，应当及时办理变更登记或者注销登记。

第四分编　担保物权

第十六章　一般规定

第三百八十六条　【担保物权的定义】担保物权人在债务人不履行到期债务或者发生当事人约定的实现担保物权的情形，依法享有就担保财产优先受偿的权利，但是法律另有规定的除外。

条文注解

担保物权是以直接支配特定财产的交换价值为内容，以确保债权实现为目的而设定的物权。

担保物权具有以下特征：第一，有利于确保债权的实现。担保物权旨在确保债务的清偿，是为确保债务的清偿而设立的，因此在担保物权设立时，要有被担保债权事先存在，从属于所担保的债权。第二，担保物权具有优先受偿的效力。优先受偿，是指在债务人到期不清偿债务或者出现当事人约定的实现担保物权的情形时，债权人可以对担保财产进行折价或者拍卖、变卖，以所得的价款优先实现自己的债权。第三，担保物权是在债务人或者第三人的财产上成立的权利。根据本法的规定，可以用于担保的财产范围比较广，既包括现在的财产，也包括将来的财产；既包括不动产，也包括动产，在特定情形下还可以用权利进行担保，如本法规定的权利质权。第四，担保物权具有物上代位性。担保财产即使灭失、毁损，但代替该财产的交换价值还存在，担保物权的效力仍存在，但此时担保物权的效力转移到了该代替物上。

关联法规

《民法典》第388、393、403条，《商业银行法》第36条，《最高人民法院关于适用〈中华人民共和国民法典〉有关担保制度的解释》第45条

第三百八十七条　【担保物权的适用范围和反担保】债权人在借贷、买卖等民事活动中，为保障实现其债权，需要担保的，可以依照本法和其他法律的规定设立担保物权。

第三人为债务人向债权人提供担保的，可以要求债务人提供反担保。反担保适用本法和其他法律的规定。

条文注解

担保物权是平等民事主体之间为确保债权的实现而设定的。对适用范围的规定，应当注意以下几点：第一，担保物权适用于民事活动，不适用因国家行政行为（如税款）、司法行为（如扣押产生的费用）等而产生的不平等主体之间的关系。第二，为了引导当事人设定担保

物权，本法列举了借贷、买卖两种典型的可以设定担保物权的民事活动，但可以设定担保物权的民事活动很广泛，并不仅限于这两种民事活动。在其他民事活动中，如货物运输、加工承揽、无因管理、补偿贸易等都可以设定担保物权。第三，在立法中，因侵权行为产生的债权不能用事先设定担保物权的方式加以保障，但是因侵权行为已经产生的债权，属于普通债权的范围，可以用设定担保物权的方式确保该债权的实现。第四，本条第 1 款规定，可以依照本法和其他法律的规定设立担保物权。这里的“其他法律”主要指海商法、民用航空法、农村土地承包法等对船舶抵押、航空器抵押、土地经营权抵押等作了规定的法律，“其他法律”的表述也为今后相关特别法规定设立担保物权留下接口。因此，设立担保物权还应当依据这些特别法。

反担保，是指替债务人提供担保的第三人，为了保证自己的追偿权得到实现，可以要求债务人为自己追偿权的实现提供担保。在由第三人提供担保物权的债权债务关系中，在债务人未清偿到期债务或者出现当事人约定的可以实现担保物权的情形时，提供担保财产的第三人应当承担担保责任，债权人可以就第三人提供的担保财产实现自己的债权。第三人基于担保合同以及替代债务人清偿债务这一法律事实，成为债务人的新债权人，其有权向债务人追偿。第三人为保障自己追偿权的实现，可以要求债务人向自己提供担保，这里的担保可以是债务人或者其他人提供的担保物权，也可以是其他人提供的保证。

第三百八十八条　【担保合同】设立担保物权，应当依照本法和其他法律的规定订立担保合同。担保合同包括抵押合同、质押合同和其他具有担保功能的合同。担保合同是主债权债务合同的从合同。主债权债务合同无效的，担保合同无效，但是法律另有规定的除外。

担保合同被确认无效后，债务人、担保人、债权人有过错的，应当根据其过错各自承担相应的民事责任。

条文注解

我国现行立法和司法实务中，对于抵押权和质权这两类意定担保物权的设立均要求采用书面形式订立合同。我国现行立法和司法实务中，对于抵押权和质权这两类意定担保物权的设立均要求采用书面形式订立合同。

担保物权的一个重要特点就是其附随于主债权债务关系，没有主债权债务关系的存在，担保关系也就没有了存在以及实现的可能和价值。需要指出的是，担保合同随主债权债务合同无效而无效只是一般规则，并不是绝对的，在法律另有规定的情况下，担保合同可以作为独立合同存在，不受主债权债务合同效力的影响。例如，在本法规定的最高额抵押权中，最高额抵押合同就具有相对的独立性。

在主债权债务合同无效导致担保合同无效的情形下，虽然不存在履行担保义务的问题，但债务人、担保人或者债权人并非不承担任何法律后果。需要特别强调的是，导致担保合同无效的原因很多，主债权债务合同无效导致担保合同无效只是原因之一。在主债权债务合同有效的情况下，担保合同也有可能无效。例如，担保合同因违反法律、行政法规的强制性规定而无效，担保合同因担保人为无民事行为能力人而无效，等等。也就是说，判断担保合同是否有效，不能仅以主债权债务合同是否有效为标准，还要看担保合同本身是否有民法典总则编第六章“民事法律行为”以及合同编规定的合同无效情形。

关联法规

《民法典》第155、157、400、427条，《最高人民法院关于适用〈中华人民共和国民法典〉有关担保制度的解释》第2、5~11、17、19条

第三百八十九条 【担保物权的担保范围】担保物权的担保范围包括主债权及其利息、违约金、损害赔偿金、保管担保财产和实现担保物权的费用。当事人另有约定的,按照其约定。

条文注解

担保物权的担保范围包括:

(1)主债权。主债权指债权人与债务人之间因债的法律关系所发生的原本债权,如金钱债权、交付货物的债权、提供劳务的债权。主债权是相对于利息和其他附随债权而言的,不包括利息以及其他因主债权而产生的附随债权。

(2)利息。利息指实现担保物权时主债权所应产生的一切收益。一般来说,金钱债权都有利息,因此其当然也在担保范围内。利息可以按照法律规定确定,也可以由当事人自己约定,但当事人不能违反法律规定约定过高的利息,否则超过部分的利息无效。

(3)违约金。违约金指按照当事人的约定,一方当事人违约时,应当根据违约情况向另一方支付的一定数额的金钱。在担保行为中,只有因债务人的违约行为导致产生支付违约金的义务时,违约金才可以纳入担保物权的担保范围。

(4)损害赔偿金。损害赔偿金指一方当事人因违反合同或者因其他行为对债权人造成的财产、人身损失而给付的赔偿额。损害赔偿金的范围可以由法律直接规定,或由双方当事人约定,在法律没有特别规定或者当事人没有约定的情况下,应按照完全赔偿原则确定具体赔偿数额。

(5)保管担保财产的费用。保管担保财产的费用指债权人在占有担保财产期间因履行善良保管义务而支付的各种费用。需要特别指出的是,只有在质押和留置中,“保管担保财产的费用”才被纳入担保物权的担保范围;在抵押中,抵押财产由抵押人自己保管,所以保管抵押财产的费用已由抵押人自己承担,自然也就不应纳入担保范围。

(6)实现担保物权的费用。实现担保物权的费用指担保物权人在实现担保物权过程中所花费的各种实际费用,如对担保财产的评估费用、拍卖或者变卖担保财产的费用、向人民法院申请强制变卖或者拍卖的费用等。当然,担保物权人应本着诚实信用的原则实现担保物权,所花的费用也应当合理,对不合理的费用不应当纳入担保的范围。

对担保物权所担保的债权范围,当事人可以依照自己的意思进行约定。当事人约定的担保物权的担保范围可以与第1款规定的范围不同。例如,当事人可以约定抵押权的担保范围只限于主债权、损害赔偿金、实现担保物权的费用,不包括利息。这是民法的意思自治原则在担保物权中的体现。

关联法规

《民法典》第432、451、584条,《最高人民法院关于适用〈中华人民共和国民法典〉有关担保制度的解释》第3条

第三百九十条 【担保物权的物上代位性及代位物的提存】担保期间,担保财产毁损、灭失或者被征收等,担保物权人可以就获得的保险金、赔偿金或者补偿金等优先受偿。被担保债权的履行期限未届满的,也可以提存该保险金、赔偿金或者补偿金等。

条文注解

担保财产的代位物包括:(1)赔偿金。担保财产因第三人的侵权行为或者其他原因毁损、灭失时,担保人所获得的损害赔偿金可以作为担保财产的代位物。但是,如果担保财产是由于债权人的原因而毁

损、灭失的，则不能作为担保财产的代位物。(2)保险金。担保人为担保财产投保的，因保险事故发生而致使担保财产毁损、灭失时，担保人可以请求保险人支付保险金。该保险金可以作为代位物。(3)补偿金。这里的补偿金主要指担保财产被国家征收时，担保人从国家得到的补偿金。例如，城市居民将自己的房屋向银行作了抵押贷款，如果房屋被国家征收的，其所得的补偿金应当作为抵押财产的代位物。值得注意的是，损害赔偿金、保险金或者补偿金只是代位物的几种形态，但并不以此为限，如担保财产的残留物也属于代位物的范围。

在因担保财产毁损、灭失或者被征收产生代位物的时候，可能会出现两种情况：一种情况是担保物权人的债权已经到期或者出现当事人约定的可以实现担保物权的情形。在这种情况下，担保物权人当然可以立即在代位物上实现自己的优先受偿权。另一种情况是担保物权人的债权还没有到期。在这种情况下，代位物虽说是特定的，但是毕竟已经货币化，担保物权人对其进行控制的可能性降低，其到期实现债权的可能性也会降低，为保障担保物权人的债权得以实现，担保物权人可以提前在代位物上实现自己的债权；如果担保物权人还希望保留自己的期限利益，也可以不立即在代位物上实现担保物权，而是等到债权履行期限届满或者出现当事人约定的可以实现担保物权的情形，债务人不履行债务时再在代位物上优先受偿。担保人可以自己或者应担保物权人的要求向提存机构提存该保险金、赔偿金或者补偿金等。

关联法规

《民法典》第117、243、432、451条，《最高人民法院关于适用〈中华人民共和国民法典〉有关担保制度的解释》第42条

第三百九十一条 【未经担保人同意转移债务的法律后果】第三人提供担保,未经其书面同意,债权人允许债务人转移全部或者部分债务的,担保人不再承担相应的担保责任。

条文注解

正确理解本条应当注意以下几点:

一是本条只适用于第三人提供担保财产的情况,如果担保财产是由债务人自己提供的,除非债权人明确放弃担保物权或者债务的受让人明确表示愿意代为提供新的担保,否则债权人同意债务人转移债务的行为并不意味着债务人担保责任的免除。

二是债权人允许债务人转移债务必须要经提供担保的第三人的书面同意。担保合同为要式合同,设立担保需要书面形式,担保人如果继续为新的债务人担保,这种变更也应当秉承要式合同的规则。如果不是书面形式,而是其他形式,视为不存在担保人的同意。

三是本条规定的债务转移不但包括债务人将债务全部转移给他人,也包括将部分债务转移给他人。债权人许可债务人部分转移的,原债务人并不退出债务关系,只是其所应承担的债务额发生减少,新债务人与原债务人共同向债权人承担债务。部分转移债务的也必须经担保人同意,否则担保人对转移出去的部分债务不承担担保责任。

四是未经担保人书面同意,债权人许可债务人转移全部债务的,可以免除担保人全部担保责任;债权人许可债务人转移部分债务的,可以免除担保人部分的担保责任,担保人不得要求免除全部担保责任,其还是要对债务人未转移的债务承担担保责任。

关联法规

《民法典》第469、551条

第三百九十二条 【人保和物保并存时担保权的实行规则】被担保的债权既有物的担保又有人的担保的，债务人不履行到期债务或者发生当事人约定的实现担保物权的情形，债权人应当按照约定实现债权；没有约定或者约定不明确，债务人自己提供物的担保的，债权人应当先就该物的担保实现债权；第三人提供物的担保的，债权人可以就物的担保实现债权，也可以请求保证人承担保证责任。提供担保的第三人承担担保责任后，有权向债务人追偿。

条文注解

本条区分三种情况对物的担保与人的担保的关系作了规定：

(1)在当事人对物的担保和人的担保的关系有约定的情况下，应当尊重当事人的意思，按约定实现，这充分尊重了当事人的意思自治。

(2)在没有约定或者约定不明确，债务人自己提供物的担保的情况下，应当先就物的担保实现担保物权。

(3)在没有约定或者约定不明确，第三人提供物的担保，又有人的担保的情况下，应当允许当事人进行选择。

实践中，对同一债权，还可能出现债务人和第三人均提供了物的担保，还有保证人提供人的担保的情形。在这种情况下，无论是从公平的角度，还是从防止日后追索权的烦琐，节约成本的角度，债权人都应当先行使对债务人的物的担保，否则保证人可以有抗辩权。

关联法规

《最高人民法院关于适用〈中华人民共和国民法典〉有关担保制度的解释》第13、14、18条

第三百九十三条 【担保物权消灭事由】有下列情形之一的，担保物权消灭：

（一）主债权消灭；

（二）担保物权实现；

（三）债权人放弃担保物权；

（四）法律规定担保物权消灭的其他情形。

条文注解

本条规定了下列情形下担保物权消灭：

第一，因主债权的消灭而消灭。担保物权是从属于主债权的权利，主债权消灭的，担保物权也随之消灭。

第二，担保物权实现导致担保物权消灭。“担保物权实现”，是指债务人到期不履行债务时，债权人与担保人约定以担保财产折价实现自己的债权或者拍卖、变卖担保财产，以拍卖、变卖担保财产所得的价款优先受偿。

第三，债权人放弃担保物权导致担保物权消灭。这里的“放弃”是指债权人的明示放弃，明示放弃主要包括两种情形：一种情形是债权人用书面的形式明确表示放弃担保物权，如债权人与债务人或者提供担保的第三人以签订协议的方式同意放弃担保物权。另一种情形是债权人以行为放弃，如因债权人自己的行为导致担保财产毁损、灭失的，视为债权人放弃了担保物权。

第四，法律规定的其他导致担保物权消灭的情形。这是一项兜底

性条款，主要是指民法典的其他条款或者其他法律规定的担保物权消灭的特殊情形或者专属于某一类担保物权的消灭原因。

关联法规

《民法典》第413、438、455、457条

第十七章　抵　押　权

第一节　一般抵押权

第三百九十四条　【抵押权的定义】为担保债务的履行，债务人或者第三人不转移财产的占有，将该财产抵押给债权人的，债务人不履行到期债务或者发生当事人约定的实现抵押权的情形，债权人有权就该财产优先受偿。

前款规定的债务人或者第三人为抵押人，债权人为抵押权人，提供担保的财产为抵押财产。

条文注解

抵押法律关系的当事人为抵押人和抵押权人，客体为抵押财产。抵押人指为担保债务的履行而提供抵押财产的债务人或者第三人，抵押权人指接受抵押担保的债权人，抵押财产指抵押人提供的用于担保债务履行的特定的物。例如，甲向乙借款200万元人民币，为保证按时偿还借款，将自己的房屋抵押给乙。在这个法律关系中，甲既是债务人，又是抵押人；乙既是债权人，又是抵押权人；房屋是抵押财产。有时，提供抵押财产的人并非债务人，而是主债权债务合同的当事人以外的第三人，该第三人就是抵押人。例如，甲向乙借款，丙将自己的

汽车抵押给乙,作为甲向乙履行债务的担保。这种情况下,丙为抵押人,乙为抵押权人,丙的汽车是抵押财产。

实现抵押权应当具备以下条件之一:一是债务清偿期限届满,债务人不履行义务。清偿期限未届满,抵押权人无权就抵押财产优先受偿。二是发生当事人约定的实现抵押权的情形。

优先受偿,是指当债务人有多个债权人,其财产不足清偿全部债权时,有抵押权的债权人,可以优先于其他无抵押权的债权人而受到清偿。

第三百九十五条 【抵押财产的范围】债务人或者第三人有权处分的下列财产可以抵押:

(一)建筑物和其他土地附着物;

(二)建设用地使用权;

(三)海域使用权;

(四)生产设备、原材料、半成品、产品;

(五)正在建造的建筑物、船舶、航空器;

(六)交通运输工具;

(七)法律、行政法规未禁止抵押的其他财产。

抵押人可以将前款所列财产一并抵押。

条文注解

根据本条规定,财产抵押必须符合两个条件:第一,债务人或者第三人对抵押财产有处分权;第二,是本条规定的可以抵押的财产。债务人或者第三人对抵押财产有处分权包括:(1)债务人或者第三人是抵押财产的所有权人。(2)债务人或者第三人对抵押财产享有用益物权,法律规定该用益物权可以抵押。(3)债务人或者第三人根据法律、行政法规的规定,或者经过政府主管部门批准,可以将其占有、使用的财产抵押。

抵押财产，是指被设置了抵押权的不动产、动产或者权利。抵押财产的特点是：(1)抵押财产包括不动产、特殊动产和权利。(2)抵押财产须具有可转让性，抵押权的性质是变价权，抵押物如果有妨害其使用的目的，具有不得让与的性质或者即使可以让与但让与导致其变价受到影响的，都不能设置抵押权。

根据本条第2款规定，企业可以将企业的动产、不动产及其某些权利作为一个整体进行担保，如将厂房、机器设备、库存产成品、工业产权等财产作为总资产向银行抵押贷款。但是，企业将财产一并抵押时，各项财产的名称、数量等情况应当是明确的。

关联法规

《宪法》第10条，《城市房地产管理法》第32、48条，《农村土地承包法》第53条，《全民所有制工业企业转换经营机制条例》第15条

第三百九十六条　【浮动抵押】企业、个体工商户、农业生产经营者可以将现有的以及将有的生产设备、原材料、半成品、产品抵押，债务人不履行到期债务或者发生当事人约定的实现抵押权的情形，债权人有权就抵押财产确定时的动产优先受偿。

条文注解

设立浮动抵押应当符合下列条件：

第一，设立浮动抵押的主体限于企业、个体工商户、农业生产经营者。企业可以是国有独资企业、合伙企业、个人独资企业、公司制企业等，只要注册登记为企业的组织都可以设定浮动抵押。个体工商户是以个人或者家庭经营为主的经济单位，注册登记为个体工商户的，也

都可以设立浮动抵押。农业生产经营者,主要指农村承包经营户,也可以是其他从事农业生产的人。除了上述三项主体,非营利的法人和非法人组织、特别法人以及非从事生产经营的自然人等不可以设立浮动抵押。

第二,设立浮动抵押的财产限于生产设备、原材料、半成品、产品。对除此之外的动产不得设立浮动抵押,对不动产也不得设立浮动抵押。

第三,实现抵押权的条件是不履行到期债务或者发生当事人约定的实现抵押权的事由。

第四,浮动抵押优先受偿的效力范围为抵押财产确定时的动产。

动产浮动抵押是特殊的动产抵押,尽管与一般的动产抵押相比具有抵押财产在确定前具有浮动性、浮动抵押期间处分的财产不受追及等特征,但是在其他方面也适用动产抵押的一般规则。如在抵押财产的范围、抵押合同、抵押权的设立与对抗效力、抵押权的优先受偿顺位等方面都适用动产抵押的一般规则。

关联法规

《民法典》第400~411条,《最高人民法院关于适用〈中华人民共和国民法典〉有关担保制度的解释》第57条

第三百九十七条 【建筑物与建设用地使用权同时抵押规则】 **以建筑物抵押的,该建筑物占用范围内的建设用地使用权一并抵押。以建设用地使用权抵押的,该土地上的建筑物一并抵押。**

抵押人未依据前款规定一并抵押的,未抵押的财产视为一并抵押。

条文注解

由于房地的不可分性，我国在处理房地关系时的一个重要原则就是“地随房走或者房随地走”的房地一体原则。所谓“地随房走”就是转让房屋的所有权时，建设用地使用权同时转让。所谓“房随地走”，就是转让建设用地使用权时，该土地上的房屋所有权也应一并转让。这一原则也同样适用于抵押，在设定抵押权时，房屋的所有权和建设用地使用权应当一并抵押，只有这样，才能保证实现抵押权时，房屋所有权和建设用地使用权同时转让。

关联法规

《城市房地产管理法》第32、48条

第三百九十八条 【乡镇、村企业的建设用地使用权抵押限制】乡镇、村企业的建设用地使用权不得单独抵押。以乡镇、村企业的厂房等建筑物抵押的，其占用范围内的建设用地使用权一并抵押。

条文注解

乡镇、村企业不能仅以集体所有的建设用地使用权抵押，但可以将乡镇、村企业的厂房等建筑物抵押，以厂房等建筑物抵押的，其占用范围内的建设用地使用权一并抵押。以乡镇、村企业的建设用地使用权随厂房等建筑物一并抵押，实现抵押权后，未经法定程序不得改变土地所有权的性质和土地用途。

关联法规

《民法典》第361、397、418条，《最高人民法院关于适用〈中华人民共和国民法典〉有关担保制度的解释》第6条

第三百九十九条 【禁止抵押的财产范围】下列财产不得抵押:

(一)土地所有权;

(二)宅基地、自留地、自留山等集体所有土地的使用权,但是法律规定可以抵押的除外;

(三)学校、幼儿园、医疗机构等为公益目的成立的非营利法人的教育设施、医疗卫生设施和其他公益设施;

(四)所有权、使用权不明或者有争议的财产;

(五)依法被查封、扣押、监管的财产;

(六)法律、行政法规规定不得抵押的其他财产。

条文注解

土地所有权既包括国有土地的所有权,也包括集体所有土地的所有权。

除学校、幼儿园、医疗机构以外,其他以公益为目的成立的非营利法人的社会公益设施也不得抵押,如不得将公共图书馆、科学技术馆、博物馆、国家美术馆、少年宫、工人文化宫、敬老院、残疾人福利基金会等用于社会公益目的的设施抵押。

依法查封、扣押财产,指人民法院或者行政机关采取强制措施将财产就地贴上封条或者运到另外的处所,不准任何人占有、使用或者处分。依法监管的财产,指行政机关依照法律规定监督、管理的财产。比如,海关依照有关法律、法规,监管进出境的运输工具、货物、行李物品、邮递物品和其他物品,对违反海关法和其他有关法律、法规规定的进出境货物、物品予以扣留。依法被查封、扣押、监管的财产,其合法性处于不确定状态,国家法律不能予以确认和保护。

关联法规

《农村土地承包法》第9、47条

第四百条 【抵押合同】设立抵押权，当事人应当采用书面形式订立抵押合同。

抵押合同一般包括下列条款：

（一）被担保债权的种类和数额；

（二）债务人履行债务的期限；

（三）抵押财产的名称、数量等情况；

（四）担保的范围。

条文注解

设立抵押权是抵押人与抵押权人之间的民事法律行为，该种行为不仅要求当事人双方意思表示一致，还要求通过一定的法律形式即合同表现出来。因抵押涉及的财产数额较大，法律关系比较复杂，而且要在一段时间内为债权担保，因此应采用书面形式订立抵押合同。

抵押合同一般包括以下内容：被担保债权的种类，主要指主债权是财物之债，还是劳务之债。履行债务的期限，是指债务人履行债务的最终日期。抵押财产的名称，是指抵押的是何种标的物，并允许当事人对担保财产进行一般性或者概况性描述。抵押财产担保的范围包括主债权及其利息、违约金、损害赔偿金和实现抵押权的费用。

设立抵押权是双方民事法律行为，抵押合同除包括上述四项内容以外，当事人之间可能还有其他认为需要约定的事项，如抵押财产的保险责任由谁承担，抵押人如果提前偿还债权向谁提存，发生纠纷后是否申请仲裁等，这些内容也可以在协商一致的情况下在抵押合同中进行约定。

关联法规

《城市房地产管理法》第50条

第四百零一条 【流押】抵押权人在债务履行期限届满前，与抵押人约定债务人不履行到期债务时抵押财产归债权人所有的，只能依法就抵押财产优先受偿。

条文注解

本条是对禁止流押的规定。

流押条款，是指债权人在订立抵押合同时与抵押人约定，债务人不履行债务时抵押财产归债权人所有。抵押权性质上属于担保物权，抵押权人设立抵押权的目的在于支配抵押财产的交换价值而使债权获得清偿，而不是取得抵押财产的所有权。故而，应当否认抵押权人可以取得抵押财产所有权的事先约定的效力。

订立流押条款的，虽然流押条款无效，仍享有担保权益，但是只能依法就抵押财产或者质押财产优先受偿。

关联法规

《民法典》第410、413条

第四百零二条 【不动产抵押登记】以本法第三百九十五条第一款第一项至第三项规定的财产或者第五项规定的正在建造的建筑物抵押的，应当办理抵押登记。抵押权自登记时设立。

条文注解

财产抵押是重要的民事法律行为，法律除要求设立抵押权要订立书面合同以外，还要求对某些财产办理抵押登记，不经抵押登记，抵押权不发生法律效力。本条规定，以下列不动产设立抵押的，应当办理抵押登记，抵押权自登记时设立：(1)建筑物和其他土地附着物；(2)建设用地使用权；(3)海域使用权；(4)正在建造的建筑物。

关联法规

《民法典》第209条，《最高人民法院关于适用〈中华人民共和国民法典〉有关担保制度的解释》第46、48~51条

第四百零三条　【动产抵押的效力】以动产抵押的，抵押权自抵押合同生效时设立；未经登记，不得对抗善意第三人。

条文注解

本条规定，以动产抵押的，如生产设备、原材料、半成品、产品，正在建造的船舶、航空器，交通运输工具等，采取登记对抗主义，抵押权自抵押合同生效时设立；未经登记，不得对抗善意第三人。需要说明的是，本条既适用于一般的动产抵押，也适用于浮动抵押。

在受偿顺序上，已登记的抵押权优先于未登记的抵押权、后设立的抵押权以及质权受偿。由此可见，为了切实保障自己债权的实现，抵押权人最好进行抵押登记。

关联法规

《民法典》第395、396条，《最高人民法院关于适用〈中华人民共和国民法典〉有关担保制度的解释》第54条

第四百零四条　【动产抵押权无追及效力】以动产抵押的，不得对抗正常经营活动中已经支付合理价款并取得抵押财产的买受人。

条文注解

按照本条规定，受到保护的买受人必须符合以下条件：第一，买受人是在正常经营活动中买受了抵押财产，即出卖人出卖抵押财产是其正常的经营活动，而买受人既可以是在存货融资中，买受出卖人在正常经营过程中出售的已设定担保的存货的人，也可以是市场交易中的消费者。买受人取得的标的物应当是出卖人通常销售的动产，而出卖人也一般以销售该类动产为业。第二，买受人必须已经支付合理价款。在判断买受人支付价款是否合理时，应当根据转让标的物的性质、数量以及付款方式等具体情况，参考转让时交易地市场价格以及交易习惯等因素综合认定。第三，买受人已取得抵押财产，即抵押财产的所有权已通过交付转让给买受人。具备这三个条件，无论该动产抵押是否登记，抵押财产的买受人可以对抗抵押权人，即买受人可以取得买受的抵押财产的所有权并且不受抵押权人的追及。

关联法规

《最高人民法院关于适用〈中华人民共和国民法典〉有关担保制度的解释》第54、56条

第四百零五条　【抵押权与租赁权的关系】抵押权设立前，抵押财产已经出租并转移占有的，原租赁关系不受该抵押权的影响。

条文注解

随着社会经济的发展，为了保护承租人尤其是不动产承租人的利益，维护社会稳定，采取了增强租赁权效力的做法，确立“买卖不破租赁”规则，即租赁关系成立后，即使出租人将租赁物转卖给第三人，该原已存在的租赁关系仍然对买受人有效，承租人仍然可以向受让人主张租赁权，受让人取得的是一项有租赁关系负担的财产所有权。对于抵押权设立后抵押财产出租的，已登记的可以对抗其后设立的租赁关系，未登记的按照不得对抗善意第三人的规则来判断抵押权与租赁权的效力。

关联法规

《民法典》第 725 条，《最高人民法院关于适用〈中华人民共和国民法典〉有关担保制度的解释》第 54 条

第四百零六条　【抵押财产的处分】抵押期间，抵押人可以转让抵押财产。当事人另有约定的，按照其约定。抵押财产转让的，抵押权不受影响。

抵押人转让抵押财产的，应当及时通知抵押权人。抵押权人能够证明抵押财产转让可能损害抵押权的，可以请求抵押人将转让所得的价款向抵押权人提前清偿债务或者提存。转让的价款超过债权数额的部分归抵押人所有，不足部分由债务人清偿。

条文注解

根据本条规定，抵押人对其所有的抵押财产享有占有、使用、收益、处分的权利，抵押期间抵押人可以转让抵押财产，而不需要经过其他人的同意。如果抵押权人与抵押人在设立抵押权时约定抵押人在抵押期间不得转让抵押财产，那么抵押人不能转让抵押财产，但是该

约定不得对抗善意受让人。抵押财产转让的，抵押权不受影响，即无论抵押财产转让到哪里，也无论抵押财产的受让人是谁，抵押权人对该抵押财产享有抵押权，在实现抵押权的条件成就时，可以追及该抵押财产并就抵押财产进行变价和优先受偿。

由于抵押权人并不占有、控制抵押财产，因此对于抵押财产的状态和权属状况不可能随时知悉，因此本条对抵押人规定了在转让抵押财产时及时通知抵押权人的义务。在这种情况下本条规定，抵押权人能够证明抵押财产转让可能损害抵押权的，可以请求抵押人将转让所得价款提前清偿债务或者提存。一般来说，抵押人转让抵押财产的所得的价款不可能完全与其担保的债权数额一致，当抵押财产价款超过债权数额时，超过的部分，应当归抵押人所有；不足的部分由债务人清偿。也就是说，如果抵押人为债务人以外的第三人时，抵押人不再承担责任，剩余未清偿的债权由债务人偿还。

关联法规

《最高人民法院关于适用〈中华人民共和国民法典〉有关担保制度的解释》第56条

第四百零七条　【抵押权处分的从属性】抵押权不得与债权分离而单独转让或者作为其他债权的担保。债权转让的，担保该债权的抵押权一并转让，但是法律另有规定或者当事人另有约定的除外。

条文注解

担保物权的一个重要特点就是其附随于主债权债务关系，作为担保物权的一种，抵押权以其所担保的债权存在为前提，没有债权，就不可能有抵押权，抵押权失去了债权，也就失去了存在的意义。由于抵押权不具有独立存在的特性，因此本条中规定，抵押权不得与债权分离而单独转让或者作为其他债权的担保，即抵押权人不得将抵押权单独让与他人而自己保留债权。

债权转让的，担保该债权的抵押权一并转让。需要注意的是，关于这一规定，本条还有一项但书规定，“但是法律另有规定或者当事人另有约定的除外”。“法律另有规定”是指法律规定在一些情况下，债权转让的，抵押权不一并转让，如本法第 421 条规定，最高额抵押担保的债权确定前，部分债权转让的，最高额抵押权不得转让但是当事人另有约定的除外。“当事人另有约定”，既可以是抵押权人在转让债权时，与受让人约定，只转让债权而不转让担保该债权的抵押权，这种情形大多发生在债权的部分转让时；也可以是第三人专为特定的债权人设定抵押的，该第三人与债权人约定，被担保债权的转让未经其同意的，抵押权因债权的转让而消灭。在上述情形下，债权转让的，担保该债权的抵押权不一并转让。

关联法规

《民法典》第 421 条

第四百零八条　【抵押权的保护】抵押人的行为足以使抵押财产价值减少的，抵押权人有权请求抵押人停止其行为；抵押财产价值减少的，抵押权人有权请求恢复抵押财产的价值，或者提供与减少的价值相应的担保。抵押人不恢复抵押财产的价值，也不提供担保的，抵押权人有权请求债务人提前清偿债务。

条文注解

在抵押期间，有可能由于抵押人的行为致使抵押财产价值减少，损害抵押权人的利益。抵押人使抵押财产价值减少的行为主要包括两个方面:一是抵押人采取积极的行为致使抵押财产价值减少,如拆除抵押的房屋;二是抵押人消极的不作为致使抵押财产价值减少,如对抵押的危旧房屋不做修缮。需要注意的是,本条规定的抵押财产价值减少,均是由于抵押人的行为造成的,即只有在抵押人对抵押财产价值减少有过错的,才按照本条的规定处理。

关联法规

《民法典》第390条

第四百零九条 【抵押权及其顺位的处分】抵押权人可以放弃抵押权或者抵押权的顺位。抵押权人与抵押人可以协议变更抵押权顺位以及被担保的债权数额等内容。但是,抵押权的变更未经其他抵押权人书面同意的,不得对其他抵押权人产生不利影响。

债务人以自己的财产设定抵押,抵押权人放弃该抵押权、抵押权顺位或者变更抵押权的,其他担保人在抵押权人丧失优先受偿权益的范围内免除担保责任,但是其他担保人承诺仍然提供担保的除外。

条文注解

抵押权作为抵押权人享有的一项权利,抵押权人可以放弃抵押权从而放弃其债权就抵押财产优先受偿的权利。抵押权人不行使抵押权或者怠于行使抵押权的,不得推定抵押权人放弃抵押权。抵押权人放弃抵押权,不必经过抵押人的同意。抵押权人放弃抵押权的,抵押权消灭。

抵押权人可以放弃其顺位,即放弃优先受偿的次序利益。抵押权人放弃抵押权顺位的,该抵押权人将处于最后顺位,所有后顺位抵押权人的顺位依次递进。但是在抵押权人放弃抵押权顺位之后新设定的抵押权不受该放弃的影响，其顺位仍应在该抵押权人的抵押权顺位之后。

所谓抵押权顺位的变更，是指将同一抵押财产上的数个抵押权的清偿顺序调换。抵押权的顺位变更后，各抵押权人只能在其变更后的顺位上行使优先受偿权。抵押权顺位的变更对其他抵押权人产生不利影响的时候，必须经过他们的书面同意。

本条第2款这一规定是针对被担保的债权既有以债务人自己的财产作抵押的抵押担保又有其他担保的情形而作出的特别规定。这里的“其他担保人”既包括为债务人担保的保证人，也包括提供抵押、质押担保的第三人。

关联法规

《民法典》第392、414条

第四百一十条 【抵押权的实现】债务人不履行到期债务或者发生当事人约定的实现抵押权的情形，抵押权人可以与抵押人协议以抵押财产折价或者以拍卖、变卖该抵押财产所得的价款优先受偿。协议损害其他债权人利益的，其他债权人可以请求人民法院撤销该协议。

抵押权人与抵押人未就抵押权实现方式达成协议的，抵押权人可以请求人民法院拍卖、变卖抵押财产。

抵押财产折价或者变卖的，应当参照市场价格。

条文注解

本条对抵押权人实现抵押权的条件作出了规定：一是债务履行期

限届满,债务人不履行债务;二是发生了当事人约定的实现抵押权的情形。满足上述任一条件,抵押权人就可以依照本条规定的方式和程序处理抵押财产以实现其债权。债务人不履行到期债务或者发生当事人约定的实现抵押权的情形的,抵押权人可以与抵押人就如何处理抵押财产进行协商,如果双方达成协议,就可以按照协议的方式实现抵押权。本条提供了三种抵押财产的处理方式供抵押权人与抵押人协议时选择:

(1)折价方式。在实现抵押权的条件成就时,抵押权人可以与抵押人协议,以折价的方式实现抵押权。折价的方式也就是抵押权人与抵押人协议,参照市场价格确定一定的价款将抵押财产的所有权转移给抵押权人,以实现债权。如果双方确定的抵押财产的价款高于被担保的债权时,依照本法规定,超出的部分要归抵押人所有,这样抵押权人与抵押人双方的权益就都得到了保护。

(2)拍卖方式。拍卖是抵押权实现的最为普通的一种方式。拍卖也称为竞卖,是指以公开竞争的方法将标的物卖给出价最高的买者。拍卖又分为自愿拍卖和强制拍卖两种,自愿拍卖是出卖人与拍卖机构订立委托合同,委托拍卖机构拍卖,拍卖机构一般为拍卖行;强制拍卖是债务人的财产基于某些法定的原因由司法机关如人民法院强制性拍卖。抵押权人与抵押人协议以抵押财产拍卖来实现债权的方式属于第一种方式,双方达成一致意见,即可选择拍卖机构进行拍卖。

(3)变卖方式。变卖的方式就是以拍卖以外的生活中一般的买卖形式出让抵押财产,以变卖抵押财产的价款来实现债权的方式。为了保障变卖的价格公允,变卖抵押财产应当参照市场价格。

关联法规

《民法典》第 151、401 条

第四百一十一条 【浮动抵押财产的确定】依据本法第三百九十六条规定设定抵押的，抵押财产自下列情形之一发生时确定：

（一）债务履行期限届满，债权未实现；

（二）抵押人被宣告破产或者解散；

（三）当事人约定的实现抵押权的情形；

（四）严重影响债权实现的其他情形。

条文注解

浮动抵押权确定的情形有以下四种：

(1)债务履行期限届满，债权未实现的，抵押财产确定。自债务履行期限届满之日起，抵押人不得再处分抵押财产。

(2)抵押人被宣告破产或者解散的，抵押财产确定。主要适用于抵押人为法人或者非法人组织的情形。

(3)发生当事人约定的实现抵押权的情形的，抵押财产确定。抵押权人为保障自己的债权得到清偿，可以与抵押人约定提前实现抵押权的情形，一旦发生了该情形，抵押财产即被确定，抵押权人可以要求实现抵押权。

(4)发生严重影响债权实现的其他情形的，抵押财产确定。严重影响债权实现的情形，范围比较广泛。需要说明的是，如果抵押人有放弃其债权、无偿转让财产、以明显不合理的低价转让财产或者以明显不合理的高价受让他人财产等行为，严重影响抵押权人债权实现的，抵押权人除可以要求确定抵押财产外，还可以有权请求抵押人停止其行为，请求恢复抵押财产的价值，或者提供与减少的价值相应的担保。

自以上任一情形的发生时浮动抵押即转化为固定抵押，抵押财产确定，抵押人不得再处分抵押财产。

关联法规

《民法典》第68、69、106、107、396、408、410、413条

第四百一十二条 【抵押权对抵押财产孳息的效力】债务人不履行到期债务或者发生当事人约定的实现抵押权的情形，致使抵押财产被人民法院依法扣押的，自扣押之日起，抵押权人有权收取该抵押财产的天然孳息或者法定孳息，但是抵押权人未通知应当清偿法定孳息义务人的除外。

前款规定的孳息应当先充抵收取孳息的费用。

条文注解

抵押财产的孳息，是指由抵押财产而产生的收益。孳息分为天然孳息和法定孳息，天然孳息指物依照自然属性产生的收益，法定孳息指依照法律关系产生的收益。

需要说明的是，抵押权的效力及于抵押财产的孳息必须具备两个条件：(1)必须是抵押财产被人民法院依法扣押后，抵押权人才能收取其孳息；(2)抵押财产被扣押后，抵押权人已经通知应当给付法定孳息的义务人。孳息应当先充抵收取孳息的费用，再用于清偿抵押权人的债权。

第四百一十三条 【抵押财产变价后的处理】抵押财产折价或者拍卖、变卖后，其价款超过债权数额的部分归抵押人所有，不足部分由债务人清偿。

条文注解

在抵押权人实现抵押权后，抵押人已就其抵押财产承担了担保责

任，抵押权因实现而消灭，但是未清偿的部分债权，仍然在债权人与债务人之间存在，只是不再是抵押权担保的债权，债务人仍然负有清偿债务的义务，如果债务人与抵押人不是同一人时，抵押财产的变价款不足清偿的债务由债务人承担，抵押人不再承担责任。

关联法规

《民法典》第410条

第四百一十四条　【数个抵押权的清偿顺序】同一财产向两个以上债权人抵押的，拍卖、变卖抵押财产所得的价款依照下列规定清偿：

（一）抵押权已经登记的，按照登记的时间先后确定清偿顺序；

（二）抵押权已经登记的先于未登记的受偿；

（三）抵押权未登记的，按照债权比例清偿。

其他可以登记的担保物权，清偿顺序参照适用前款规定。

条文注解

同一财产向两个以上债权人抵押的，拍卖、变卖抵押财产所得的价款按照以下原则清偿：

首先，抵押权已登记的，按照登记的时间先后确定清偿顺序。关于抵押权生效的原则，本法区分不动产和动产抵押，作了不同规定。确定抵押权登记的先后，以登记部门的登记材料中记载的登记时间为准。作为第一顺序抵押登记的被担保债权，就拍卖、变卖抵押财产的价款优先受偿，处于第二顺序的抵押权只能就变价款的剩余部分受偿，依此类准。

其次，抵押权已登记的先于未登记的受偿。这一原则是针对动产抵押而言的。当事人是否办理抵押登记,在法律效力上还是有差别的,办理抵押登记的,抵押权人可以对抗第三人。在清偿顺序的问题上,作出抵押权已登记的先于未登记的受偿的规定。

最后,抵押权未登记的,按照债权比例清偿。这一原则也是针对动产抵押而言的。各抵押权人对抵押财产拍卖、变卖所得的价款应当享有同等的权利,按照各自的债权的比例受清偿。

需要说明的是,随着不动产统一登记制度的全面实行,不动产权利都经由不动产登记机构在统一的不动产登记簿上办理登记,同一个不动产上设立的多个抵押权都登记在一个登记簿上,可以对各个抵押权登记的先后顺序作出判断。故而同一个动产上的多个抵押权不大可能出现登记顺序相同的情形,本条删除了多个抵押权登记的顺序相同时按照债权比例清偿的规定。

关联法规

《民法典》第414~416、456条

第四百一十五条 【抵押权与质权的清偿顺序】同一财产既设立抵押权又设立质权的,拍卖、变卖该财产所得的价款按照登记、交付的时间先后确定清偿顺序。

条文注解

本条是民法典新增的条文。对于同一财产上抵押权与质权并存时的清偿顺序作了补充完善,规定对于同一财产既设立抵押权又设立质权的,拍卖、变卖该财产所得的价款按照登记、交付的时间先后确定清偿顺序,即以权利公示的时间先后决定清偿顺序。本条在具体适用时,主要有以下两种情况:

（一）先质押后抵押的情形

在动产上先设立质权后设立抵押权的，在动产质权和动产抵押权中，交付和登记都是公示方式，本身并不存在效力的强弱之分，都具有对抗后面产生的权利的效力。动产抵押权虽然进行了登记，但是其登记对抗效力仅能向后发生，不能影响成立在先的质权。

（二）先抵押后质押的情形

在动产上先设立抵押权后设立质权的，会因先设立的抵押权是否登记而有所不同。具体清偿顺序表现为：已登记的动产抵押权优于动产质权受偿；动产质权优于未登记的动产抵押权受偿。因此，抵押权人在取得动产抵押权后应当及时进行登记，否则可能会失去优先清偿的顺位。

关联法规

《民法典》第403、429条

第四百一十六条　【动产购买价款抵押担保的优先权】动产抵押担保的主债权是抵押物的价款，标的物交付后十日内办理抵押登记的，该抵押权人优先于抵押物买受人的其他担保物权人受偿，但是留置权人除外。

第四百一十七条　【抵押权对新增建筑物的效力】建设用地使用权抵押后，该土地上新增的建筑物不属于抵押财产。该建设用地使用权实现抵押权时，应当将该土地上新增的建筑物与建设用地使用权一并处分。但是，新增建筑物所得的价款，抵押权人无权优先受偿。

第四百一十八条 【集体所有土地使用权抵押权的实行效果】以集体所有土地的使用权依法抵押的,实现抵押权后,未经法定程序,不得改变土地所有权的性质和土地用途。

第四百一十九条 【抵押权存续期间】抵押权人应当在主债权诉讼时效期间行使抵押权;未行使的,人民法院不予保护。

第二节 最高额抵押权

第四百二十条 【最高额抵押权的定义】为担保债务的履行,债务人或者第三人对一定期间内将要连续发生的债权提供担保财产的,债务人不履行到期债务或者发生当事人约定的实现抵押权的情形,抵押权人有权在最高债权额限度内就该担保财产优先受偿。

最高额抵押权设立前已经存在的债权,经当事人同意,可以转入最高额抵押担保的债权范围。

条文注解

最高额抵押权具有以下特征:

首先,最高额抵押权是限额抵押权。设定抵押时,抵押人与抵押权人协议约定抵押财产担保的最高债权限额,无论将来实际发生的债权如何增减变动,抵押权人只能在最高债权额范围内对抵押财产享有优先受偿权。实际发生的债权超过最高限额的,以抵押权设定时约定的最高债权额为限优先受偿;不及最高限额的,以实际发生的债权额为限优先受偿。

其次,最高额抵押权是为将来发生的债权提供担保。最高额抵押权设定时,不以主债权的存在为前提,是典型的担保将来债权的抵押权。这里的“将来债权”，是指设定抵押时尚未发生，在抵押期间将要发生的债权。

再次，最高额抵押权所担保的最高债权额是确定的，但实际发生额不确定。设定最高额抵押权时，债权尚未发生，为担保将来债权的履行，抵押人和抵押权人协议确定担保的最高数额，在此额度内对债权担保。

最后，最高额抵押权是对一定期间内连续发生的债权作担保。这里讲的一定期间，不仅指债权发生的期间，更是指抵押权担保的期间。连续发生的债权，是指所发生的债权次数不确定，且接连发生。

关联法规

《最高人民法院关于适用〈中华人民共和国民法典〉有关担保制度的解释》第15条

第四百二十一条 【最高额抵押权担保的债权转让】最高额抵押担保的债权确定前，部分债权转让的，最高额抵押权不得转让，但是当事人另有约定的除外。

第四百二十二条 【最高额抵押合同条款变更】最高额抵押担保的债权确定前，抵押权人与抵押人可以通过协议变更债权确定的期间、债权范围以及最高债权额。但是，变更的内容不得对其他抵押权人产生不利影响。

第四百二十三条 【最高额抵押权所担保的债权确定】有下列情形之一的，抵押权人的债权确定：

（一）约定的债权确定期间届满；

（二）没有约定债权确定期间或者约定不明确，抵押权人或者抵押人自最高额抵押权设立之日起满二年后请求确定债权；

（三）新的债权不可能发生；

（四）抵押权人知道或者应当知道抵押财产被查封、扣押；

（五）债务人、抵押人被宣告破产或者解散；

（六）法律规定债权确定的其他情形。

第四百二十四条　【最高额抵押权的法律适用】最高额抵押权除适用本节规定外，适用本章第一节的有关规定。

第十八章　质　　权

第一节　动产质权

第四百二十五条　【动产质权的定义】为担保债务的履行，债务人或者第三人将其动产出质给债权人占有的，债务人不履行到期债务或者发生当事人约定的实现质权的情形，债权人有权就该动产优先受偿。

前款规定的债务人或者第三人为出质人，债权人为质权人，交付的动产为质押财产。

第四百二十六条　【禁止质押的动产范围】法律、行政法规禁止转让的动产不得出质。

条文注解

合法拥有的并且依法可以转让的动产可以设定质权。因此，可以设定质权的动产应当是十分宽泛的，如车辆、古董字画、珠宝首饰。但是，法律、行政法规规定禁止流通的动产不得设定质权，如毒品、管制枪支。设定动产质权是一种民事权利，对于禁止性的限定应当是十分严格的。规定禁止转让的动产的依据只能是全国人大及其常委会制定的法律、国务院制定的行政法规。其他规范性文件，不能作为规定禁止转让动产的依据。

第四百二十七条　【质押合同】设立质权，当事人应当采用书面形式订立质押合同。

质押合同一般包括下列条款：

（一）被担保债权的种类和数额；

（二）债务人履行债务的期限；

（三）质押财产的名称、数量等情况；

（四）担保的范围；

（五）质押财产交付的时间、方式。

第四百二十八条　【流质】质权人在债务履行期限届满前，与出质人约定债务人不履行到期债务时质押财产归债权人所有的，只能依法就质押财产优先受偿。

条文注解

流质条款，是指债权人在订立质押合同时与出质人约定，债务人到期不履行债务时质押财产归债权人所有。民法典物权编对物权法的规定进行了修改，明确了流质条款的效力，根据本条规定，当事人订立流质条款的，当债务履行期限届满时，不发生质押财产所有权转移的效力，而是应当根据本法第436、438条规定的实现质权的方式就质押财产优先受偿。需要注意的是，当事人之间订有流质条款的，债权人依法就质押财产优先受偿，需要满足质权设立的前提条件，即存在合法有效的质押合同，并且通过交付或者登记设立了质权。如果质权没有有效设立，质权人不能对质押财产享有优先受偿权。

第四百二十九条 【质权生效时间】质权自出质人交付质押财产时设立。

条文注解

出质人与质权人订立动产质押合同，该合同自成立时生效。但是在移转质押财产的占有之前，并不发生担保物权的效力；出质人只有将质押财产通过交付的形式实际移转给质权人占有时，质权才发生效力。根据本条的规定，质押财产是否移转是质权是否生效的判断标准：当事人没有移转质押财产，质权无效。其质押合同是否有效要根据本法合同编的有关规定判断，质权无效并不当然导致合同无效，不应将质权有效与否与质押合同的效力混淆判断。

第四百三十条 【质权人孳息收取权及孳息首要清偿用途】质权人有权收取质押财产的孳息，但是合同另有约定的除外。

前款规定的孳息应当先充抵收取孳息的费用。

条文注解

质押财产所产生的孳息包括自然孳息和法定孳息。质权人依法收取孳息时，并不当然取得所有权，而是取得对孳息的质权，孳息成为质权的标的。如果孳息是金钱，质权人可以直接用于清偿；如果孳息是物，可以由质权人与出质人协议以该孳息折价或者拍卖、变卖，以所得价款优先受偿。

第四百三十一条　【质权人擅自使用、处分质押财产的责任】质权人在质权存续期间，未经出质人同意，擅自使用、处分质押财产，造成出质人损害的，应当承担赔偿责任。

第四百三十二条　【质权人的保管义务和赔偿责任】质权人负有妥善保管质押财产的义务；因保管不善致使质押财产毁损、灭失的，应当承担赔偿责任。

质权人的行为可能使质押财产毁损、灭失的，出质人可以请求质权人将质押财产提存，或者请求提前清偿债务并返还质押财产。

条文注解

所谓妥善保管，即以善良管理人的注意义务加以保管。善良管理人的注意义务，是指依照一般交易上的观念，认为有相当的知识经验及诚意的人所应负的注意义务，即以一种善良的心和应当具备的知识来保管质押财产。如果达不到应当注意的保管标准的，就不是妥善保管。

第四百三十三条　【质权的保护】因不可归责于质权人的事由可能使质押财产毁损或者价值明显减少，足以危害质权人权利的，质权人有权请求出质人提供相应的担保；出质人不提供的，质权人可以拍卖、变卖质押财产，并与出质人协议将拍卖、变卖所得的价款提前清偿债务或者提存。

条文注解

拍卖、变卖所得的价款，性质上属于质押财产的替代物，质权人不当然取得价款的所有权，出质人可以用该价款提前向质权人清偿债务；如果以该价款提存的，则要等债务履行期限届满，以提存的价款清偿债务。无论是提前清偿债权，还是提存后届时清偿，其价款超出所担保债权的部分，应当直接归还出质人。

第四百三十四条 【责任转质】质权人在质权存续期间，未经出质人同意转质，造成质押财产毁损、灭失的，应当承担赔偿责任。

条文注解

质权人为担保自己或者他人的债务，在占有的质押财产上再次设定质权的行为称为转质，所成立的质权为转质权。因转质而取得质权的人为转质权人。转质既可以适用于动产质权，也可以适用于权利质权。转质依其是否经出质人同意，分为承诺转质和责任转质。承诺转质，是指经出质人同意，质权人在占有的质押财产上为第三人设定质权的行为。承诺转质事前已经取得出质人的同意，质权人对因转质权人的过错而造成的损失承担责任，并不因转质而加重法律责任。责任转质指质权人不经出质人同意，将质押财产转质于第三人的行为。责任转质因未经出质人同意就将质押财产转质，不仅要承担质押财产因转质权人的过错而毁损、灭失的责任，还要承担转质期间发生的因不可抗力产生的质押财产毁损、灭失的风险责任，其责任要比未转质的情况沉重得多。

第四百三十五条 【质权的放弃】质权人可以放弃质权。债务人以自己的财产出质，质权人放弃该质权的，其他担保人在质权人丧失优先受偿权益的范围内免除担保责任，但是其他担保人承诺仍然提供担保的除外。

条文注解

质权人放弃质权，是指质权人放弃其因享有质权而就质押财产优先于普通债权人受清偿的权利的行为。质权人有权处分自己的质权。当质权人以放弃质权的方式处分质权时，应当符合法律的规定。质权人放弃质权应当明示作出意思表示。质权人不行使质权或者怠于行使质权的，不能推定为质权人放弃质权。质权人放弃质权，原因可能是多方面的。如果是质权人单方的意思表示，无须取得出质人的同意。质权因质权人的放弃而消灭。

第四百三十六条　【质物返还及质权实现】债务人履行债务或者出质人提前清偿所担保的债权的，质权人应当返还质押财产。

债务人不履行到期债务或者发生当事人约定的实现质权的情形，质权人可以与出质人协议以质押财产折价，也可以就拍卖、变卖质押财产所得的价款优先受偿。

质押财产折价或者变卖的，应当参照市场价格。

第四百三十七条　【质权的及时行使】出质人可以请求质权人在债务履行期限届满后及时行使质权；质权人不行使的，出质人可以请求人民法院拍卖、变卖质押财产。

出质人请求质权人及时行使质权，因质权人怠于行使权利造成出质人损害的，由质权人承担赔偿责任。

条文注解

质权人怠于行使权利可能会致使质押财产价格下跌，或者发生其他毁损、灭失等情形，质押财产无法获得与原有价值相当的变价款，质权人对于出质人的损失要承担赔偿责任。需要注意的是，根据本款的规定，出质人首先要有请求质权人及时行使质权的行为；其次要有证据证明造成损害是由于质权人怠于行使质权造成的，损害的事实应当与质权人怠于行使质权有直接的因果关系。

第四百三十八条 【质押财产变价后的处理】质押财产折价或者拍卖、变卖后，其价款超过债权数额的部分归出质人所有，不足部分由债务人清偿。

第四百三十九条 【最高额质权】出质人与质权人可以协议设立最高额质权。

最高额质权除适用本节有关规定外，参照适用本编第十七章第二节的有关规定。

条文注解

最高额质权，是指为担保债务的履行，债务人或者第三人对一定期间内将要连续发生的债权提供质押财产担保，但预定了一个限额，债务人不履行到期债务或者发生当事人约定的实现质权的情形，质权人有权在最高债权额限度内就该质押财产优先受偿。

第二节 权利质权

第四百四十条 【权利质权的范围】债务人或者第三人有权处分的下列权利可以出质：

（一）汇票、本票、支票；

（二）债券、存款单；

（三）仓单、提单；

（四）可以转让的基金份额、股权；

（五）可以转让的注册商标专用权、专利权、著作权等知识产权中的财产权；

（六）现有的以及将有的应收账款；

（七）法律、行政法规规定可以出质的其他财产权利。

条文注解

权利质权，是指以出质人提供的财产权利为标的而设定的质权。权利质权具有与动产质权相同的一些特征，都是以担保债务履行和债权实现为目的，性质都是价值权、担保权。

权利质权的标的是出质人提供的作为债权担保的权利。但并不是所有的权利都可以作为权利质权的标的，其必须满足下列条件：(1)必须是财产权，人身权由于不直接具有经济价值，不得作为权利质权的标的。(2)必须具有让与性，标的应有变价的可能。(3)必须是适于设定质权的权利。在我国，在不动产物权上设定的权利一般认定为抵押权，因此，不动产物权不能作为权利质权的标的。至于抵押权、质权和留置权等担保物权，由于不能与其所担保的主债权分离，因此，也不能成为权利质权的标的。

关联法规

《最高人民法院关于适用〈中华人民共和国民法典〉有关担保制度的解释》第58、63条

第四百四十一条　【有价证券出质的质权的设立】以汇票、本票、支票、债券、存款单、仓单、提单出质的，质权自权利凭证交付质权人时设立；没有权利凭证的，质权自办理出质登记时设立。法律另有规定的，依照其规定。

关联法规

《最高人民法院关于适用〈中华人民共和国民法典〉有关担保制度的解释》第58条

第四百四十二条 【有价证券出质的质权的特别实现方式】汇票、本票、支票、债券、存款单、仓单、提单的兑现日期或者提货日期先于主债权到期的，质权人可以兑现或者提货，并与出质人协议将兑现的价款或者提取的货物提前清偿债务或者提存。

条文注解

载明兑现日期或者提货日期的汇票、本票、支票、债券、存款单、仓单、提单的兑现日期或者提货日期届至时，原则上必须兑现或者提货，以免除第三债务人的债务。提前清偿债权的，质权消灭；提存的，质权继续存在于提存的款项或者货物上，在主债权到期时可以以该提存的款项或者货物优先受偿。出质人只能在提前清偿债权和提存中选择，不能既不同意提前清偿债权也不同意提存。

第四百四十三条 【以基金份额、股权出质的质权设立及转让限制】以基金份额、股权出质的，质权自办理出质登记时设立。

基金份额、股权出质后，不得转让，但是出质人与质权人协商同意的除外。出质人转让基金份额、股权所得的价款，应当向质权人提前清偿债务或者提存。

条文注解

基金份额和股权出质后，原则上不能转让；但如果出质人与质权人协商一致，都同意转让已出质的基金份额和股权，这属于双方当事人对自己权利的自由处分，法律自然允许。但是转让基金份额和股权所得的价款，并不当然用于清偿所担保的债权；因为此时债务清偿期限尚未届至，出质人应当与质权人协商，将所得的价款提前清偿所担保的债权或者提存。提前清偿债权的，质权消灭。提存的，质权继续存在于提存的价款上，在债务履行期限届满时，质权人可以对该价款优先受偿。出质人只能在提前清偿债权和提存中选择，不能既不同意提前清偿债权，也不同意提存。

第四百四十四条　【以知识产权中的财产权出质的质权的设立及转让限制】以注册商标专用权、专利权、著作权等知识产权中的财产权出质的，质权自办理出质登记时设立。

知识产权中的财产权出质后，出质人不得转让或者许可他人使用，但是出质人与质权人协商同意的除外。出质人转让或者许可他人使用出质的知识产权中的财产权所得的价款，应当向质权人提前清偿债务或者提存。

第四百四十五条　【以应收账款出质的质权的设立及转让限制】以应收账款出质的，质权自办理出质登记时设立。

应收账款出质后，不得转让，但是出质人与质权人协商同意的除外。出质人转让应收账款所得的价款，应当向质权人提前清偿债务或者提存。

条文注解

以应收账款出质的，双方当事人应当订立书面质押合同。合同内容一般包括被担保债权的种类和数额，债务人履行债务的期限，应收账款的名称、数额，担保的范围等。以应收账款出质的，在订立质押合同后，质权并不当然设立，双方当事人还须到有关部门办理出质登记后质权才设立。

关联法规

《应收账款质押登记办法》

第四百四十六条　【权利质权的法律适用】权利质权除适用本节规定外，适用本章第一节的有关规定。

第十九章　留　置　权

第四百四十七条　【留置权的定义】债务人不履行到期债务，债权人可以留置已经合法占有的债务人的动产，并有权就该动产优先受偿。

前款规定的债权人为留置权人，占有的动产为留置财产。

条文注解

留置权，是指在债务人不履行到期债务时，债权人有权依照法律规定留置已经合法占有的债务人的动产，并就该动产优先受偿的权利。这时，债权人便为留置权人，占有的动产便为留置财产。

物权法规定的留置权具有以下三项特征：

(1)从属性。留置权依主债权的存在而存在，依主债权的转移而转移，并因主债权的消灭而消灭。

(2)法定性。留置权只能直接依据法律的规定发生，不能由当事人自由设定。只要债务人不履行到期债务，债权人即可以依照法律规定留置已经合法占有的债务人的动产，并在满足法律规定的条件的情况下，折价或者拍卖、变卖留置财产以受偿。

(3)不可分性。留置权的不可分性表现为：①留置权所担保的是债权的全部，而不是部分。②留置权的效力及于债权人所留置的全部留置财产，留置权人可以对留置财产的全部行使留置权，而不是部分。只要债权未受全部清偿，留置权人就可以对全部留置财产行使权利，不受债权分割或者部分清偿以及留置财产分割的影响。当然，为了公平起见，根据法律规定，留置财产为可分物的，债权人留置的财产的价值应当相当于债务的金额，而不应留置其占有的债务人的全部动产。

第四百四十八条　【留置财产与债权的关系】债权人留置的动产，应当与债权属于同一法律关系，但是企业之间留置的除外。

条文注解

所谓同一法律关系，就是留置财产应当与债权所形成的债权债务关系属于同一个民事法律关系。同一法律关系最为常见的就是因合同产生的债权债务关系，同一法律关系还可以是因不当得利、无因管理、侵权形成的同一债权债务关系。

关联法规

《最高人民法院关于适用〈中华人民共和国民法典〉有关担保制度的解释》第62条

第四百四十九条　【留置权适用范围限制】法律规定或者当事人约定不得留置的动产，不得留置。

第四百五十条 【留置财产为可分物的特殊规定】留置财产为可分物的，留置财产的价值应当相当于债务的金额。

条文注解

从物的分割是否影响其价值或效用的角度，可将物分为可分物和不可分物两类。不可分物就是将其分割会影响其价值或者失去其效用的物。如一块手表，如果将手表拆分成零件，将失去手表作为计时器的功能。可分物，是指经分割而不损害其经济用途或者失去其价值的物。

所谓价值相当，并不是必须完全等值，而是留置财产的价值不能明显超过债权金额。

关联法规

《最高人民法院关于适用〈中华人民共和国民法典〉有关担保制度的解释》第38条

第四百五十一条 【留置权人的保管义务】留置权人负有妥善保管留置财产的义务；因保管不善致使留置财产毁损、灭失的，应当承担赔偿责任。

条文注解

一般而言，只要留置权人尽到了善良管理人的注意义务，妥善保管了留置财产，非因留置权人的重大过失导致留置财产的毁损或者灭失，就不能认定为保管不善。妥善保管留置财产，是一种消极性义务，不需要留置权人有积极的作为，留置权人对留置财产并不负有保值增值的义务。

第四百五十二条 【留置权人收取孳息的权利】留置权人有权收取留置财产的孳息。

前款规定的孳息应当先充抵收取孳息的费用。

条文注解

收取留置财产的孳息属于留置权人的权利。既然是留置权人的权利,那么留置权人既可以行使,也可以放弃。只有在留置权人放弃不行使时,债务人才可以自行收取留置财产的孳息。但在特殊情形下,妥善收取孳息也是留置权人保管义务的内容,留置权人不得放弃。此外,留置权人的权利仅仅是收取孳息,并非直接能获得孳息的所有权。所谓收取,就是通过事实行为或者法律行为获得并控制留置财产的孳息。收取之后,留置财产的孳息所有权归属需要根据法律的规定或者当事人约定判断。如果债务人和留置权人并未就留置财产的孳息的归属作出明确约定,孳息的所有权应当属于债务人。

第四百五十三条 【留置权债务人的债务履行期】留置权人与债务人应当约定留置财产后的债务履行期限;没有约定或者约定不明确的,留置权人应当给债务人六十日以上履行债务的期限,但是鲜活易腐等不易保管的动产除外。债务人逾期未履行的,留置权人可以与债务人协议以留置财产折价,也可以就拍卖、变卖留置财产所得的价款优先受偿。

留置财产折价或者变卖的,应当参照市场价格。

第四百五十四条 【留置权债务人的请求权】债务人可以请求留置权人在债务履行期限届满后行使留置权;留置权人不行使的,债务人可以请求人民法院拍卖、变卖留置财产。

第四百五十五条　【留置权的实现】留置财产折价或者拍卖、变卖后，其价款超过债权数额的部分归债务人所有，不足部分由债务人清偿。

第四百五十六条　【留置权、抵押权与质权竞合时的顺位原则】同一动产上已经设立抵押权或者质权，该动产又被留置的，留置权人优先受偿。

条文注解

在同一动产上，无论留置权是产生于抵押权或者质权之前，还是产生于抵押权或者质权之后，留置权的效力都优先于抵押权或者质权。也就是说，留置权对抵押权或者质权的优先效力不受其产生时间的影响。

留置权对抵押权或者质权的优先效力也不受留置权人在留置动产时是善意还是恶意的影响。当然，如果留置权人与债务人恶意串通成立留置权，其目的就是排除在动产上的抵押权或者质权，那么这已经超出了“恶意和善意”的范畴，属于严重违反诚实信用原则的恶意串通行为。在这种情况下，不但该留置权不能优先于抵押权或者质权，而且该留置权应当被视为不存在。

第四百五十七条　【留置权消灭的特殊情形】留置权人对留置财产丧失占有或者留置权人接受债务人另行提供担保的，留置权消灭。

第五分编　占　　有

第二十章　占　　有

第四百五十八条　【有权占有的法律适用】基于合同关系等产生的占有,有关不动产或者动产的使用、收益、违约责任等,按照合同约定;合同没有约定或者约定不明确的,依照有关法律规定。

条文注解

占有,是指对不动产或者动产事实上的控制与支配。它分为有权的占有和无权的占有:前者指在占有人与占有返还请求人之间有寄托、租赁或其他正当法律关系时占有人对不动产或者动产的占有;后者指在占有人对不动产或者动产的占有无正当的法律关系或者原法律关系被撤销或无效时占有人对不动产或者动产的占有。

第四百五十九条　【无权占有造成占有物损害的赔偿责任】占有人因使用占有的不动产或者动产,致使该不动产或者动产受到损害的,恶意占有人应当承担赔偿责任。

条文注解

关于无权占有时无权占有人需要承担何种责任,需要根据无权占有的具体情况判断。根据占有人的主观状态,无权占有可以分为善意占有和恶意占有。所谓善意占有,就是占有人在主观上认为自己有权占有标的物。所谓恶意占有,指占有人明知或者因重大过失不知自己为无权占有而仍然进行的占有。

第四百六十条　【权利人的返还请求权和占有人的费用求偿权】不动产或者动产被占有人占有的，权利人可以请求返还原物及其孳息；但是，应当支付善意占有人因维护该不动产或者动产支出的必要费用。

条文注解

首先，有权请求权利人支付费用的仅限于善意占有人，如果占有人为恶意，则不能要求权利人支付任何费用。其次，返还的费用限于因维护该不动产或者动产所支出的费用。所谓维护，就是确保该标的物处于良好的状态或者正常使用状态。如占有的房屋漏水了，请维修工人予以加固防漏，为此支付的修理费。最后，有权要求支付的费用应是必要的，此等费用的金额应该是合理的，而不能明显超出正常水平。

第四百六十一条　【权利人的损害赔偿请求权】占有的不动产或者动产毁损、灭失，该不动产或者动产的权利人请求赔偿的，占有人应当将因毁损、灭失取得的保险金、赔偿金或者补偿金等返还给权利人；权利人的损害未得到足够弥补的，恶意占有人还应当赔偿损失。

第四百六十二条　【占有保护请求权】占有的不动产或者动产被侵占的，占有人有权请求返还原物；对妨害占有的行为，占有人有权请求排除妨害或者消除危险；因侵占或者妨害造成损害的，占有人有权依法请求损害赔偿。

占有人返还原物的请求权，自侵占发生之日起一年内未行使的，该请求权消灭。

实用问题

第一章　通则一般规定

1.《物权编》调整哪些民事关系？有什么重要作用？

古人云："有恒产者有恒心"。只有公民的财产权得到充分有效保护，百姓的幸福美好生活才会有物质的基础保障。民法典被称为"社会生活的百科全书"，与每个人息息相关，其中极为重要的部分就是物权编。根据《民法典》第205条的规定，物权编主要调整因物的归属和利用产生的民事关系。它是公民确认财产、利用财产和保护财产的基本民事法律。其重要作用主要有三：第一，确定财产权究竟归谁所有，以定分止争。第二，确定物权的使用、收益和处分等权利，促进物尽其用，充分发挥财产的社会价值。第三，在法律上明确所有权人对于财产有哪些权利，有什么样的义务，如果受到侵害又可以得到怎样的法律保护。物权编的核心要义是就是要保护公民财产，进而鼓励人们积极创造财富，拥有"恒产"，从而促进社会发展。

2. 什么是物？什么是物权？

法律上的"物"与现实中的"物"的概念并不完全相同。根据《民法典》第115条的规定，物包括不动产和动产。法律规定权利作为物权客体的，依照其规定。因此，法律上的"物"，一方面，主要是指我们日常生活中的看得见的有形物品，包括不动产如房子、汽车和动产如手机、笔记本等；另一方面，如果有法律明确规定的话，某种权利也可作为物权客体，也可称为法律上的"物"。

而"物权"，是可直接体现为经济利益的一种权利，也是我们公民赖以生存的非常重要的权利。《民法典》第114条规定，物权是权利人依法对特定的物享有直接支配和排他的权利，包括所有权、用益物权和担保物权。物权具有三个重要特征：第一，物权的客体必须是特定的物，有特定的物才有物权。比如空气，它无处不在是不特定的，也就不存在物权问题。第二，物权是“直接支配”的一种权利，就是指权利人可以不依赖他人的意志，不经他人同意，也不需要借助任何人的行为，自己独立按照自己的意思来占有、使用、收益和处分。第三，物权是“排除他人干涉”的权利。比如自己的汽车，未经同意其他任何人不得乘坐，就充分体现了物权的排他性。物权的排他性不仅是针对其他的普通的自然人和法人，同时也在法律无特别规定情况下针对国家以排除公权力的干涉。

3. 什么是动产？什么是不动产？

《民法典》第115条的规定，物包括不动产和动产。动产与不动产的划分，是以物是否能够移动并且是否因移动而损坏其价值作为划分标准的。动产是指能够移动而不损害其价值或用途的物，不动产则是指不能移动或者若移动则损害其价值或用途的物。常见的不动产包括土地（耕地、建筑用地、林地、草原、水面、荒山、荒地、滩涂等）、建筑物及构筑物、林木、与不动产尚未分离的出产物（如农作物）。除不动产以外的财产均是动产，如机器设备、车辆、动物、生活日用品等。

4. 在我国，国有企业、集体企业、个体工商户等市场经济主体地位有什么不同吗？

根据《民法典》第206条的规定，国家坚持和完善公有制为主体、多种所有制经济共同发展，按劳分配为主体、多种分配方式并存，社会主义市场经济体制等社会主义基本经济制度。国家巩固和发展公有制经济，鼓励、支持和引导非公有制经济的发展。国家实行社会主义市场经济，保障一切市场主体的平等法律地位和发展权利。因此，无论是国有企业、集体企业、个体工商户，还是混合所有制企业等市场经济主体，其法律地位都是平等的，发展权利都是受到民法典保护的。

民法的一个基本原则,就是一切市场主体都是平等的。社会主义市场经济的一个重要特征和原则就是市场公平竞争。因此,要求法律、法规和政府有关政策平等对待不同的市场主体,在市场准入、生产要素获取、享受法律保护和政策支持等方面为各类企业创造平等竞争的市场环境,从而促进市场经济的发展。

5. 在我国,私人的物权和国家的、集体的物权是平等保护吗?

《民法典》对于私人财产的保护,最根本的体现是对于各类所有权一视同仁、平等保护。根据《民法典》第207条的规定,国家、集体、私人的物权和其他权利人的物权受法律平等保护,任何组织或者个人不得侵犯。这也是我国宪法财产平等保护原则在民法典上的具体体现。在财产归属依法确定的前提下,作为物权主体,无论是国家的、集体的物权,还是私人的物权,都应当给予平等保护。如果不同权利人的物权受到同样的侵害,而国家的、集体的物权应当多赔,私人的物权可以少赔或不赔,则势必损害群众依法创造、积累财富的积极性,不利于社会和谐和国家发展。至于"其他权利人的物权",这是由于本条是从所有制的角度对物权主体分类规定平等保护原则的,尚有无法完全纳入"国家""集体""私人"的权利人,如公益性基金会等,因此规定了"其他权利人"。

6. 什么是孳息?生活中常见的孳息有哪些?

根据《民法典》等法律规定,孳息是指原物所产生的额外收益。在民法上,孳息分为天然孳息和法定孳息。天然孳息是指因物的自然属性或物的变化规律而获得的收益,与原物分离前,是原物的一部分。例如,母鸡生的蛋、牲畜下的幼崽,果树长出的果子、土地自然生长的粮食、草、树木等植物等都属于天然孳息。法定孳息是指因法律关系所获得的收益,如购买的法律承认的福利彩票中奖而获得的奖金、出租人根据租赁合同收取的租金、贷款人根据贷款合同取得的利息等。

7. 物的孳息应归谁所有？

根据《民法典》第321条的规定，天然孳息，由所有权人取得；既有所有权人又有用益物权人的，由用益物权人取得。当事人另有约定的，按照约定。法定孳息，当事人有约定的，按照约定取得；没有约定或者约定不明确的，按照交易习惯取得。因此，对于物的天然孳息，原则上归所有权人。比如，张三的母鸡下的蛋自然归张三所有；但是，如果同时存在所有权人和用益物权人的情况下，因用益物权本身就是对他人所有的不动产或者动产，依照法享有占有、使用和收益的权利。自然，该天然孳息应当归用益物权人取得。再如，土地承包权人在土地上取得的天然孳息就归用益物权人——土地承包经营权人所有。当然，所有权人和用益物权人还可以特别约定天然孳息的归属。而对于物的法定孳息，比如房屋租金，在当事人有约定时按照约定处理。如果没有约定或者约定不明时，按照交易习惯租金一般就归出租人所有。

8. 未经公示，物权能否转移给他人？

《民法典》第208条规定，不动产物权的设立、变更、转让和消灭，应当依照法律规定登记。动产物权的设立和转让，应当依照法律规定交付。因此，不动产物权和动产物权均可以转移，但转移的要求不一样。对于不动产，比如房产必须依法法律规定进行登记，也就是公示，未登记的，不动产物权无法设立、变更、转让和消灭。而动产则不必进行登记，动产物权的转移以交付为标志，未交付的，动产物权无法设立和转让。但有些特殊交通工具，比如汽车、船舶、飞机，因其价值大，其物权转移也需进行登记，因而被称为准不动产。

9. 不动产为什么要依法登记?

根据《民法典》第208条的规定,不动产物权的设立、变更、转让和消灭,应当依照法律规定登记。动产物权的设立和转让,应当依照法律规定交付。法律规定不动产的设立、变更、转让和消灭必须进行登记,其主要目的有三:一是明确了不动产的权属,对不动产所有权人和利害关系人的权益不受他人侵犯提供了制度保障,激励社会积极创造财富;二是便利了权属的转移,不动产登记后所有权人可以更加方便地通过出租、出资、抵押、转让等方式获取财产收益和融资的需要,也可以满足他们通过继承或者遗赠以不动产庇荫亲属、回报社会的意愿;三是通过登记明确了权属关系,便于定分止争,促进社会公平正义。

10. 动产物权的设立和转让为什么需要交付?

根据《民法典》第208条的规定,不动产物权的设立、变更、转让和消灭,应当依照法律规定登记。动产物权的设立和转让,应当依照法律规定交付。首先,交付一旦生效,即标志着动产物权的转移,对当事人产生拘束力,当事人就不得任意变更或者撤销交付,也不能任意反悔。这是因为已经完成的交付,表明已经按照交付当事人的意思向社会公开了物权变动的事实,基于诚实信用原则的要求,即使原来的意思表示有误或者存在虚假的内容,当事人也不得提出与生效的交付相反的表示。当事人必须尊重和维护交付的稳定性,以保障交易双方的权益。其次,交付一旦完成,即标志着孳息的转移。比如,甲从乙处买只老母鸡,甲付钱后乙把老母鸡交付给了甲,刚交付完老母鸡就下了个蛋,这个蛋(孳息)就归甲所有了。最后,交付一旦完成,即标志着风险的转移。比如甲从乙处买了块手表,完成交付后甲刚从乙处出来手表就被偷了,这个损失就只能由甲承担了。

11.《民法典》中关于征收、征用的规定有哪些？

房屋、土地等财产的征收和征用直接关系到百姓的切身利益，为此，《民法典》第243~245条的规定对征收和征用作了明确而详细的规定，以最大限度地保护公民财产不受侵害。

第一，关于征收。一是必须为了公共利益的需要，依照法律规定的权限和程序进行，不能违法征收。二是必须依法进行补偿。对于征收集体所有的土地，应当依法及时足额支付土地补偿费、安置补助费以及农村村民住宅、其他地上附着物和青苗等的补偿费用，并安排被征地农民的社会保障费用，保障被征地农民的生活，维护被征地农民的合法权益。对于征收组织、个人的房屋以及其他不动产，应当依法给予征收补偿，维护被征收人的合法权益；征收个人住宅的，还应当保障被征收人的居住条件。三是任何组织或者个人不得贪污、挪用、私分、截留、拖欠征收补偿费等费用。四是不得违反法律规定的权限和程序征收集体所有的土地。

第二，关于征用。一是必须是因抢险、救灾等紧急需要，二是必须依照法律规定的权限和程序，不能随意征用。三是被征用的不动产或者动产使用后，应当返还被征用人。四是组织、个人的不动产或者动产被征用或者征用后毁损、灭失的，应当给予补偿。

12. 涉外物权纠纷应该如何适用法律？

根据《涉外民事关系法律适用法》的有关规定，处理涉外物权纠纷案件应按照以下几种情形适用法律：(1)不动产物权，适用不动产所在地法律。比如处理国内的房产纠纷，就适用中国法律。(2)动产物权当事人可以协议选择动产物权适用的法律。如果当事人没有选择的，则适用法律事实发生时动产所在地法律。(3)对于运输中的动产物权纠纷，当事人可以协议选择运输中动产物权发生变更适用的法律。当事人没有选择的,适用运输目的地法律。(4)对于有价证券,适用有价证券权利实现地法律或者其他与该有价证券有最密切联系的法律。(5)对于权利质权,适用质权设立地法律。

第二章　物权的设立、变更、转让和消灭

第一节　不动产登记

13. 不动产一定要登记吗?不登记会有什么后果?

《民法典》第209条规定,不动产物权的设立、变更、转让和消灭,经依法登记,发生效力;未经登记,不发生效力,但是法律另有规定的除外。该条第2款规定,依法属于国家所有的自然资源,所有权可以不登记。因此,不动产物权无论是设立、变更,还是转让和消灭,都必须依法进行登记才生效,否则就无效。比如房产交易中,只有房产经过过户登记了房产所有权才发生转移。否则,既使买房人支付了全部房款但却没有完成过户登记,那么房产所有权就还是卖房人的。当然,法律另有规定不需要登记的除外。因此,现实生活中若发生不动产交易,买方一定要尽快进行登记,这是保护交易双方尤其是不动产买入一方合法权益的重要途径。

14. 哪些不动产权利需要办理登记?

不动产物权进行登记是保护不动产所有人的重要制度,那么哪些不动产物权需要进行登记呢?根据《不动产登记暂行条例》第5条的规定,下列不动产权利,应当办理登记:(1)集体土地所有权;(2)房屋等建筑物、构筑物所有权;(3)森林、林木所有权;(4)耕地、林地、草地等土地承包经营权;(5)建设用地使用权;(6)宅基地使用权;(7)海域使用权;(8)地役权;(9)抵押权;(10)法律规定需要登记的其他不动产权利。根据《民法典》和相关法律的规定,下列情形不动产物权不

需要登记：(1)依法属于国家所有的自然资源，所有权可以不登记。(2)因法律文书、征收、继承、受遗赠、合法事实行为而导致的物权变动。(3)土地承包经营权的取得等。

15. 不动产登记应当向什么机构提出？

根据《民法典》第210条的规定，不动产登记，由不动产所在地的登记机构办理。该条第2款规定，国家对不动产实行统一登记制度。统一登记的范围、登记机构和登记办法，由法律、行政法规规定。而根据《不动产登记暂行条例》第6条和第7条的规定，国务院国土资源主管部门负责指导、监督全国不动产登记工作。县级以上地方人民政府应当确定一个部门为本行政区域的不动产登记机构，负责不动产登记工作，并接受上级人民政府不动产登记主管部门的指导、监督。不动产登记由不动产所在地的县级人民政府不动产登记机构办理；直辖市、设区的市人民政府可以确定本级不动产登记机构统一办理所属各区的不动产登记。跨县级行政区域的不动产登记，由所跨县级行政区域的不动产登记机构分别办理。不能分别办理的，由所跨县级行政区域的不动产登记机构协商办理；协商不成的，由共同的上一级人民政府不动产登记主管部门指定办理。国务院确定的重点国有林区的森林、林木和林地，国务院批准项目用海、用岛，中央国家机关使用的国有土地等不动产登记，由国务院国土资源主管部门会同有关部门规定。

16. 不动产登记可以单独申请吗？哪些情况下不动产登记可以由当事人单方申请？

根据《不动产登记暂行条例》第14条的规定，因买卖、设定抵押权等申请不动产登记的，应当由当事人双方共同申请。比如二手房买卖，必须由买卖双方共同申请过户登记。但属于下列情形之一的，可以由当事人单方申请：(1)尚未登记的不动产首次申请登记的；(2)继承、接受遗赠取得不动产权利的；(3)人民法院、仲裁委员会生效的法律文书或者人民政府生效的决定等设立、变更、转让、消灭不动产权利的；(4)权利人姓名、名称或者自然状况发生变化，申请变更登记的；(5)不动产灭失或者权利人放弃不动产权利，申请注销登记的；(6)申请更正登记或者异议登记的；(7)法律、行政法规规定可以由当事人单方申请的其他情形。

17. 房屋交易未经登记，所有权是否转移？

根据《民法典》第209条规定："不动产物权的设立、变更、转让和消灭，经依法登记，发生效力；未经登记，不发生效力，但法律另有规定的除外。依法属于国家所有的自然资源，所有权可以不登记。"本条确立了不动产物权登记生效的原则，即"自记载于不动产登记簿时发生效力"。也就是说，房屋买卖双方只有完成了不动产物权登记，自登记机构将不动产物权有关事项记载于不动产登记簿时宣告完成交易，房屋所有权才转移给买方所有。如果房屋未经登记，即使买方支付了所有房款，所有权也不发生转移。因此，为了保障自己的合法权益，房屋交易中的买方必须尽快完成登记过户，从而取得房屋的所有权。

18. 不动产登记时应提供哪些材料？

根据《民法典》第211条规定，当事人申请登记，应当根据不同登记事项提供权属证明和不动产界址、面积等必要材料。《不动产登记暂行条例》第16条也进行了具体规定，不动产登记时申请人应当提交下列材料，并对申请材料的真实性负责：(1)登记申请书；(2)申请人、代理人身份证明材料、授权委托书；(3)相关的不动产权属来源证明材料、登记原因证明文件、不动产权属证书；(4)不动产界址、空间界限、面积等材料；(5)与他人利害关系的说明材料；(6)法律、行政法规以及本条例实施细则规定的其他材料。同时，不动产登记机构应当在办公场所和门户网站公开申请登记所需材料目录和示范文本等信息，以方便申请人查阅。

19. 不动产登记申请后发现有误可以撤回吗？

根据《不动产登记暂行条例》第15条的规定："当事人或者其代理人应当到不动产登记机构办公场所申请不动产登记。不动产登记机构将申请登记事项记载于不动产登记簿前，申请人可以撤回登记申请。"因此，申请人在向登记机关提交不动产登记申请之后，如果发现不动产权属认定有错误或者其他不实情况，可能影响到登记结果或产生其他法律后果的，只要在登记机构完成登记之前，都可以向登记机构申请撤回登记申请。撤回登记申请后，并不影响申请人因同一不动产而再次提出申请登记。

20. 不动产登记时，登记机构可以要求对不动产进行评估吗？

不可以。根据《民法典》第213条的规定，登记机构不得有下列行为：（1）要求对不动产进行评估；（2）以年检等名义进行重复登记；（3）超出登记职责范围的其他行为。因此，在不动产登记时，登记机构不得以任何理由要求对不动产进行评估，也包括不得要求申请人必须提供不动产评估材料等变相方式。其目的有二：一是便利不动产登记，减轻申请人负担；二是防止登记过程中的权力寻租等腐败现象发生。

21. 不动产物权登记什么时候生效？

根据《民法典》第214条的规定，不动产物权的设立、变更、转让和消灭，依照法律规定应当登记的，自记载于不动产登记簿时发生效力。因此，不动产物权的登记，并不是申请人把不动产登记申请材料递交给登记机关就完成生效了。对登记机关来说，在收到登记材料后还有一个审查过程，比如1天、3天。只有在审查完成后，登记机构将不动产情况记载在不动产登记簿的时候，才正式生效。

22. 未办理房产等不动产物权登记，是否会导致房产等不动产交易合同无效？

不会。根据《民法典》第215条的规定，当事人之间订立有关设立、变更、转让和消灭不动产物权的合同，除法律另有规定或者当事人另有约定外，自合同成立时生效；未办理物权登记的，不影响合同效力。因此，当事人之间涉及房产等不动产的变更、转让等事项的物权合同，其合同是否有效与房产与不动产物权的登记无关，无论登记与否都不会影响该合同的效力。该合同是否有效，应根据《民法典》合同编的有关规定来判定。

23. 不动产权属证书与不动产登记簿记载不一致的，应如何处理？

应以不动产登记簿为准。根据《民法典》第217条规定：不动产权属证书是权利人享有该不动产物权的证明。不动产权属证书记载的事项，应当与不动产登记簿一致；记载不一致的，除有证据证明不动产登记簿确有错误外，以不动产登记簿为准。因此，一般情况下，不动产权属证书与不动产登记簿记载内容是一致的。如果权利人发现不动产权属证书与不动产登记簿记载的内容不一致，原则上以不动产登记簿为准。但确有证据证明登记簿记载错误的，权利人可以向不动产登记机构提出申请变更登记。

24. 不动产登记资料是向全社会公开的吗？

不是。根据《民法典》第218条规定，权利人、利害关系人可以申请查询、复制不动产登记资料，登记机构应当提供。因此，不动产登记资料的公开程度实际上是有限制的，并不是向全社会公开，也不是每个人都可以申请查询、复制他人的不动产登记资料。实际上只有权利人、利害关系人可以申请查询、复制他人不动产登记资料。另外，国家有关机关也可以依法查询、复制不动产登记资料。

25. 哪些人可以查询、复制房产等不动产登记资料？

根据《民法典》第218条规定，权利人、利害关系人可以申请查询、复制不动产登记资料，登记机构应当提供。根据《不动产登记暂行条例》第27条的规定，权利人、利害关系人可以依法查询、复制不动产登记资料，不动产登记机构应当提供。该条第2款还规定，有关国家机关可以依照法律、行政法规的规定查询、复制与调查处理事项有关的不动产登记资料。因此，有权查询、复制房产等不动产登记资料的人有：(1)不动产权利人。即每个人都可以查询自己的不动产登记资料。(2)利害关系人。法律没有明确具体哪些人，即申请人只要能够提供与不动产登记事项有利害关系的说明材料，登记机构就可以认为申请人属于利害关系人。如房屋继承人、受赠人和受遗赠人，买受人、承租人、仲裁事项、诉讼案件的当事人都可以对登记资料进行查询、复制。(3)有关国家机关。有关国家机关出于履职需要有权查询、复制不动产登记资料。

26. 公民是否可以自由查询、复制他人的房产资料？

公民不可以随意查询、复制他人的房产资料，除非提供属于利害关系人的正当理由，这也是出于保护的公民财产隐私权的需要。根据《民法典》第218条的规定，权利人、利害关系人可以申请查询、复制不动产登记资料，登记机构应当提供。另根据《不动产登记暂行条例》第28条的规定，查询不动产登记资料的单位、个人应当向不动产登记机构说明查询目的，不得将查询获得的不动产登记资料用于其他目的；未经权利人同意，不得泄露查询获得的不动产登记资料。因此，公民要查询他人的房产资料，必须要说明其查询目的。

27. 不动产登记簿登记错误，该怎么办？

根据《民法典》第 216 条的规定，不动产登记簿是物权归属和内容的根据，由登记机构负责管理，其权属证明效力高于房产证，相当于权属的原始档案。但如果发现登记簿记载事项也有错误，该怎么办呢？根据《民法典》第 220 条的规定，权利人、利害关系人认为不动产登记簿记载的事项错误的，可以申请更正登记。不动产登记簿记载的权利人书面同意更正或者有证据证明登记确有错误的，登记机构应当予以更正。该条第 2 款还规定，不动产登记簿记载的权利人不同意更正的，利害关系人可以申请异议登记。登记机构予以异议登记，申请人自异议登记之日起 15 日内不起诉的，异议登记失效。异议登记不当，造成权利人损害的，权利人可以向申请人请求损害赔偿。因此，如果权利人、利害关系人遇到不动产登记错误的情形，可以拿登记申请书、申请人的身份证明、证明房屋登记簿记载错误的材料向房屋登记部门申请更正登记。利害关系人申请更正登记的，还应当提供权利人同意更正的证明材料。

28. 如果不动产登记簿记载的权利人不同意更正错误记载事项的，该怎么办？

根据《民法典》第 220 条的规定，权利人、利害关系人认为不动产登记簿记载的事项错误的，可以申请更正登记。不动产登记簿记载的权利人书面同意更正或者有证据证明登记确有错误的，登记机构应当予以更正。该条第 2 款规定，不动产登记簿记载的权利人不同意更正的，利害关系人可以申请异议登记。登记机构予以异议登记，申请人自异议登记之日起15日内不起诉的,异议登记失效。异议登记不当,造成权利人损害的,权利人可以向申请人请求损害赔偿。实际生活中,往往大部分的权利人不同意更正登记。面对权利人不同意更正的情形,利害关系人可以采用以下方式进行维权:

第一,利害关系人可以申请异议登记,但请注意,申请异议登记后,利害关系人需要在15日内向法院起诉。因为,异议登记的作用就是将不动产目前的登记状态暂时封存,以防止权利人转移或出卖该不动产。

第二,向法院起诉。对于进行不动产物权变动的原因行为(如买卖合同)无效或被撤销,以及无权处分人处分他人财产并办理了登记,真实权利人(包括共有人)和善意取得第三人同时主张权利而产生的纠纷等情形,相关当事人可以直接向法院提起民事诉讼以维权。

29. 什么是不动产的预告登记?有什么作用?

不动产预告登记制度是法律保护不动产买受人权利的重要制度。现实生活中,如果权利人可以在购买不动产过程中善用该制度,将有利于为自己的合法权益提供一重保护屏障,有助于确保将来把不动产物权顺利变更到自己名下,进而取得不动产所有权。

根据《民法典》第221条的规定,当事人签订买卖房屋的协议或者签订其他不动产物权的协议,为保障将来实现物权,按照约定可以向登记机构申请预告登记。预告登记后,未经预告登记的权利人同意,处分该不动产的,不发生物权效力。该条第2款还规定,预告登记后,债权消灭或者自能够进行不动产登记之日起90日内未申请登记的,预告登记失效。这条规定建立了我国的预告登记制度,即在签订买卖房屋的协议或者签订其他不动产物权的协议之后而无法立即进行交易过户进行正式登记前进行的一种登记,其主要目的是杜绝卖方“一房多卖”等情况。比如甲与开发商在签订商品房预售合同后,房子还没有盖好,但甲可以拿着商品房预售合同到登记机构去申请预告登记。预告登记并不是真正的产权过户,而是在登记簿中记载某商品房已经出售给申请人。预告登记的好处就在于,出卖人要把同一商品房再卖给别人,除非经预告登记的权利人同意,否则就不发生物权的效力。所以,预告登记能有效保障预告登记人的合法权益。

30. 不动产登记簿与不动产权证书有什么区别?

不动产登记簿和不动产权属证书都是记载不动产权利的一种载体,二者既有联系又有区别。根据《民法典》第 216 条的规定,不动产登记簿是物权归属和内容的根据。不动产登记簿由登记机构管理。另据《民法典》第 217 条的规定,不动产权属证书是权利人享有该不动产物权的证明。不动产权属证书记载的事项,应当与不动产登记簿一致;记载不一致的,除有证据证明不动产登记簿确有错误外,以不动产登记簿为准。因此,不动产登记簿和不动产权属证书的区别主要表现为:

第一,性质不同。不动产登记簿是国家建立的不动产档案;而不动产权属证书是用于证明权利人享有不动产权利的证书。

第二,管理人不同。不动产登记簿由国家机构负责管理;而不动产权属证书由权利人个人保管。

第三,证明效力不同。不动产登记簿的证明力强于不动产登记权属证书,当二者记载不一致的,除有证据证明不动产登记簿确有错误外,以不动产登记簿为准。

31. 开发商"一房二卖",购房者该怎么维权?

在日常生活中,开发商"一房二卖"的情况时有发生。此时,甲作为购房者应该如何保护自己的合法权益呢?根据《民法典》第 214 条的规定,不动产物权的设立、变更、转让和消灭,依照法律规定应当登记的，自记载于不动产登记簿时发生效力。另根据《民法典》第 215 条的规定，当事人之间订立有关设立、变更、转让和消灭不动产物权的合同，除法律另有规定或者当事人另有约定外，自合同成立时生效；未办理物权登记的，不影响合同效力。因此，针对开发商“一房二卖”的行为，买方可以分情况进行如下操作：

(1)对已经办理房屋过户登记手续的买受人，拥有该房屋所有权；未过户登记的购房人可追究开发商违约责任。例如，开发商分别将一套别墅卖给甲乙二人，其中，甲率先与开发商办理了过户登记手续，而不知情的乙虽及时缴纳了房屋首付款，但却没有与开发商及时办理房屋过户登记手续。故甲对该别墅享有所有权，对乙而言，乙只能对开发商追究违约责任而不能享有该房屋的所有权。(2)如果两个买受人均未办理房屋过户登记手续的，已经办理房屋预告登记手续的房屋所有权人优先，另一购房人可追究开发商违约合同责任。(3)既未办理产权登记，又未办理预告登记的，已经先行合法占有争议房屋的买受人拥有优先权，另一购房人可追究开发商违约责任。(4)均未办理房屋过户登记手续和预告登记手续，又未合法占有争议房屋的，先行支付房屋价款的买受人拥有优先权，另一购房人可追究开发商违约责任。(5)如果上述情况均未发生，则签约在先的买受人优先，另一购房人可追究开发商违约责任。由此可见，现实生活中房产买卖交易中，对所有权的确认是分情况、有先后顺序的。

32. 购房人如何防范“一房二卖”？

根据《民法典》第 221 条的规定，当事人签订买卖房屋的协议或者签订其他不动产物权的协议，为保障将来实现物权，按照约定可以向登记机构申请预告登记。预告登记后，未经预告登记的权利人同意，处分该不动产的，不发生物权效力。因此，防范“一房二卖”最好的办法就是在签订房屋买卖协议，特别是期房买卖协议后按照法律的要求尽快到登记机构办理预告登记，以保护自己的将来权益。因为，经过预告登记的房屋非经登记人本人同意，该房屋不能再将房屋卖给他人。但需要注意的是，预告登记也是有期限限制的。预告登记后，债权消灭或者自能够进行不动产登记之日起 90 日内未申请登记的，预告登记失效。

33. 购买期房并预告登记后，开发商擅自将该期房卖给他人，该如何实现权利救济？

预告登记是保护购房者的重要法律手段。根据《民法典》第 221 条的规定，当事人签订买卖房屋的协议或者签订其他不动产物权的协议，为保障将来实现物权，按照约定可以向登记机构申请预告登记。预告登记后，未经预告登记的权利人同意，处分该不动产的，不发生物权效力。也就是说，虽然在预告登记后、物权变动登记之前，买受人尚未取得不动产的所有权，但在预告登记后，未经预告登记的权利人同意，出卖人再将不动产卖给第三人，后一个买卖合同有效但不能发生物权效力，即第三人不能依赖买卖合同而取得所有权。因此，如果购买期房并预告登记后，开发商擅自将该期房卖给他人，购房者可根据预约登记主张房屋所有权，要求开发商履行合同。

34. 卖房者不愿意预告登记，购房者可以自行办理预告登记吗？

根据《民法典》第 221 条的规定，当事人签订买卖房屋的协议或者签订其他不动产物权的协议，为保障将来实现物权，按照约定可以向登记机构申请预告登记。但这里规定的是“可以”而不是“必须”，也就是说不是强制一定要进行预告登记，可以办理预告登记也可以不登记。另据《不动产登记暂行条例实施细则》第 86 条，申请预购商品房的预告登记，应当提交下列材料：(1) 已备案的商品房预售合同；(2) 当事人关于预告登记的约定；(3) 其他必要材料。因此不动产预告登记必须有双方同意预告登记的约定，如果没有约定，则购房者不能单方办理预告登记。而如果双方有办理预告登记的约定，但卖房者不愿意配合去预告登记，则购房者可以依照约定自行去办理预告登记，并提供相应材料。

35. 因登记错误，房产登记在别人名下造成损失怎么办？

根据《民法典》第222条的规定，当事人提供虚假材料申请登记，造成他人损害的，应当承担赔偿责任。因登记错误，造成他人损害的，登记机构应当承担赔偿责任。登记机构赔偿后，可以向造成登记错误的人追偿。根据本条规定，登记错误主要有两种情况：(1)登记机构工作人员疏忽、过失等原因造成的错误；(2)登记申请人等采取欺骗等手段或者与登记机关的人员恶意串通造成的错误。也就是说，以上两种情况造成登记错误的，受害人都可以要求赔偿。一种是向故意提供虚假材料的登记人要求赔偿；另一种是因登记机关工作失误造成登记错误的，可向登记机构要求赔偿损失。当然，登记机构赔偿后可以向造成登记错误的人追偿。此时，登记机关与造成登记错误的登记人二者是连带责任关系，对于受害人而言，可以选择任何一方要求其对登记错误带来的损失进行赔偿。

36. 不动产登记需要收费吗？若收费，是否按照不动产的面积进行收费？

根据《民法典》第223条的规定，不动产登记费按件收取，不得按照不动产的面积、体积或者价款的比例收取。因此，不动产登记实行按件收费，也就是说不论不动产的面积大小、价款高低，每件不动产登记收费是一样的。比如甲260平方米的豪宅别墅和乙48平方米的小房子进行不动产登记的费用都是一样的。根据国家发改委、财政部《关于不动产登记收费标准等有关问题的通知》(发改价格规〔2016〕

2559号),住宅类不动产登记收费标准每件80元,非住宅类不动产登记收费标准为每件550元,同时规定了16种不动产登记实行收费减免优惠。

37. 几个人按份共有的房产,怎么申请不动产登记?

根据《不动产登记暂行条例实施细则》第10条的规定:“处分共有不动产申请登记的,应当经占份额三分之二以上的按份共有人或者全体共同共有人共同申请,但共有人另有约定的除外。”因此,对于几个人按份共有的房产进行不动产登记,有两种方式进行不动产登记:一种方式是由占份额2/3以上的按份共有人申请;另一种方式是由全体共同共有人一起申请。这两种方式都可以。当然,如果按份共有人之间有特别约定,则可依照其约定。

38. 未成年人能申请不动产登记吗?

可由其监护人代为申请。根据《不动产登记暂行条例实施细则》第11条的规定,无民事行为能力人、限制民事行为能力人申请不动产登记的,应当由其监护人代为申请。因此,未成年人不能自己申请不动产登记,而应当由其父母等法定监护人代为申请登记。同时,监护人代为申请不动产登记的,还应当提供监护人与被监护人的身份证或者户口簿、有关监护关系等材料;因处分不动产而申请登记的,还应当提供为被监护人利益的书面保证。

39. 不动产登记一定要本人申请吗?能否委托他人申请登记?

可以委托他人代理。根据《不动产登记暂行条例实施细则》第12条的规定,当事人可以委托他人代为申请不动产登记。要求:(1)提供授权委托书。代理申请不动产登记的,代理人应当向不动产登记机构提供被代理人签字或者盖章的授权委托书。(2)如果是自然人处分不动产需要委托申请的，应当与代理人共同到不动产登记机构现场签订授权委托书，但授权委托书经公证的除外。(3)境外申请人委托他人办理处分不动产登记的，其授权委托书应当按照国家有关规定办理认证或者公证。

40. 什么是异议登记？不动产异议登记有什么作用？

根据《民法典》第220条的规定，权利人、利害关系人认为不动产登记簿记载的事项错误的，可以申请更正登记。不动产登记簿记载的权利人书面同意更正或者有证据证明登记确有错误的，登记机构应当予以更正。该条第2款还规定，不动产登记簿记载的权利人不同意更正的，利害关系人可以申请异议登记。因此，不动产异议登记是不动产真正权利人对不动产登记簿记载的权利提出异议并记入登记簿的行为，是在更正登记不能获得权利人同意后的一种临时补救措施。一旦进行了异议登记，就使得登记簿上所记载的权利处于不确定状态，第三人不得主张基于登记而产生的公信力，从而及时保护真正权利人的合法权利。当然，异议登记需要符合两个法定条件：一是利害关系人有证据证明不动产登记簿记载事项存在错误；二是不动产登记簿记载的权利人不同意变更登记。

当然，异议登记只是一种临时性保护措施，如果异议登记人自异议登记之日起15日内不起诉的，异议登记失效。同时，为了避免异议登记权利的滥用，《民法典》还规定，对于异议登记不当造成权利人损害的，权利人可以向申请人请求损害赔偿。

41. 因继承、接受遗赠取得的不动产，该怎么申请登记？

根据《不动产登记暂行条例实施细则》第14条的规定，因继承、受遗赠取得不动产，当事人申请登记的，应当提交死亡证明材料、遗嘱或者全部法定继承人关于不动产分配的协议以及与被继承人的亲属关系材料等，也可以提交经公证的材料或者生效的法律文书。也就是说，对于因继承、接受遗赠取得的不动产进行登记，需要提供以下材料：(1)所有继承人或受遗赠人的身份证、户口簿或其他身份证明。(2)被继承人或遗赠人的死亡证明，包括医疗机构出具的死亡证明。公安机关出具的死亡证明或者注明了死亡日期的注销户口证明；人民法院宣告死亡的判决书；其他能够证明被继承人或受遗赠人死亡的材料等。(3)所有继承人或受遗赠人与被继承人或遗赠人之间的亲属关系证明，包括户口簿、婚姻证明、收养证明、出生医学证明，公安机关以及村委会、居委会、被继承人或继承人单位出具的证明材料，其他能够证明相关亲属关系的材料等。(4)放弃继承的，应当在不动产登记机构办公场所，在不动产登记机构人员的见证下，签署放弃继承权的声明。(5)继承人已死亡的，代位继承人或转继承人可参照上述材料提供。(6)被继承人或遗赠人享有不动产权利的材料。(7)被继承人或遗赠人生前有遗嘱或者遗赠扶养协议的，提交其全部遗嘱或者遗赠扶养协议。(8)被继承人或遗赠人生前与配偶有夫妻财产约定的，提交书面约定协议。

当然，也可以提交经公证的材料或者生效的法律文书。具体材料因人而异，以登记机关要求为准。

42. 哪些法律文书可以单方申请不动产登记？

根据《不动产登记暂行条例实施细则》第19条的规定，当事人可以持人民法院、仲裁委员会的生效法律文书或者人民政府的生效决定单方申请不动产登记。现实生活中，对于存在所有权争议的不动产，需要通过法院判决、仲裁委员会裁决或人民政府决定等方式确定。因此，对于通过法院判决、仲裁委员会裁决或者人民政府决定方式确定了所有权归属的不动产，所有权人可以直接拿着这类生效法律文书去申请不动产登记，而不需要原不动产所有人配合。

43. 农村房屋是否可以进行不动产登记?

可以。根据《民法典》第 210 条以及《不动产登记暂行条例》第 5 条的规定,国家实行不动产统一登记制度,以下不动产依法进行登记:(1)集体土地所有权;(2)房屋等建筑物、构筑物所有权;(3)森林、林木所有权;(4)耕地、林地、草地等土地承包经营权;(5)建设用地使用权;(6)宅基地使用权;(7)海域使用权;(8)地役权;(9)抵押权;(10)法律规定需要登记的其他不动产权利。因此,作为不动产的农村房屋,可以依法申请不动产登记。

第二节 动产交付

44. 什么是动产交付? 动产交付有哪些方式?

动产交付是动产物权变动的一种公示,即某一动产的债务人将动产所有权转移到债权人手中的一种特殊的程序。根据《民法典》第 224 条规定,动产物权的设立和转让,自交付时发生效力,但是法律另有规定的除外。比如,甲到商场购买一台笔记本电脑,甲支付了货款后,商场把电脑交给甲,从而完成了动产交付,电脑的所有权归甲所有。

动产交付的方式主要有:(1)现实交付,这最传统的交付方式,使受让人取得标的物的直接占有。(2)简易交付,是指交易标的物已经为受让人占有,转让人无须进行现实交付的无形交付方式。(3)指示交付,又叫返还请求权让与,是指在交易标的物被第三人占有的场合,出让人与受让人约定,出让人将其对占有人得返还请求权移转给受让人,由受让人向第三人行使,以代替现实交付的交付方式。(4)占有改定,是指在动产交易中出让人与受让人约定,由出让人继续直接占有动产,使受让人取得对于动产的间接占有,并取得动产的所有权。

45. 动产交易需要登记吗？登记后有什么效力？

动产交易在现实生活中的数量是不可估量的，无时不在，因此不需要也不可能都进行登记。根据《民法典》第 224 条规定，动产物权的设立和转让，自交付时发生效力，但是法律另有规定的除外。因此，动产交易不需要登记，自动产交付时发生所有权转移。但根据《民法典》第 225 条的规定，船舶、航空器和机动车等价值较大的动产物权的设立、变更、转让和消灭，为了更好保护所有者权益，最好进行登记。如果进行了登记，则可对抗善意第三人，未经登记则不得对抗善意第三人。比如，甲购买乙的车但未进行登记，后来乙又以更高的价格卖给了善意人丙并进行了登记，这时甲因未进行登记也就无权主张丙的购车行为无效，只能要求乙赔偿有关损失。

46. 生活日用品等动产交易，是不是签订合同后买方就取得所有权了？

不是。根据《民法典》第 224 条规定，动产物权的设立和转让，自交付时发生效力，但是法律另有规定的除外。因此，生活日用品等动产交易，必须在交付后才转移所有权，仅仅签订交易合同并没有发生动产所有权转移，只有卖方将动产交付给了买方，买方才拥有动产所有权。比如，甲与乙签订了一个笔记本买卖合同，约定甲以 1 万元购买乙所拥有的笔记本。虽然买卖合同签订好了，甲的货款也支付了，但只有乙将笔记本电脑交给了甲，甲才拥有该笔记本的所有权。

47. 二手车未办理过户登记，又被车主卖给了不知情的别人并办理了过户登记，可以要求车主交车吗？

不可以。根据《民法典》第 225 条的规定：船舶、航空器和机动车等的物权的设立、变更、转让和消灭，未经登记，不得对抗善意第三人。

也就是说，机动车交易必须进行登记才发生所有权转移。如甲将机动车卖给乙，交付了价款，并将机动车交付给乙，但未办理过户登记。后甲又将该机动车卖给了丙，丙交付了价款，甲将该车过户于丙。那么，乙作为所有人，但是由于并未办理过户登记，不能对抗善意第三人丙。丙依法取得机动车所有权，丙可以要求乙交付该机动车，乙只能请求甲损害赔偿。

48. 占有动产后才签订转让合同，所有权何时转移？

根据《民法典》第226条的规定，动产物权设立和转让前，权利人已经占有该动产的，物权自民事法律行为生效时发生效力。换言之，买卖合同订立前，买受人由于已经通过租赁、借用等合同关系实际占有了标的物，因此，动产标的物在合同生效之时即交付。例如，甲借用乙的钢琴，后甲对该钢琴十分喜爱，决定向乙购买该钢琴，当甲乙达成购买钢琴协议之时，钢琴即交付于甲，为甲所有。

49. 第三人占有转让的动产，出让人怎样交付？

根据《民法典》第227条的规定，动产物权设立和转让前，第三人占有该动产的，负有交付义务的人可以通过转让请求第三人返还原物的权利代替交付。也就是说，当出卖标的物为第三人占有时，出卖人将对于第三人的返还请求权让与买受人，由买受人直接向第三人要求返还标的物。例如，甲借用乙的钢琴，后乙困窘，迫不得已遂将钢琴卖给丙，同时乙须将对甲的返还请求权让与买受人丙，遂完成交付，钢琴为丙所有，丙可随时要求甲归还。

50. 买卖动产后，又将该动产租赁给出卖方，所有权何时转移给买方？

根据《民法典》第228条的规定，动产物权转让时，当事人又约定由出让人继续占有该动产的，物权自该约定生效时发生效力。因此，动产买卖后，买受人又将该动产租赁给出卖方的，所有权自双方租赁协议或约定生效时转移给买方。例如，乙将其钢琴卖与甲，但是乙还想使用该钢琴几天，虽与甲在协议中约定，甲取得钢琴的间接占有，该钢琴在乙使用5天后转交于甲，在该协议达成之际，钢琴为甲所有。

第三节　其他规定

51. 因法院生效裁判导致房屋产权转移的，何时生效？

根据《民法典》第229条的规定，因人民法院、仲裁机构的法律文书或者人民政府的征收决定等，导致物权设立、变更、转让或者消灭的，自法律文书或者征收决定等生效时发生效力。因此，一般情况下，不动产所有权转移以登记为生效要件，但对于法院生效裁判导致房屋产权转移的，房屋产权则在法院裁决生效时就发生转移，而不是在登记后才发生转移。也就是说，一旦法院生效判决裁判某房屋归谁所有，则房屋所有权就归谁所有，办理变更登记只是履行程序。例如，法院审理房屋产权争议案件，最后作出“争议房屋归李四所有”的判决。那么从判决生效的时候，李四就取得了该房屋的所有权。虽然，这个时候李四还没有办理产权过户登记，不动产登记簿上张三仍然是“所有权人”，但李四从判决生效时就已经得到了所有权。

52. 取得继承房屋的所有权需要变更登记吗？

根据《民法典》第230条的规定，因继承取得物权的，自继承开始时发生效力。也就是说，不论是动产还是不动产，只要是继承取得，从被继承人去世之时自动移转给继承人所有。如果是动产，不需要进行交付；如果是不动产，不需要进行变更登记，所有权就发生转移。当然，在取得继承房屋后，继承人可以去申请变更登记，比如变更不动产所有人名字。例如，甲的父母于2000年4月1日去世，那么其父母的房子即从4月1日起归其继承人所有，无须交付（或）登记，更无须有效的法律行为（如合同）。但为了使用方便，甲可以凭父母去世证明等法律凭证去申请房子变更所有人登记。

53. 自己建造一幢房屋，是不是要进行登记才取得其所有权？

不是。根据《民法典》第231条的规定，因合法建造、拆除房屋等事实行为设立或者消灭物权的，自事实行为成就时发生效力。因此，如果自己建造一幢房屋，在房屋建造完成之时，房屋建造人就取得了该房屋的所有权。也就是说，无论登记与否，谁合法建造的房屋其所有权就归谁所有。但是为了证明该房屋所有权以避免发生不必要的纷争，所有权人还是要去申请办理不动产登记为好。

第三章　物权的保护

54. 物权受到侵害时，有哪些解决途径？

根据《民法典》第233条的规定，物权受到侵害的，权利人可以通过和解、调解、仲裁、诉讼等途径解决。因此，当物权受到侵害时，物权权利人可以选择的主要维权方式有：一是和解。就是当事人之间自行协商解决。二是调解。就是通过第三人来调停解决纠纷。三是仲裁。即当事人通过协议选择仲裁机构，由仲裁庭裁决解决物权争端。四是诉讼。即物权所有人通过向法院提起诉讼的方式来维护自己的物权，包括民事、行政、刑事三大诉讼。物权保护的诉讼主要指提起民事诉讼。

55. 物权受到侵害时，法律的保护方式有哪些？

根据《民法典》第234~238条的规定，物权受到侵害时，可以采取的法律保护方式有：（1）请求返还原物。当不动产或者动产被他人非法占有时,权利人可以请求侵占人返还原物。比如甲的自行车被乙强行拿走,甲可要求乙归还。(2)请求停止侵害、排除妨碍或者消除危险。当物权正受到侵害,或者可能妨碍自己物权的,权利人可以要求立即停止侵害,排除妨碍或者消除存在的可能危险。比如,甲的楼上邻居深更半夜大声歌唱跳舞,甲可以要求其停止大喊大叫。(3)请求修理、重作、更换或者恢复原状。当物权受到侵害能够修理的,可以要求修理,恢复原状;不能修理但能够重作的,可以要求重作;无法重作的,可以要求更换。比如甲的自行车被人损坏,如果只是链条等轻度损坏了,可以要求其修好;如果损坏严重无法修好,可以要求侵害人更换。(4)请求损害赔偿。当物权受到侵害造成损害时,权利人可以依法请求损害赔偿,也可以依法请求承担其他民事责任。比如甲的自行车被乙损害了,甲既可以要求乙修理好,也可以自己修理好,但要求乙赔偿相应损失。

56. 对房屋所有权产生争议,利害关系人该怎么办?

现实中房屋所有权争议经常发生,如果利害关系人对房屋所有权有异议,该怎么办呢?根据《民法典》第234条的规定,因物权的归属、内容发生争议的,利害关系人可以请求确认权利。确认房屋产权的主要方式是:第一,查证有无房屋所有权原始取得的事实。第二,查证有无继承取得房屋产权的事实。其中之“事实”,首先应以书证和物证为依据,没有书证和物证时,可以寻找证人、证言或其他证明。书证和物证主要包括:(1)产权证,如“土改”时发给的房地产证,建造房屋后领取的房屋所有权证,产权变更后领取的所有权证(通过买受、受赠、继承等方式取得的房屋产权证)。(2)其他证书和物证。如遗嘱、信件、分家析产合约书、基建时的加工费及材料费单据、历年缴纳房地产税的税单和赠与书等可以证明房屋产权归属的证书、物证。(3)其他证明。因此,对房屋所有权产生争议的,相关利害关系人都可以向房屋登记部门或向法院提起诉讼等方式请求确认该房屋的归属。

57. 有房屋买卖合同能直接确认房屋所有权吗？

不可以。《民法典》第217条的规定，不动产权属证书是权利人享有该不动产物权的证明。不动产权属证书记载的事项，应当与不动产登记簿一致；记载不一致的，除有证据证明不动产登记簿确有错误外，以不动产登记簿为准。《民法典》第216条规定，不动产登记簿是物权归属和内容的根据。因此，确认房屋所有权最好的证明就是不动产权属证书，以及由不动产登记机构所保管的不动产登记簿中的权利事项记载。如果二者都没有，只有房屋买卖合同通常是无法直接确认房屋所有权的，必须有充分的完整的证据才能被法院确认房屋所有权。

58. 手机被小偷卖给他人，可以要求买主归还吗？

可以。根据《民法典》第235条的规定，无权占有不动产或者动产的，权利人可以请求返还原物。因此，如果手机被小偷卖给他人，占有者若属于恶意的无权占有，则依法不适用善意取得，可以要求购买人归还。何为恶意的无权占有？即明知手机为他人偷来还加以购买。但现实中，一般不需要手机所有者直接向买主请求返还。如果手机作为涉案赃物，公安机关一般会依法扣押手机，在提供手机合法所有证据后，公安机关会依法归还所有者。

59. 自己的车被别人的停放车挡住了影响通行，该怎么办？

车子多车位少这是当下每个城市基本都存在的问题，也是很难解决的问题。通常，伴随停车位紧张而来的便是乱停乱放的普遍现象，这不仅影响行人的通行也会导致交通混乱。当我们遇到汽车挡路或者乱停乱放应该怎么办呢？根据《民法典》第236条的规定，妨害物权或者可能妨害物权的，权利人可以请求停止侵害、排除妨碍或者消除危险。因此,当别人的停放车辆影响了自己车的通行,也就是妨害到自己对车辆所有权的行使时,砸车、锁车、乱涂乱画这些行为都不可取,更不值得被提倡。这不仅没法解决问题而且还得赔偿别人汽车的损失,金额损失过大还可能涉嫌犯罪。此时,建议当事人可以要求车辆所有人挪走车辆,排除影响,消除妨碍。比如,先观察对方车辆前挡风玻璃是否留有电话或者挪车二维码,有电话的话就拨打电话给车主叫他过来挪车,有挪车码的话就打开微信"扫一扫"即可通知车主,如果碰到不想挪车的车主可以报警处理。

60. 邻居家墙面即将倒塌可能压坏自家花园,该怎么办?

根据《民法典》第236条的规定,妨害物权或者可能妨害物权的,权利人可以请求停止侵害、排除妨碍或者消除危险。因此,对于已经妨害物权的行为,或者明知即将发生妨害物权的可能,权利人都可以请求停止侵害、排除妨碍或者消除危险。虽然,现实的损害并没有发生,但是邻居家墙面即将倒塌,威胁到自家花园,那么就有权根据该条的规定,要求墙面所有者修葺墙壁以防止危害发生。

61. 房屋被人毁损,房主该怎么办?

根据《民法典》第237条的规定,造成不动产或者动产毁损的,权利人可以依法请求修理、重作、更换或者恢复原状。修理指物毁损时,通过一定的办法使其恢复到毁损之前的状态;重作指当物灭失、损毁到不能使用等情形时重新作相同性质、相同用途的物,使其达到与原物相同的价值;更换指物毁损并且有与此物相同的种类物存在时,予以更换。因此,房屋被毁损,房主可以要求侵权人进行修缮,或者重新建造,以恢复原状。当然,也可以要求赔偿因修理或恢复原状的相应损失。

62. 自己的电动车被别人撞坏了，是否可以既要求当事人赔偿又要求其道歉呢？

在我国，民事责任的承担方式有很多，如停止侵害、排除妨害、返还原物、赔偿损失、赔礼道歉等。根据《民法典》第238条的规定，侵害物权，造成权利人损害的，权利人可以依法请求损害赔偿，也可以依法请求承担其他民事责任。另据《民法典》第239条的规定，物权保护方式，可以单独适用，也可以根据权利被侵害的情形合并适用。因此，当物权受到侵害给物权人造成损失的，物权人既可以有权请求赔偿损失，物权人同时还可以向侵害人提出其他承担民事责任，如请求停止侵害、排除妨害、返还原物、赔礼道歉等。现实生活中，如果遇到自己的电动车被人撞坏了的情形，车主既可以要求其赔偿损失，还可以同时要求其道歉。

63. 车借给别人被人盗窃，该向谁要求赔偿？

借车给别人使用，车主享有所有权，而借车人只是享有使用权。借车人在享有使用权的同时，还要承担合理使用、保管等义务。根据《民法典》第238条的规定，侵害物权，造成权利人损害的，权利人可以依法请求损害赔偿，也可以依法请求承担其他民事责任。因此，对于车主而言，倘若车辆能被追回，可以要求借车人或者盗窃者返还车辆，并赔偿相应的损失。倘若车辆不能追回或者已经毁损，车主可以要求借车人赔偿损失，借车人赔偿损失后，可以向盗窃者追偿；车主也可以直接要求盗窃者承担赔偿损失的责任。

第四章　所　有　权

64. 什么是所有权?

所有权,就是指在法律许可的范围内对所有的动产和不动产进行全面支配的物权,包括占有权利、使用权利、受益权利和处分权利。根据《民法典》第240条的规定,所有权人对自己的不动产或者动产,依法享有占有、使用、收益和处分的权利。因此,一方面,所有权人可以依据自己的意志直接依法占有、使用或者采取其他方式管领处分属于自己的物;另一方面,是指所有权人对属于自己的物可以按照自己的意志独立进行支配,无须得到他人的同意。比如甲对自己所有的机动车,既可以自由使用,也可以自由处分。

65. 所有权人可以对自己所有之物行使哪些权利?

根据《民法典》第240、241条的规定,所有权人对自己的不动产或者动产,依法享有占有、使用、收益和处分的权利。所有权人有权在自己的不动产或者动产上设立用益物权和担保物权。用益物权人、担保物权人行使权利,不得损害所有权人的权益。因此,所有权人可以对自己的动产或者不动产可以行使的权利有:(1)可依法进行占有、使用、收益和处分。比如甲所有的房子,可以自己占有,自己居住;可以出租给别人收取租金;也可以自由处分,卖掉或者赠送给他人。(2)设立用益物权和担保物权。所有权人除了可以占有、使用、受益和处分权外,还可以在自己的动产或者不动产上设立用益物权和担保物权。

66. 个人可以取得城市的土地所有权吗?

根据《民法典》第242条的规定,法律规定专属于国家所有的不动产和动产，任何组织或者个人不能取得所有权。土地所有权是土地所有者在法律规定的范围内，对其拥有的土地享有的占有、使用、收益和处分的权利，是一定社会形态下土地所有制的法律表现。新中国成立后，废除了土地私有制，经过社会主义改造和农业合作化，建立了两种所有制形式并存的社会主义土地公有制，并在法律上确认下来，形成了国家土地所有权和集体土地所有权。土地所有权受国家法律的保护，任何单位和个人不得侵犯。土地所有权的行使必须符合国家法律的有关规定。而根据《土地管理法》第 8 条的规定，城市市区的土地属于国家所有。因此，城市的土地法律明确为国家所有，个人无法取得城市土地所有权。

67. 农民可以取得农村的土地所有权吗？

不可以。根据《土地管理法》第 2 条的规定，中华人民共和国实行土地的社会主义公有制，即全民所有制和劳动群众集体所有制。农村的宅基地和自留地、自留山，也属于农民集体所有。因此，在我国无论是城市的土地还是农村的土地，个人都无法取得土地所有权，农民也无法取得农村的土地所有权，但可以通过承包等方式取得土地使用权等。根据《土地管理法》第 13 条的规定，"农民集体所有和国家所有依法由农民集体使用的耕地、林地、草地，以及其他依法用于农业的土地，采取农村集体经济组织内部的家庭承包方式承包，不宜采取家庭承包方式的荒山、荒沟、荒丘、荒滩等，可以采取招标、拍卖、公开协商等方式承包，从事种植业、林业、畜牧业、渔业生产。家庭承包的耕地的承包期为三十年，草地的承包期为三十年至五十年，林地的承包期为三十年至七十年；耕地承包期届满后再延长三十年，草地、林地承包期届满后依法相应延长"。

68. 什么是征收？什么情况下国家可以征收个人的不动产？

所谓征收，就是指国家为了公共利益的需要而依法强制取得原属于私人或者集体所有不动产所有权的行为。根据《民法典》第 243 条的规定，为了公共利益的需要，依照法律规定的权限和程序可以征收集体所有的土地和组织、个人的房屋以及其他不动产。征收行为有三个特征：第一，强制性，无论不动产所有人同意或不同意，都可以征收。第二，征收的对象是不动产，包括集体所有的土地和组织、个人的房屋以及其他不动产。第三，合法性。征收的目的必须是公共利益的需要，必须依照法律规定的权限和程序。因此，征收是有严格条件限制的，必须是为了公共利益而不是商业利益的需要，必须依法定权限和程序进行，不能随意征收。

69. 以开发商品房为由，可以征收农民土地吗？

土地历来是农民的安身立命之本，也是农村社会经济发展的基础。正因如此，国家十分重视农民土地使用权的保护。在我国，农村的土地属于集体所有，农民可以承包集体土地，享有承包经营权。根据《民法典》第 243 条的规定，为了公共利益的需要，依照法律规定的权限和程序可以征收集体所有的土地和组织、个人的房屋以及其他不动产。也就是说，只有在为了公共利益的条件下，才可以征收农民承包的集体土地。开发商品房属于商业范畴，不能成为征收农民土地的合法理由。换言之，如果是为了开发商品房等商业利益而征收农民土地是违法的。

70. 什么是公共利益？哪些情形属于公共利益？

现实中，盗用"公共利益"之名行"商业拆迁"之实的事例屡见不鲜，严重地侵犯了物权人合法权益。根据《民法典》第 243 条的规定，为了公共利益的需要，依照法律规定的权限和程序可以征收集体所有的土地和组织、个人的房屋以及其他不动产。那么，什么是"公共利益"呢？是指社会公众都享有的非独占的、为一个社会生存所必须的利益，又称为“社会福祉”。

根据《国有土地上房屋征收与补偿条例》第8条的规定，下列情形均属于公共利益的范畴：(1)国防和外交的需要；(2)由政府组织实施的能源、交通、水利等基础设施建设的需要；(3)由政府组织实施的科技、教育、文化、卫生、体育、环境和资源保护、防灾减灾、文物保护、社会福利、市政公用等公共事业的需要；(4)由政府组织实施的保障性安居工程建设的需要；(5)由政府依照城乡规划法有关规定组织实施的对危房集中、基础设施落后等地段进行旧城区改建的需要；(6)法律、行政法规规定的其他公共利益的需要。

71. 征地补偿费具体包括哪些？

随着中国房地产业的发展、城市规模的扩张，以及公路等公共设施的建设，农村大量土地被征收，并由此引发了社会广泛关注的“征地问题”。征地补偿费是被征地农民密切关心的问题，与农民的生计大事息息相关。根据《民法典》第243条第2款的规定，征收集体所有的土地，应当依法及时足额支付土地补偿费、安置补助费以及农村村民住宅、其他地上附着物和青苗等的补偿费用，并安排被征地农民的社会保障费用，保障被征地农民的生活，维护被征地农民的合法权益。具体而言，征地补偿费包括：(1)土地补偿费。这是因国家征地对土地所有者在土地上的投入和收益造成损失的补偿。补偿的对象是土地所有权人。(2)安置补偿费。这是国家建设征用农民集体土地后，为了解决以土地为主要生产资料并取得生活来源的农业人口因失去土地造成生活困难所给予的补助费用。(3)青苗补偿费。这是对征用土地上生长的农作物造成的损失给予一次性经济补偿费用。(4)农村村民住宅、其他地上附着物补偿费，这是对被征用土地上的村民住宅等各种建筑物、构筑物的拆迁和恢复费以及被征用土地上林木的补偿等费用。(5)社会保障费用，是保障征地农民生活的费用。此外，还包括因征地给被征地农民造成的其他方面损失而支付的费用，如水利设施恢复费、误工费、搬迁费。

72. 房屋征收可以得到哪些补偿？

房屋征收，是指政府依法律程序剥夺房屋及其他不动产所有权人的所有权及其使用权，同时丧失土地使用权并给予市场价值补偿的行政强制购买行为。根据《民法典》第 243 条第 3 款的规定，征收组织、个人的房屋以及其他不动产，应当依法给予征收补偿，维护被征收人的合法权益；征收个人住宅的，还应当保障被征收人的居住条件。根据《国有土地上房屋征收与补偿条例》第 17 条规定，作出房屋征收决定的市、县级人民政府对被征收人给予的补偿包括以下几部分：(1) 被征收房屋价值的补偿；房屋价值补偿不得低于房屋征收决定公告之日被征收房屋类似房地产的市场价格，也就是按市场价格补偿。(2) 因征收房屋造成的搬迁、临时安置的补偿；比如需要临时租房居住所支付的租房费用。(3) 因征收房屋造成的停产停业损失的补偿。

73. 什么是征用？什么情形下国家可以征用单位和个人的财产？

征用是国家依照法律规定的条件将集体或个人的土地等财产收归公用的措施。根据《民法典》第 245 条的规定，因抢险、救灾等紧急需要，依照法律规定的权限和程序可以征用组织、个人的不动产或者动产。征用主要具有三个特点：一是公益性。在国家遭遇公共危机、自然灾害等紧急情况下，由于抢险、救灾需要，紧急动用一切人力、物力进行紧急救助。公益性是行政征用的核心，如果是为了个人或组织的私益，则其只能租用或购买。二是强制性。国家强制使用单位、个人的财产，不必得到所有权人的同意。三是补偿性。补偿性是行政征用的重要法律属性，公民合法财产神圣不可侵犯是现代社会的普遍原则，如果征用后毁损、灭失的，国家应当给予合理补偿。

74. 国家征用单位和个人财产造成损毁的，怎么办？

在国家遭遇公共危机、自然灾害等紧急情况下，由于抢险、救灾需要，国家会紧急征用一切人力、物力进行紧急救助。但个人的财产即使在国家紧急状态下同样需要合法保护，如果出现被征用财产损毁的，如何处理呢？根据《民法典》第245条的规定，被征用的不动产或者动产使用后，应当返还被征用人。如果组织、个人的不动产或者动产被征用或者征用后毁损、灭失的，国家应当给予补偿。比如为了抢险需要，甲的几辆卡车被政府征用来运石料。抢险结束后，政府部门应当返还甲。如果车辆损毁了，政府需要补偿甲相应损失。

第五章　国家所有权和集体所有权、私人所有权

75. 什么是国家所有权？谁代表国家行使国家所有权？

从民法学的角度来看，国家所有权是一种民事权利，国家是一种特殊的民事主体，界定国家所有权的定义不应脱离民事权利的视角，鉴于此，国家所有权是指国家作为民事主体对全民共同占有的财产所享有的占有、使用、收益和处分的权利，在本质上是全民所有制在民事法律上的体现。

根据《民法典》第246条的规定，法律规定属于国家所有的财产，属于国家所有即全民所有。国有财产由国务院代表国家行使所有权；法律另有规定的，依照其规定。其特征有三：一是国家所有权的权利主体只能是国家，国家是国有财产的唯一和统一的所有人；二是国家所有权的客体分为国家专有的财产和法律规定属于国家所有的财产；三是国家对国有财产所享有的占有、使用、收益、处分的权能。一般来说，国务院代表国家行使国家所有权。同时，依照法律规定也可以由

地方人民政府等部门行使有关权利。

76. 我国哪些财产属于国家所有？

在我国，与其他财产所有权类型相比，国家所有权客体具有广泛性和专有性的特征，在立法上可以划分为两大类，即国家专有的财产和法律规定属于国家所有的财产。根据《民法典》第247～254条的规定，属于国家所有的财产共有九类：(1)矿藏、水流、海域。(2)无居民海岛。(3)城市的土地，以及法律规定属于国家所有的农村和城市郊区的土地。(4)森林、山岭、草原、荒地、滩涂等自然资源。但是法律规定属于集体所有的自然资源除外。(5)法律规定属于国家所有的野生动植物资源。(6)无线电频谱资源。(7)法律规定属于国家所有的文物。(8)国防资产。(9)铁路、公路、电力设施、电信设施和油气管道等基础设施，依照法律规定为国家所有的，属于国家所有。

77. 村委会与企业主签订的矿藏买卖协议有效吗？

根据《民法典》第247条的规定，矿藏、水流、海域属于国家所有。村民委员会是村民自我管理、自我教育、自我服务的基层群众性自治组织，负责办理本村的公共事务和公益事业，调解民间纠纷，协助维护社会治安，向人民政府反映村民的意见、要求和提出建议，并不是政府机构，也无法代表国家。虽然矿藏在某村集体所有土地之下，但属于国家所有。村集体并不是所有权人，无权处分国家所有的矿产资源。因此村委会与企业主签订的矿藏买卖协议无效。

78. 农民建房时从地下挖出来的古董文物归谁所有？

文物国有是国家对文物的一种保护。根据《民法典》第253条的规定，法律规定属于国家所有的文物，属于国家所有。《文物保护法》第5条规定，中华人民共和国境内地下、内水和领海中遗存的一切文物，属于国家所有。其中包括私人宅基地下出土的文物。因此，农民建房从地下挖出来的古董文物属于国家所有，一旦发现，要立即报告有关文物单位，个人不得侵占，必须如实上交国家。

79. 我国哪些土地属于国家所有？哪些土地属于集体所有？

根据《民法典》第249条的规定、《土地管理法》及其实施细则的相关规定，城市市区的土地属于国家所有。农村和城市郊区的土地，除由法律规定属于国家所有的以外，属于农民集体所有；宅基地和自留地、自留山，属于农民集体所有。

国家所有的土地具体包括：（1）城市市区的土地；（2）农村和城市郊区中已经依法没收、征收、征购为国有的土地；（3）国家依法征用的土地；（4）依法不属于集体所有的林地、草地、荒地、滩涂及其他土地；（5）农村集体经济组织全部成员转为城镇居民的，原属于其成员集体所有的土地；（6）因国家组织移民、自然灾害等原因，农民成建制地集体迁移后不再使用的原属于迁移农民集体所有的土地。

80. 国家出资的企业由谁代表国家行使权利、履行义务？

根据《民法典》第257条的规定，国家出资的企业，由国务院、地方人民政府依照法律、行政法规规定分别代表国家履行出资人职责，享有出资人权益。因此，国家出资的企业，无论是国有独资公司，还是国家控股、参股有限责任公司和股份有限公司，由国务院和地方人民政府直接或设立国有资产管理委员会进行管理，代表国家享有权利、履行义务。

81. 法律怎么保护国有资产？

国有资产是国家赖以生存和发展的重要物质基础，为了有力有效保护国有资产，《民法典》第258条的规定，国家所有的财产受法律保护,禁止任何组织或者个人侵占、哄抢、私分、截留、破坏。同时,作为履行国有财产管理、监督职责的机构及其工作人员,应当依法加强对国有财产的管理、监督,促进国有财产保值增值,防止国有财产损失。对于滥用职权,玩忽职守,造成国有财产损失的,应当依法承担法律责任。而为了杜绝在国有企业改革中国有资产的流失,《民法典》第259条第2款更进一步明确规定,违反国有财产管理规定,在企业改制、合并分立、关联交易等过程中,低价转让、合谋私分、擅自担保或者以其他方式造成国有财产损失的,应当依法承担法律责任。

82. 哪些财产属于集体财产?

根据《民法典》第260条的规定,集体所有的不动产和动产包括四类:

(1)法律规定属于集体所有的土地和森林、山岭、草原、荒地、滩涂。(2)集体所有的建筑物、生产设施、农田水利设施,比如村委会的房子、村集体的农业机械设备等。(3)集体所有的教育、科学、文化、卫生、体育等设施,比如村办学校、村办企业、村办图书馆等。(4)集体所有的其他不动产和动产,比如村集体资金投资或购买的其他商业设施和物资设备等。

83. 村委会擅自将土地发包给本村集体以外的个人,有效吗?

无效。根据《民法典》第261条的规定,农民集体所有的不动产和动产,属于本集体成员集体所有。对于下列重大事项,应当按照法定程序经本集体成员共同决定才能有效:(1)土地承包方案以及将土地发包给本集体以外的单位或者个人承包;(2)个别土地承包经营权人之间承包地的调整;(3)土地补偿费等费用的使用、分配办法;(4)集体出资的企业的所有权变动等事项;(5)法律规定的其他事项。因此,集体组织擅自将土地发包给本集体以外的个人,未经过本集体成员集体决定，应该无效。

84. 农户成员去世，村集体能否收回承包地？

不能。根据《民法典》第261条的规定，农民集体所有的不动产和动产，属于本集体成员集体所有。对于个别土地承包经营权人之间承包地的调整，应当依照法定程序经村集体成员共同决定。《农村土地承包法》第16条规定："家庭承包的承包方是本集体经济组织的农户。农户内家庭成员依法平等享有承包土地的各项权益。"即我国家庭承包经营权是以户为单位，而不是以个人为单位。因此，即使户内某个成员死亡时，只要作为承包方的户依然存在，该户下的其他人就应当为土地承包经营权人，无须继承即有权继续经营承包地至承包期满。

85. 村委会擅自变卖转让村办企业所有权，有效吗？

无效。根据《民法典》第261条的规定，农民集体所有的不动产和动产，属于本集体成员集体所有。《村民委员会组织法》第24条规定，涉及村民利益的下列事项，经村民会议讨论决定方可办理："（一）本村享受误工补贴的人员及补贴标准；（二）从村集体经济所得收益的使用；（三）本村公益事业的兴办和筹资筹劳方案及建设承包方案；（四）土地承包经营方案；（五）村集体经济项目的立项、承包方案；（六）宅基地的使用方案；（七）征地补偿费的使用、分配方案；（八）以借贷、租赁或者其他方式处分村集体财产；（九）村民会议认为应当由村民会议讨论决定的涉及村民利益的其他事项。"因此，集体出资的企业的所有权变动等事项，属于重大事项，依法应当依照法定程序经村集体成员共同决定方能有效。村委会未经过村集体成员共同决定变卖转让村办企业所有权，违反了法定程序，无效。

86. 村集体财产应该公开吗？村民可以查阅吗？

应该公开。根据《民法典》第264条的规定，农村集体经济组织或者村民委员会、村民小组应当依照法律、行政法规以及章程、村规民约向本集体成员公布集体财产的状况。集体成员有权查阅、复制相关资料。村集体财产归集体成员所有，对于集体所有财产总量的变化、所有权变动的情况、集体财产使用情况、集体财产分配情况等涉及集体成员利益的重大事项都应当依法依规向村民透明公开，村民也有权查阅、复制相关资料。其目的是让村集体财产暴露在阳光下，让每个村民都可以随时了解、监督村集体财产的管理状况，从而更有效维护村集体成员的合法权益。

87. 村委会成员私分集体财产，怎么办？

根据《民法典》第 265 条的规定，集体所有的财产受法律保护，禁止任何组织或者个人侵占、哄抢、私分、破坏。农村集体经济组织、村民委员会或者其负责人作出的决定侵害集体成员合法权益的，受侵害的集体成员可以请求人民法院予以撤销。村委会成员私分集体财产，损害了其他集体成员的所有权益，村民可以向法院提起诉讼，请求法院予以撤销，返还私分集体财产。

88. 哪些财产归私人所有？《民法典》怎么保护私人所有的合法财产？

根据《民法典》第 266 条的规定，私人对其合法的收入、房屋、生活用品、生产工具、原材料等不动产和动产享有所有权。也就是说，这些合法财产归私人所有，但需要注意的是，其收入、房屋等不动产和动产必须是合法的，非法取得的财产属于非法占有，不受法律保护。

公民个人合法的财产是其赖以生存生活的重要基础，对于国有财产、集体财产和私人财产，《民法典》给予了同等保护。根据《民法典》第 267 条的规定，私人的合法财产受法律保护，禁止任何组织或者个人侵占、哄抢、破坏。因此，公民对于非法侵害自己财产权的任何行为有权说“不”，可以要求停止侵害、返还财产、恢复原状、赔偿损失等，依法维护自己的合法财产权。

89. 外国人在我国合法取得的财产受《物权法》保护吗？

根据《民法典》第 267 条的规定，私人的合法财产受法律保护，禁止任何组织或者个人侵占、哄抢、破坏。这里的“私人”是对国家、集体相对应的物权主体，不但包括我国的公民，也包括在我国合法取得财产的外国人和无国籍人。不仅包括自然人，还包括个人独资企业、个人合伙等非公有制企业。因此，外国人和无国籍人在我国合法取得的财产与中国公民合法取得的财产一样，受《物权法》保护。

90. 法人享有财产权吗？

法人如同自然人一样，享有财产权，但所有权的内容有所不同。根据《民法典》第 269 条的规定，营利法人对其不动产和动产依照法律、行政法规以及章程享有占有、使用、收益和处分的权利。营利法人以外的法人，对其不动产和动产的权利，适用有关法律、行政法规以及章程的规定。在我国，法人分为营利法人和非营利法人，都享有财产权。只不过其财产权的内容有所不同。营利法人的财产所有权是完整的，包括占有、使用、收益和处分等各项所有权。而非营利法人包括事业单位、社会团体、基金会、社会服务机构等，其所有权要适用有关法律、行政法规以及章程的规定。

第六章　业主的建筑物区分所有权

91. 什么是业主的建筑物区分所有权？

根据《民法典》第 271 条的规定，业主对建筑物内的住宅、经营性用房等专有部分享有所有权，对专有部分以外的共有部分享有共有和共同管理的权利。所谓建筑物区分所有权,通俗一点说是居住在高层建筑中的业主,对于他自己专有的住宅享有的权利,以及走廊、楼梯、小区绿地和道路等共有部分,享有的共同所有权和共同管理的权利。例如,张三在北京购买了一处住房,他对其购买的房屋享有专有权利,同时对走廊、楼梯、小区绿地等公共设施与其他居住在小区的业主共同享有所有权和管理权。

92. 小区业主对自己房子的专有部分享有哪些权利?

根据《民法典》第 272 条的规定,业主对其建筑物专有部分享有占有、使用、收益和处分的权利。业主行使权利不得危及建筑物的安全,不得损害其他业主的合法权益。也就是说,业主对自己所有的房子既可以自己居住,也可以出租收益,也可以处分转让,完全可依自己的意愿自由支配。当然,也有限制,就是不得危及建筑物的安全,不得损害其他业主的合法权益。比如装修时把承重墙打掉就危及了整栋楼的安全,也侵害了其他业主的权益。

93. 业主是否可以擅自改变房屋结构?

不可以。根据《民法典》第 272 条的规定,业主对其建筑物专有部分享有占有、使用、收益和处分的权利。业主行使权利不得危及建筑物的安全,不得损害其他业主的合法权益。业主对其建筑物专有部分享有占有、使用、收益和处分的权利,其中购房后对房屋进行装修便是行使所有权的一种表现。但是,业主行使权利不得危及建筑物的安全,不得损害其他业主的合法权益。业主擅自改变房屋结构危及建筑物的安全、损害到其他业主的合法权益时,就属于侵犯其他业主的行为。其他业主可以要求其停止该行为,并要求赔偿损失。

94. 开发商擅自将小区绿地改为停车场,是否合法?

不合法。根据《民法典》第 274 条的规定,建筑区划内的道路,属于业主共有，但是属于城镇公共道路的除外。建筑区划内的绿地，属于业主共有，但是属于城镇公共绿地或者明示属于个人的除外。建筑区划内的其他公共场所、公用设施和物业服务用房，属于业主共有。一般而言，封闭的小区内的道路、绿地、公共场所、公用设施、物业服务用房等均属于小区业主共有。开发商不得违反开发规划，擅自将小区绿地改为停车场，这种行为侵犯了小区业主的权利，是侵权行为。小区业主有权要求开发商停止侵害，恢复绿地原状。

95. 小区业主是否可以将小区车位使用权单独转让给外人?

不可以。《民法典》第 273 条的规定，业主对建筑物专有部分以外的共有部分，享有权利，承担义务；不得以放弃权利不履行义务。业主转让建筑物内的住宅、经营性用房，其对共有部分享有的共有和共同管理的权利一并转让。也就是说，业主对房屋专有部分的所有权和对小区绿地、停车库等共有部分的共有权是一体的，不可分割，不能分割转让。如果转让了房产，其相应的共有部分权利也一并转让。换言之，没有小区的房子专有部分所有权，也就自然没有对小区共有部分享有共有权。

96. 小区电梯、楼房外墙的广告收入归谁所有?

归全体业主共有。根据《民法典》第 273 条、第 282 条的规定，业主对建筑物专有部分以外的共有部分，享有权利，承担义务。建设单位、物业服务企业或者其他管理人等利用业主的共有部分比如电梯、楼房外墙等产生的广告收入，在扣除合理成本之后，属于业主共有。

97. 小区内的车库、车位归谁所有? 应如何使用?

根据《民法典》第 275 条的规定，建筑区划内，规划用于停放汽车的车位、车库的归属，由当事人通过出售、附赠或者出租等方式约定。

占用业主共有的道路或者其他场地用于停放汽车的车位,属于业主共有。小区车位通常分为地下车库和地面车位,地下车库一般属于开发商规划车位,开发商一般通过出售、附赠或出售等方式加以确定具体所有权人和使用权人。而地面车位一般是通过占用业主共有的道路或者其他场地用于停放汽车的车位,这些车位归全体业主共有。

对于车位的使用,根据《民法典》第276条的规定,建筑区划内,规划用于停放汽车的车位、车库应当首先满足业主的需要。也就是说,无论是地下车库还是地面车位,首先应当满足业主的需要,即在小区车位没有满足业主需要的前提下,开发商不能将车位对外出售或出租。

98. 个别业主擅自在楼顶建花圃,其他业主如何维权?

根据《民法典》第286条的规定,业主应当遵守法律、法规以及管理规约,相关行为应当符合节约资源、保护生态环境的要求。对于物业服务企业或者其他管理人执行政府依法实施的应急处置措施和其他管理措施,业主应当依法予以配合。

该条第2款规定,业主大会或者业主委员会,对任意弃置垃圾、排放污染物或者噪声、违反规定饲养动物、违章搭建、侵占通道、拒付物业费等损害他人合法权益的行为,有权依照法律、法规以及管理规约,请求行为人停止侵害、排除妨碍、消除危险、恢复原状、赔偿损失。行为人拒不履行相关义务的,有关当事人可以向有关行政主管部门投诉,有关行政主管部门应当依法处理。小区楼房楼顶属于业主共有部分,不归于任何个别业主专有。个别业主未经其他共有人同意,擅自在楼顶建花圃,侵犯了其他业主的权利。其他业主可以采取的维权方式有:(1)要求其停止侵权行为,恢复楼顶原状、消除危险乃至赔偿损失。(2)向有关行政机关如城管、房管部门投诉,要求进行查处。(3)向法院提起民事诉讼。

99. 重建小区物业管理用房的决定经全体业主半数通过，有效吗？

无效。根据《民法典》第278条的规定，“下列事项由业主共同决定：（一）制定和修改业主大会议事规则；（二）制定和修改管理规约；（三）选举业主委员会或者更换业主委员会成员；（四）选聘和解聘物业服务企业或者其他管理人；（五）使用建筑物及其附属设施的维修资金；（六）筹集建筑物及其附属设施的维修资金；（七）改建、重建建筑物及其附属设施；（八）改变共有部分的用途或者利用共有部分从事经营活动；（九）有关共有和共同管理权利的其他重大事项。业主共同决定事项，应当由专有部分面积占比三分之二以上的业主且人数占比三分之二以上的业主参与表决。决定前款第六项至第八项规定的事项，应当经参与表决专有部分面积四分之三以上的业主且参与表决人数四分之三以上的业主同意。决定前款其他事项，应当经参与表决专有部分面积过半数的业主且参与表决人数过半数的业主同意。”重建小区物业管理用房属于上条第7项事项，应当由专有部分面积占比2/3以上的业主且人数占比2/3以上的业主参与表决，且应当经参与表决专有部分面积3/4以上的业主且参与表决人数3/4以上的业主同意。仅经过全体业主过半数通过是无效的。

100. 业主擅自将住宅改为餐馆，邻居是否可以说“不”？

可以。根据《民法典》第279条的规定，业主不得违反法律、法规以及管理规约，将住宅改变为经营性用房。业主将住宅改变为经营性用房的，除遵守法律、法规以及管理规约外，应当经有利害关系的业主一致同意。业主在住宅楼内从事商业活动，一方面会破坏居住环境，扰乱小区居民生活秩序；另一方面还会增加物业管理成本。因此，业主要将住宅改为商用，必须征得邻居的同意，并且以不影响周围居民的生活状况为前提。同时,邻居对于个别业主擅自将住宅改为餐馆等行为有权说“不”。如果对方不停止侵权,可向有关行政部门投诉,也可依法提起诉讼。

101. 业主如何分摊建筑物及其附属设施费用、如何分摊收益?

根据《民法典》第283条的规定,建筑物及其附属设施的费用分摊、收益分配等事项,有约定的,按照约定;没有约定或者约定不明确的,按照业主专有部分面积所占比例确定。为了保障业主的居住安全,保证建筑物及其附属设施能够正常运转和使用,保证业主的正常生活,有必要及时对建筑物及其附属设施进行养护和维修,会产生一定的维护费用。同时,利用共有部位进行广告经营这些管理费用的分担和收益的分配,也会增加一定的收益。对于费用的分担和收益的分配,遵循的原则就是:如果全体业主有约定,比如通过业主大会以业主公约的形式加以明确,则依照约定的分担和分配方式来确定;如果没有约定,则按各业主专有部分面积也就是房产证面积所占总面积的比例来确定,面积大的多些,面积小的少些。

102. 业主可以解聘物业管理公司吗?

可以。《民法典》第284条的规定,“业主可以自行管理建筑物及其附属设施,也可以委托物业服务企业或者其他管理人管理。对建设单位聘请的物业服务企业或者其他管理人,业主有权依法更换”。因此,业主有权聘请还是不聘请物业公司来对小区进行管理。业主与物业管理公司之间是委托关系,业主可以根据需要,解聘或者更换物业管理公司。当然,解聘或更换物业公司,必须依法进行。一方面,解聘或更换物业公司,首先,参加人数需要符合条件,即业主共同决定事项,应当由专有部分面积占比2/3以上的业主且人数占比2/3以上的业主参与表决。其次,由于解聘物业管理公司属于业主共同决定事项中的第 4 项，即选聘和解聘物业服务企业或者其他管理人，故必须经过专有部分占建筑物总面积过半数的业主且占总人数过半数的业主同意。另一方面，在合同期内解聘或更换物业公司，必须符合法律规定或物业服务合同约定，比如物业公司未能按照合同约定提供物业服务，否则业主解聘或更换物业公司属于单方违约，需要赔偿物业公司损失。

103. 业主搭建违章建筑影响其他业主，应该怎么办？

根据《民法典》第 286 条的规定，业主应当遵守法律、法规以及管理规约。第 2 款规定，业主大会或者业主委员会，对任意弃置垃圾、排放污染物或者噪声、违反规定饲养动物、违章搭建、侵占通道、拒付物业费等损害他人合法权益的行为，有权依照法律、法规以及管理规约，请求行为人停止侵害、排除妨碍、消除危险、恢复原状、赔偿损失。行为人拒不履行相关义务的，有关当事人可以向有关行政主管部门投诉，有关行政主管部门应当依法处理。因此，对于搭建违章建筑等部分业主损害其他业主合法权益的行为，受害方可以选择的维权方式有：(1)要求违法业主拆除违建，恢复原状。(2)通过业主大会、业主委员会要求侵害人拆除违建、排除妨碍。(3)向有关行政机关投诉，请行政机关依法查处。(4)依据《民事诉讼法》等法律的规定，向人民法院提起诉讼。

104. 业主拒交物业费，物业公司怎么办？

物业费是物业公司维持正常运转的前提基础。在小区物业管理中，物业公司依照物业服务合同提供物业服务，小区业主按时缴纳物业服务费，这本是合同双方的必须履行的义务。《民法典》第 286 条规定，业主应当遵守法律、法规以及管理规约。业主大会或者业主委员会，对任意弃置垃圾、排放污染物或者噪声、违反规定饲养动物、违章搭建、侵占通道、拒付物业费等损害他人合法权益的行为，有权依照法律、法规以及管理规约,请求行为人停止侵害、排除妨碍、消除危险、恢复原状、赔偿损失。行为人拒不履行相关义务的,有关当事人可以向有关行政主管部门投诉,有关行政主管部门应当依法处理。业主不交物业费,不仅损害了物业公司的合法权益,影响到物业公司的正常运转,也损害其他业主的权益。对此,物业公司一是可以向业主进行催缴;二是可通过业主大会或业主委员会要求业主及时补缴;三是向法院起诉业主,要求业主缴纳物业费并赔偿相应损失。

现实中,有的业主并不是故意拒交物业费,而是认为物业公司服务不好而拒交物业费,这种行为也是不可取的。如果业主认为物业公司服务不好,可以提出意见建议要求物业公司改进,甚至通过召开业主大会由全体业主决定上是否解聘或更换物业公司。

105. 小区哪些事项需要全体业主共同决定?

俗话说,“小区是咱家,治理靠大家”。业主对共有部分享有权利也承担义务。根据《民法典》第 278 条的规定,下列 9 类重大事项由业主共同决定:(1)制定和修改业主大会议事规则;(2)制定和修改管理规约;(3)选举业主委员会或者更换业主委员会成员;(4)选聘和解聘物业服务企业或者其他管理人;(5)使用建筑物及其附属设施的维修资金;(6)筹集建筑物及其附属设施的维修资金;(7)改建、重建建筑物及其附属设施;(8)改变共有部分的用途或者利用共有部分从事经营活动;(9)有关共有和共同管理权利的其他重大事项。

当然,共同决定并不是要求全体业主一致同意,而是需要符合两个要求:一是参与表决人数要求。应当由专有部分面积占比 2/3 以上的业主且人数占比 2/3 以上的业主参与表决。二是表决同意人数要求。决定前款第 6 项至第 8 项规定的事项,应当经参与表决专有部分面积 3/4 以上的业主且参与表决人数 3/4 以上的业主同意。决定前款其他事项,应当经参与表决专有部分面积过半数的业主且参与表决人数过半数的业主同意。

106. 对于业主大会或业委会的决定,业主可以不遵守吗?

不可以。为了更好管理小区,小区业主可以依照法律、规定的设立业主大会,选举业主委员会。合法产生的业主大会和业主委员会拥有管理小区的相应权利。

根据《民法典》第280条的规定,业主大会或者业主委员会的决定,对业主具有法律约束力。因此,业主对于业主大会和业委会的决定,必须遵守。当然,如果认为业主大会或者业主委员会作出的决定侵害业主合法权益的,受侵害的业主可以请求人民法院予以撤销。

第七章　相邻关系

107. 什么是相邻关系? 应该如何处理相邻关系?

不动产相邻关系,是指两个或两个以上相互毗邻不动产的所有人或使用人,在行使占有、使用、收益、处分权利时发生的权利义务关系。根据《民法典》第288条的规定,不动产的相邻权利人应当按照有利生产、方便生活、团结互助、公平合理的原则,正确处理相邻关系。也就是说,所有人或使用人在占有、使用、收益、处分权利时,要照顾到相邻权利人的合法权益,不能损人利己。发生矛盾的,应当按照有利生产、方便生活、团结互助、公平合理的原则来处理。法律法规有相关规定的依照其规定来处理,法律没有规定的,可以按照当地习惯来处理。

108. 邻居擅自改变自然流水方向影响取水,该怎么办?

根据《民法典》第290条的规定,不动产权利人应当为相邻权利人用水、排水提供必要的便利。该条第2款规定,对自然流水的利用,应当在不动产的相邻权利人之间合理分配。对自然流水的排放,应当尊重自然流向。在相邻排水用水关系中,双方当事人应按照由高到低、由近到远的原则,保持水的自然流向,合理分配和使用。任何一方不得擅自堵截流水,影响他方用水或排水。在水源充足时,低地段的相邻人不得堵水截流,使水倒流,影响高地段的正常排水。当水流不足时,高地段的相邻人不得独自控制水源,断绝低地段用水。否则,他方有权要求拆除堵水障碍和赔偿损失。相邻一方如有正当理由必须改变水的自然流向而影响他人利益时,应先征求对方同意,并适当赔偿由此而造成的损失。一方擅自改变自然流向,影响他人取水的,受影响一方有权请求排除妨碍,造成损失的,有权要求赔偿。

109. 房主需要在邻居建筑物下安设管道,邻居不同意怎么办?

根据《民法典》第 292 条的规定,不动产权利人因建造、修缮建筑物以及铺设电线、电缆、水管、暖气和燃气管线等必须利用相邻土地、建筑物的,该土地、建筑物的权利人应当提供必要的便利。对于不经过邻居的土地不能安设管道,而此管道又为土地权利人所必需的,该土地权利人有权通过邻居土地的上下进行安装,邻居也有义务提供必要的便利。但是房主应该选择损害最小的方法安装,如果造成损害的,应该支付赔偿。如果邻居拒绝配合,房主可依法向法院提起相邻权诉讼,以维护自己的合法权益。

110. 邻居扩建阳台影响了自家的采光、通风怎么办?

通风、采光和日照是衡量一个人居住质量的重要标准之一。为了充分保护公民通风、采光和日照的居住环境,《民法典》第 293 条规定,建造建筑物,不得违反国家有关工程建设标准,妨碍相邻建筑物的通风、采光和日照。因此,邻居扩建阳台影响他人通风、采光的,可向其进行交涉,要求其停止侵权、排除妨碍,也可向行政机关投诉,请求依法处理,当然也可以向法院提起相邻权诉讼,维护自己的合法权益。

第八章　共　　有

111. 什么是共有？按份共有与共同共有的区别是什么？

共有是指两个及以上权利人对同一动产或不动产共同拥有所有权。对于共有的分类，根据《民法典》第 297～299 条的规定，不动产或者动产可以由两个以上组织、个人共有。共有包括按份共有和共同共有。二者的区别在于，按份共有人对共有的不动产或者动产按照其份额享有所有权比如甲乙两人按 4∶6 的资金比例共同出资购买了一辆农用车，甲乙二人也按出资比例享有所有权。而共同共有人对共有的不动产或者动产共同享有所有权，也就是必须由各共有人一致同意才能处置共有财产。

112. 按份共有人仅能按照其份额或潜在份额使用共有物？

不是。《民法典》第 300 条的规定，共有人按照约定管理共有的不动产或者动产；没有约定或者约定不明确的，各共有人都有管理的权利和义务。因此，共有财产，无论是按份共有或者共同共有，都不是对物的某一部分享有所有权，所有权及于物的整体，在物分割之前不存在所谓的“应有部分”的说法。因此，任何一个共有人都可以使用物之整体。但是，并不排除共有人之间通过协议就物的使用作出特别的约定。

比如各共有人共有一台汽车，“及于共有物全部”就是说即使一个人只占有 10%财产份额，但也不能说他只拥有这个汽车的一个轮子，而是变价折让后 10%的价款。

113. 夫妻之间的共有财产是按份共有还是共同共有？常见的共同共有关系有哪些？

根据《民法典》第 298、299 条的规定，按份共有人对共有的不动产或者动产按照其份额享有所有权。共同共有人对共有的不动产或者动产共同享有所有权。也就是说,按份共有中各共有人必须有确定的份额,比如甲乙共同出资购买了一辆宝马,甲出资60%资金,乙出资40%资金。两人的份额是明确的。

常见的共同共有关系有三种:(1)夫妻关系(夫妻共同共有财产)。(2)家庭成员关系(家庭共同共有财产)。在我国,家庭关系不仅限于夫妻关系,还存在父母子女、祖父母、外祖父母、孙子女、外孙子女、兄弟姐妹等之间的关系。家庭共有财产就是家庭成员在家庭共同生活关系存续期间共同创造、共同所得的财产。家庭共有财产是以维持家庭成员共同生活或者生产为目的的财产,它的来源,主要是家庭成员在共同生活期间的共同劳动收入,家庭成员交给家庭的财产以及家庭成员共同积累、购置、受赠的财产。(3)共同继承关系(共同继承的财产)。这是指在继承开始以后,遗产分割以前,两个以上的继承人对之享有继承权的遗产。在分割遗产时,共同继承人应当按照法律规定的原则确定各自的份额或者按遗嘱确定各自的份额。

114. 共有人如何管理共有财产?

根据《民法典》第300条的规定,共有人按照约定管理共有的不动产或者动产;没有约定或者约定不明确的,各共有人都有管理的权利和义务。多人共有一物的,对共有物的管理是事关各共有人的大事,所以也是关于共有的法律规范中的重要内容。只有明确了各共有人之间在管理共有物方面的权利和义务关系,才能减少共有人之间发生纠纷的可能性,使共有物更大地发挥其作用和价值,为全体共有人服务。因此,如果各共有人有约定由谁负责管理则依照约定处理;如果共有人没有达成约定,则由共有人共同管理,也就是集体决定。

115. 部分共有人可否擅自处分共有财产?

根据《民法典》第301条的规定,“处分共有的不动产或者动产以及对共有的不动产或者动产作重大修缮、变更性质或者用途的，应当经占份额三分之二以上的按份共有人或者全体共同共有人同意，但是共有人之间另有约定的除外。”因此，对于共有财产的处分，如果是按份共有财产，必须经过占份额 2/3 以上的多数同意才能有效；如果是共同共有财产，则需要经过全体共有人同意才能有效。当然，如果共有人之间就处分共有财产有相关约定，比如协议规定只需要 1/2 的共有人同意就生效，则只需要依照约定来处理。

116. 夫妻一方擅自出卖共有住房，另一方该怎么办？

我国实行夫妻财产共有制，夫妻双方的财产应该由夫妻双方共同协商决定。根据《民法典》第 301 条的规定，“处分共有的不动产或者动产以及对共有的不动产或者动产作重大修缮、变更性质或者用途的，应当经占份额三分之二以上的按份共有人或者全体共同共有人同意，但是共有人之间另有约定的除外。”因此，夫妻一方未经另一方同意，擅自处分共有财产，其处分行为当然是无效的。另一方可向法院起诉，主张该处分行为无效，请求法院撤销。

117. 丈夫隐瞒妻子用共有房产抵押向别人借款，妻子需要连带偿还吗？

夫妻之间的财产是共有关系，所产生的对外债权和债务也是共有的。根据《民法典》第 307 条的规定，因共有的不动产或者动产产生的债权债务，第一，在对外关系上，共有人享有连带债权、承担连带债务。也就是说债权是夫妻共有，对外的债务也需要夫妻共同偿还。第二，如果是法律另有规定或者第三人知道共有人不具有连带债权债务关系的除外。比如甲明知张三夫妻的财产是 AA 制，各自独立，则甲对张三的债权张三的妻子就没有偿还义务。因此，虽然丈夫隐瞒妻子用共有房子抵押向别人借款，但对外仍然需要承担共同债务，需要连带偿还。除非所丈夫所借之款不是用于家庭生活，比如用于赌博等违法犯罪，则妻子无须连带偿还。

118. 按份共有的财产所产生的债务，所有按份共有人需要连带偿还吗？

根据《民法典》第 307 条的规定，因共有的不动产或者动产产生的债权债务，在对外关系上，共有人享有连带债权、承担连带债务，但是法律另有规定或者第三人知道共有人不具有连带债权债务关系的除外；在共有人内部关系上，除共有人另有约定外，按份共有人按照份额享有债权、承担债务，共同共有人共同享有债权、承担债务。偿还债务超过自己应当承担份额的按份共有人，有权向其他共有人追偿。因此，一般来说，按份共有的财产所产生的债务，所有按份共有人对外需要承担连带偿还责任，但对内则按份承担责任。比如，甲、乙、丙三人以 5∶3∶2 的比例按份共有的厂房抵押给银行借了 1000 万元，后来资不抵债，欠下银行 600 万元，则银行既可以单独向甲要求偿还 600 万元，也可以向乙或丙单独要求偿还 600 万元。当然，任何一个人多偿还了债务，都可以向其他人要求追偿超过其份额的债务。

119. 共有人之间如何分担共有财产管理费用？

根据《民法典》第 302 条的规定，共有人对共有物的管理费用以及其他负担，有约定的，按照其约定；没有约定或者约定不明确的，按份共有人按照其份额负担，共同共有人共同负担。共有人对共有财产遵循的是收益共享、费用共担的原则。对于共有财产管理费用的分担方式，一是按双方约定的方式分担。比如甲乙约定共有财产费用由甲一人全部负担，这种约定是有效的。二是如果没有约定，或者约定不明确，那么，按份共有财产按共有人的份额分担。而共同共有财产，就由全体共有人共同分担，一般也就是平均分担。

120. 共有财产被他人侵害，共有人该如何要求赔偿？

共有人的债权债务关系在对外人和共有人之间有所不同。根据《民法典》第307条的规定，因共有的不动产或者动产产生的债权债务，在对外关系上，共有人享有连带债权、承担连带债务，但是法律另有规定或者第三人知道共有人不具有连带债权债务关系的除外；在共有人内部关系上，除共有人另有约定外，按份共有人按照份额享有债权、承担债务，共同共有人共同享有债权、承担债务。偿还债务超过自己应当承担份额的按份共有人，有权向其他共有人追偿。因此，当第三人侵害共有物时，第三人对所有的共有人承担连带债务，即每个共有人既可单独也可联合部分或一起向第三人请求赔偿损失。获得赔偿后，共有人内部再按照份额比例将所得赔偿分配给其余共有人。例如，甲乙丙合伙买一辆卡车从事长途汽车运输，丁将该汽车的轮胎扎破，致1000元损失，甲得知后立即以自己名义请求丁赔偿1000元损失，丁即刻清偿。甲拿到1000元后应依份额比例分给乙丙二人。

121. 按份共有人想转让其份额，其他共有人有优先购买权吗？

在同等条件下享有优先购买权。根据《民法典》第306条的规定：按份共有人转让其享有的共有的不动产或者动产份额的，应当将转让条件及时通知其他共有人。其他共有人应当在合理期限内行使优先购买权。两个以上其他共有人主张行使优先购买权的，协商确定各自的购买比例；协商不成的，按照转让时各自的共有份额比例行使优先购买权。比如，甲乙丙各占一共有财产的20%、30%和50%。甲想对外转让其份额，甲必须首先告知乙和丙。乙和丙在同等条件下可以优先购买，也就是说如果乙和丙也想买甲的份额，甲就不能转让给其他人。而如果乙和丙都想购买其份额怎么办呢？两人可以先协商，如果协商不成，则按各自的份额比例来行使优先购买权，即乙可购买甲份额的 7.5%;丙可购买甲份额的 12.5%。

122. 共有人可以要求分割共有财产吗？有什么条件？

可以。根据《民法典》第 303 条的规定,共有人约定不得分割共有的不动产或者动产,以维持共有关系的,应当按照约定,但是共有人有重大理由需要分割的,可以请求分割;没有约定或者约定不明确的,按份共有人可以随时请求分割,共同共有人在共有的基础丧失或者有重大理由需要分割时可以请求分割。因分割造成其他共有人损害的,应当给予赔偿。因此,共有人可以要求分割共有财产,只不过按份共有和共同共有分割的条件要求不同。一是对于按份共有财产,如果有约定不得分割的,则必须有重大理由才能要求分割。比如甲乙约定不分割共有财产,但甲突然患上了重病继续分割财产加以变卖,这就属于有重大理由。如果没有约定的,则各共有人都可以随时要求分割。二是对于共同共有人,比如家庭成员和夫妻之间,如果有约定也依照约定处理。如果没有约定,则需要存在分割的条件,要么是共有基础丧失,比如夫妻离婚;要么是有重大理由比如突发疾病等。

123. 共有财产怎么分割？如果无法分割怎么办？

共有财产既有不动产也有动产,有的好分割,有的不好分割。根据《民法典》第 304 条的规定:共有人可以协商确定分割方式。达不成协议,共有的不动产或者动产可以分割并且不会因分割减损价值的,应当对实物予以分割;难以分割或者因分割会减损价值的,应当对折价或者拍卖、变卖取得的价款予以分割。

该条第 2 款还规定,共有人分割所得的不动产或者动产有瑕疵的,其他共有人应当分担损失。因此,对于共有财产的分割,共有人首先可以友好协商解决。如果实在无法达成协议,有两种分割方式:一是实物分割,前提是这实物可以分割。比如一吨大米,可以分割。而一辆车就无法分割，你不能分割成发动机和车轮子。二是价款分割。对于无法分割的或因分割会减损价值的，比如一辆汽车，就可将其折价或变卖，然后再对价款进行分割。总之，分割的方式以不减损价值为前提，否则对各共有人都是有害而无利。

124. 对共有财产分不清是按份共有还是共同共有，该怎么办？

根据《民法典》第308条的规定，共有人对共有的不动产或者动产没有约定为按份共有或者共同共有，或者约定不明确的，除共有人具有家庭关系等外，视为按份共有。也就是说，要确定共有财产是按份共有还是共同共有很简单，首先看共有人有没有约定，如果有约定则不存在分不清的问题。就按约定处理。如果没有约定，只要不是家庭关系如兄妹关系、夫妻关系，就属于按份共有。因为一般情况下，只有在家庭关系中才经常存在共同共有财产。比如甲乙共有的财产，如果甲乙之间不是家庭关系，且没有约定财产性质，那就视为按份共有。

125. 按份共有人对共有份额不明时，该怎么办？

根据《民法典》第309条的规定，按份共有人对共有的不动产或者动产享有的份额，没有约定或者约定不明确的，按照出资额确定；不能确定出资额的，视为等额享有。一般情况下，按份共有人对共有财产的份额约定是明确的。如果不明确的，按出资额多少确定相应份额，比如甲乙对共有物没有约定份额，但甲乙分别出资40%和60%，则甲乙的份额也就是各占40%和60%份额；而如果出资额也不确定，那也很简单，就视为同等份额，即各占50%。这样不仅易于操作，且能简化当事人之间的法律关系，符合社会生活中最基本的公平正义。

第九章　所有权取得的特别规定

126. 什么是善意取得制度？不动产适用善意取得制度吗？

善意取得制度，是指无权处分人将其财产有偿转让给第三人，如果受让人取得该财产时出于善意，则受让人将依法即时取得对该物产的所有权的一种法律制度，善意取得制度适用于动产、不动产，其目的是维护市场交易的确定性。根据《民法典》第311条的规定，无处分权人将不动产或者动产转让给受让人的，所有权人有权追回；除法律另有规定外，符合下列情形的，受让人取得该不动产或者动产的所有权：(1)受让人受让该不动产或者动产时是善意的；(2)以合理的价格转让；(3)转让的不动产或者动产依照法律规定应当登记的已经登记，不需要登记的已经交付给受让人。此条规定的就是善意取得制度，无论是动产还是不动产，只要符合以上三个条件，均适用善意取得制度。例如，甲将本属于甲乙两人共有的房子，擅自以市场价转让给了不知情的丙，并办理了不动产过户登记手续，此时的丙因有偿转让而善意取得了该房子的所有权。乙虽然对甲丙之间的转让并不知情，但此时的乙已经无权向丙追回该房子，乙只能向甲要求赔偿。

127. 保管人擅自将货物出卖给不知情的第三人，可以向第三人追回吗？

根据《民法典》第311条的规定，无处分权人将不动产或者动产转让给受让人的，所有权人有权追回；除法律另有规定外，符合下列情形的，受让人取得该不动产或者动产的所有权：(1)受让人受让该不动产或者动产时是善意的；(2)以合理的价格转让；(3)转让的不动产或者动产依照法律规定应当登记的已经登记，不需要登记的已经交付给受让人。

因此,能否向第三人追回要根据具体情况而定:第一,如果第三人不知情,且以合理的价格从保管人手中购买的,并且已经完成了货物交付,那么第三人善意取得该货物的所有权,保管人无法向第三人追回。第二,如果第三人虽然不知情,但价格明显不合理,那么也不适用善意取得,原所有权人可以追回。第三,如果货物还没有交付,即使第三人已经付了款,也可以要求停止交付,予以追回。当然,即使无法追回货物,也不意味着无法获得救济。原所有权人还可以向无处分权人请求损害赔偿。

128. 遗失的物品还能追回吗?

有权追回遗失物。根据《民法典》第 312 条的规定,所有权人或者其他权利人有权追回遗失物。该遗失物通过转让被他人占有的,权利人有权向无处分权人请求损害赔偿,或者自知道或者应当知道受让人之日起 2 年内向受让人请求返还原物;但是,受让人通过拍卖或者向具有经营资格的经营者购得该遗失物的,权利人请求返还原物时应当支付受让人所付的费用。权利人向受让人支付所付费用后,有权向无处分权人追偿。因此,失主追回丢失物品是有条件的,必须在自知道或应当知道受让人起 2 年内,并且要向受让人支付受让人购买丢失物品所付费用后,方可以向受让人请求返还原物。因此,并不是所有遗失的物品都是可以追回的,如果发现遗失物辗转多次后到他人之手,应尽快支付费用追回丢失物,以避免第三人善意取得。

另外,根据《民法典》第 318 条的规定,遗失物自发布招领公告之日起 1 年内无人认领的,归国家所有。因此,一旦遗失物品,必须尽快找寻。

129. 拾得人是否可以私吞遗失物?

不可以。拾金不昧是中华民族的优良美德,是一个人高尚道德情操的体现。在我国,拾得遗失物并返还给失主,在当代仍是我们必须坚持并坚持弘扬的高尚品德。遗失物对失主而言,并非失主故意抛弃的物品,而是失主丢失的物品,失主并未丧失对遗失物的所有权。根据《民法典》第 314 条的规定,拾得遗失物,应当返还权利人。拾得人应当及时通知权利人领取,或者送交公安等有关部门。需要注意的是,这里强调的是应当返还,而不是可以返还。也就是说必须无理由归还,不能私吞。而且拾得人还应当尽可能地及时通知权利人,不能故意拖延返还,应当妥善保管遗失物。如果因故意或者重大过失致使遗失物毁损、灭失的,应当承担民事责任。如果拾得人不知道真正权利人,则应及时送交公安机关。

130. 失主领取遗失物时是否应该支付相关费用?

应该。根据《民法典》第 317 条的规定,权利人领取遗失物时,应当向拾得人或者有关部门支付保管遗失物等支出的必要费用。例如,失主的宠物小狗丢失,拾得人买宠物粮食饲养小狗,并在宠物医院为其看病花去 100 元,那么失主在领取该小狗时,应当向拾得人支付保管费、医疗费、交通费、误工费等费用。拾得人也有权要求失主支付相关费用。当然,如果拾得人侵占遗失物的,比如张三捡到了李四的狗,想占为己有,没有及时通知李四来领取,后来李四知道了要求张三归还,则张三无权请求保管遗失物等支出的费用,也无权请求权利人按照承诺履行义务。

131. 失主领取遗失物时是否应按照悬赏广告的承诺支付奖金?

应该。根据《民法典》第 317 条第 2 款的规定,权利人悬赏寻找遗失物的,领取遗失物时应当按照承诺履行义务。俗话说一诺千金,如果权利人在悬赏广告中承诺了,若找回遗失物就要支付高额奖金,那么应该按照悬赏广告的承诺,向拾得人支付奖金。如果拒绝,拾得者可依法提起诉讼。

132. 在自家宅基地挖出的字画归谁所有？

在自家宅基地挖出的字画，应属于埋藏物。关于埋藏物的权属问题，根据《民法典》第 319 条的规定，拾得漂流物、发现埋藏物或者隐藏物的，参照适用拾得遗失物的有关规定。法律另有规定的，依照其规定。因此，发现埋藏物的，应参照遗失物的规定返还权利人或者送交有关部门。可视情况分别处理：一是能够判定埋藏人，且埋藏物不易为他人发现，发现人可以不挖取埋藏物，并将埋藏物继续掩埋好，且将发现情况告知埋藏人。二是能够判定埋藏人，且埋藏物易为他人发现，发现人可依前种情形处理，也可以将埋藏物挖出，交还埋藏人。三是不能判定埋藏人，且埋藏物不易为他人发现，发现人可以不挖取埋藏物，并将埋藏物继续掩埋好。发现人可以将发现情况告知有关单位或者公安机关。四是不能判定埋藏人，且埋藏物易为他人发现，发现人可依前种情形处理，也可以挖取埋藏物，按拾得不知遗失物丢失人的遗失物的办法处理。发现人发现的埋藏物倘若是文物，应依《文物保护法》处理。

第十章　用 益 物 权

133. 什么是用益物权？用益物权仅对不动产而言吗？

用益物权是人类在社会实践中，为解决物质资料的所有与需求之间的矛盾而产生发展起来的，是所有权与其权能相分离的必然结果。根据《民法典》第 323 条的规定，用益物权人对他人所有的不动产或者动产，依法享有占有、使用和收益的权利。由此可见，用益物权是不仅针对不动产而言，也包括对动产因占有、使用、收益发生的权利。用益物权的设立适应了商品经济要求扩大所有权、扩展财产使用价值的需求，对于满足当事人的需求、充分发挥物质资料的效能、促进社会经济的发展，无不具有重要的作用。与所有权、担保物权相比，用益物权具有以下特征：

（1）用益物权以对标的物的使用、收益为主要内容，即注重对物的使用价值，并以对物的占有为前提。这区别于担保物权注重物的交换价值的特点。

（2）用益物权除地役权外，均为主物权；担保物权为从物权。

（3）用益物权虽然也可以在动产上设立，但是从用益物权的具体类型来看，用益物权主要以不动产为客体，这主要是便于通过登记公示。

（4）用益物权是直接支配他人的物的权利。用益物权人可以直接支配标的物，不需要他人行为的介入。

134.《民法典》中规定了哪几种用益物权？

用益物权是对他人所有的物为使用、收益的目的而设立的物权。《民法典》规定了以下 5 种典型的用益物权类型：土地承包经营权、建设用地使用权、宅基地使用权、居住权、地役权。另外，探矿权、采矿权、取水权和使用水域、滩涂从事养殖、捕捞的权利也属于用益物权。

135. 土地被征用，该土地的用益物权人是否有权获得赔偿？

用益物权是对他人所有的物享有占有、使用和收益的权利人，虽然不是物的所有权人，但也是具有独立物权地位的权利人。在他人的不动产或者动产被征收、征用，致使所有权消灭或者影响所有权行使的，应当依法给予所有权人补偿。同时，因他人的不动产或者动产被征收、征用致使用益物权消灭或者影响用益物权行使的，用益物权人也有权依法获得相应的补偿。根据《民法典》第 338 条的规定，承包地被征收的，土地承包经营权人有权获得相应补偿。依据《民法典》第

243 条的规定，为了公共利益的需要，依照法律规定的权限和程序可以征收集体所有的土地和组织、个人的房屋以及其他不动产。征收集体所有的土地，应当依法及时足额支付土地补偿费、安置补助费以及农村村民住宅、其他地上附着物和青苗等的补偿费用，并安排被征地农民的社会保障费用，保障被征地农民的生活，维护被征地农民的合法权益。征收组织、个人的房屋以及其他不动产，应当依法给予征收补偿，维护被征收人的合法权益；征收个人住宅的，还应当保障被征收人的居住条件。

因此，土地被征用，该土地的用益物权人有权获得相应的补偿。

第十一章　土地承包经营权

136. 土地承包期为多长？

不同的土地类型，土地承包期也不同。根据《民法典》第 332 条的规定，耕地的承包期为 30 年，草地的承包期为 30 年至 50 年，林地的承包期为 30 年至 70 年。前款规定的承包期限届满，由土地承包经营权人依照农村土地承包的法律规定继续承包。党的十九大报告提出“保持土地承包关系稳定并长久不变，第二轮土地承包到期后再延长 30 年”，意味着农村土地承包制度长期不变，对稳定农业发展、解决三农问题有长期意义。土地承包期的长期稳定，让农民对土地产权有了明确的预期，有助于形成农村土地市场。尤其在经济发达地区，农民对土地价值的认识更高，那么，他们通过土地流转获得的回报往往更高。对于农业企业来说，他们也会更放心大胆地与农民交易。

137. 土地承包经营权可以用于哪些领域？

根据《民法典》第 331 条规定，土地承包经营权人依法对其承包经营的耕地、林地、草地等享有占有、使用和收益的权利，有权从事种植业、林业、畜牧业等农业生产。也就是说,土地承包经营权是规定于农业生产领域的权利,其主要目的是支持鼓励农民积极从事农业生产有关的农事活动,与农业生产无关的事项是不受该项权利保护的。之所以如此考虑,是因为目前我国相对于发达国家而言,有着特殊的国情,我国人口众多但农业基础相对薄弱,若不能保重农事生产活动有序、稳固发展,会影响社会发展进程。故而国家支持并积极鼓励从事农业生产的诸多活动,以刺激农村经济、繁荣农业生产,夯实农业基础。

138. 土地承包期满,是否可以延长?

可以。根据《民法典》第 332 条的规定,承包期限届满,由土地承包经营权人依照农村土地承包的法律规定继续承包。说到底,土地承包本质是合同,合同关系尊重双方意思自治,虽然在我国土地承包经营权有其特殊性,但置于合同关系中并同时考虑我国农村的现状及特点,若承包方依旧有意愿承包土地开展农事活动,我国法律尊重这种选择并十分鼓励。于是规定,若耕地的承包期满 30 年期限的、草地的承包期满 30 年至 50 年期限的、林地的承包期满 30 年至 70 年期限的,均可以继续承包。这也是体现了支持鼓励土地流转、发挥土地的最大优势资源,进而提高农民收入的考虑。

139. 没有土地承包经营权证书就没有承包经营权吗?

在现实的土地承包过程中,经常发生土地承包经营权证书发放不到位的情形。土地承包经营权证书没有发放到手是否影响承包人取得承包权呢?根据《民法典》第 333 条的规定,土地承包经营权自土地承包经营权合同生效时设立。根据该条款,承包方与发包方签订土地承包合同后,土地承包经营权就设立了。《土地承包法》也可以验证这一点,其第 23 条规定,承包合同自成立之日起生效。承包方自承包合同生效时取得土地承包经营权。而县级以上地方人民政府依法向土地承包人发放土地承包经营权证书，只是对土地承包经营权的确认。土地承包经营权证书，是确认承包方享受土地承包经营权的法律凭证，是调节、仲裁和审理土地承包经营权纠纷的证据。因此，没有土地承包经营权证书并不必然没有土地承包经营权。

140. 土地承包经营权可以通过入股获得收益吗？

可以。根据《民法典》第339条的规定，土地承包经营权人可以自主决定依法采取出租、入股或者其他方式向他人流转土地经营权。一方面，我国是世界上为数不多的实行“三权分置”政策的国家，党中央十分重视充分保障农民土地承包权益，在《中共中央　国务院关于保持土地承包关系稳定并长久不变的意见》一文中，特别强调了“充分维护农户承包地的各项权能，完善土地经营权流转市场，健全土地流转规范管理制度，探索更多放活土地经营权的有效途径”。由此可见，国家是鼓励土地承包经营权以多种方式进行流转的。另一方面，结合我国具体的实际，我国农村人口众多，允许土地承包经营权人可以采取多种方式流转土地经营权，不仅可以充分利用土地资源，使资源流传便利。同时，还可以通过赋予权利人更多的权利，实现助力农民提高收入、实现收入多样化的目标，真正切实贯彻落实党的十九大报告中强调的“充分保障农民土地承包权益，进一步完善农村土地承包经营制度，推进实施乡村振兴战略”的重要目标。

141. 土地承包人承包获得的收益归谁？

归承包人所有。根据《民法典》第340条的规定，土地经营权人有权在合同约定的期限内占有农村土地，自主开展农业生产经营并取得收益。承包人虽不享有承包地的所有权，却享有使用权、收益权。这也是土地承包经营权作为用益物权的特点之一。不仅如此，承包人还可以在承包期内根据自己的意愿，自主地开展农业生产经营，并依法有获得其收益的权利。这样的权利义务关系,本质也体现了物权法中用益物权的权利特质。

142. 土地承包经营权流转需要遵循哪些条件?

根据《民法典》第 334 条的规定,土地承包经营权人依照法律规定,有权将土地承包经营权互换、转让。未经依法批准,不得将承包地用于非农建设。结合相关法律规定可知,土地承包经营权流转需要满足以下条件:(1)不得改变土地所有权性质和土地的农业用途;(2)流转的期限不得超过承包期的剩余期限;(3)受让方须有农业经营能力;(4)同等条件下,本集体经济组织成员享有优先权。

143. 土地承包经营权转让的,是否必须登记?

根据《民法典》第 335 条的规定,土地承包经营权互换、转让的,当事人可以向登记机构申请登记;未经登记,不得对抗善意第三人。当事人签订土地承包经营权的转让合同,并经发包人备案或者同意后,该转让行为在当事人双方之间发生法律效力,不强制要求当事人登记。但是,如果当事人不登记,则不能对抗善意第三人。例如,甲将其土地承包经营权转让于乙,并未办理登记。后甲又将该土地承包经营权转让给了丙,并办理了登记。由于甲乙之间的转让并未登记,故不能对抗善意不知情的丙,故丙取得土地承包经营权,而乙不能取得土地承包经营权。

144. 土地承包期内是否可以调整承包地?

根据《民法典》第 336 条的规定,承包期内发包人不得调整承包地。该条第 2 款规定,因自然灾害严重毁损承包地等特殊情形,需要适当调整承包的耕地和草地的,应当依照农村土地承包的法律规定办理。由此可见,出于公平原则的考量,法律倾向于土地承包期内承包合同关系长期稳定,发包人不得调整承包地。因为随意调整承包地,显然对承包方并不公平。但是,因自然灾害等不可抗力(不能避免、不能预见、不能克服的客观情况)造成的严重损毁等特殊情形而进行的调整受法律保护。

145. 土地承包期内是否可以收回承包地?

根据《民法典》第337条的规定,承包期内发包人不得收回承包地。法律另有规定的,依照其规定。土地承包就其本质而言,承包方与发包方是合同关系,承包人承包发包人的土地进行农业有关的建设活动,发包人因承包人承包其土地,以此获得收益。党的"十九大"提出,"保持土地承包关系稳定并长久不变,第二轮土地承包到期后再延长三十年"。在我国,保持土地承包关系稳定并长久不变,对农村土地政策的继承和发展,意义重大、影响深远。在《中共中央　国务院关于保持土地承包关系稳定并长久不变的意见》中特别指出,保持土地承包关系稳定并长久不变,不仅有利于巩固和完善农村基本经营制度、有利于促进中国特色现代农业发展、有利于推动实施乡村振兴战略,更有利于保持农村社会和谐稳定。

第十二章　建设用地使用权

146. 国家所有土地的地上、地下可以设定建设用地使用权吗?

可以。根据《民法典》第345条的规定,建设用地使用权可以在土地的地表、地上或者地下分别设立。在我国,国家在出让建设用地使用权时,只要对建筑物的四至、高度、建筑面积和深度作出明确的约定,那么该建筑物占用的空间范围是可以确定的。在分层出让建设用地使用权时,不同层次的权利人是按照同样的规定取得土地使用权的,在法律上他们的权利和义务是相同的,只不过其使用权所占用的空间范围有所区别。

147. 建设用地使用权有哪些出让方式?

根据《民法典》第347条的规定,设立建设用地使用权的,可以采取出让或划拨等方式。在我国,建设用地使用权的出让方式主要有:有偿出让与无偿划拨。实践中协议、招标、拍卖、挂牌四种出让形式均为有偿出让建设用地使用权的方式。协议出让国有建设用地使用权,是指市、县人民政府国土资源行政主管部门代表国家作为出让方,与土地使用人按照平等、自愿、有偿的原则协商一致后,签订建设用地使用权出让合同的行为。招标出让国有建设用地使用权,是指市、县人民政府国土资源行政主管部门发布招标公告,邀请特定或者不特定的自然人、法人和其他组织参加国有建设用地使用权招标,根据投标结果确定国有建设用地使用权人的行为。拍卖出让国有建设用地使用权,是指出让人发布拍卖公告,由竞买人在指定时间、地点进行公开竞价,根据出价结果确定国有建设用地使用权人的行为。挂牌出让国有建设用地使用权,是指出让人发布挂牌公告,按公告规定的期限将拟出让宗地的交易条件在制定的土地交易场所挂牌公布,接受竞买人的报价申请并更新挂牌价格,根据挂牌期限截止时的出价结果或者现场竞价结果确定国有土地使用权人的行为。

148. 开发商品房可以通过划拨方式取得建设用地使用权吗?

不可以。根据《民法典》第347条第2款的规定,工业、商业、旅游、娱乐和商品住宅等经营性用地以及同一土地有两个以上意向用地者的,应当采取招标、拍卖等公开竞价的方式出让。《土地管理法》第54条规定,只有以下四种用地可以以划拨方式取得:(1)国家机关用地和军事用地;(2)城市基础设施用地和公益事业用地;(3)国家重点扶持的能源、交通、水利等基础设施用地;(4)法律、行政法规规定的其他用地。因此，开发商品房要取得建设用地使用权，不能通过无偿划拨方式，必须通过有偿出让方式取得。从《民法典》的规定来看，凡是经营性用地，用于经营事业赚取利润的，都应该通过有偿出让方式取得，应向出让人支付一定的出让金。

149. 什么情况下应当采取书面形式订立建设用地使用权出让合同？

根据《民法典》第 348 条的规定，采取招标、拍卖、协议等出让方式设立建设用地使用权的，当事人应当采用书面形式订立建设用地使用权出让合同。招标、拍卖、协议出让方式建立建设用地使用权的，本质涉及物权变动。订立书面合同可以更好地为日后可能产生的纠纷提供依据，有利于双方达成合意。同时，为了真正起到日后定分止争的作用，往往在合同中也要就日后可能发生的纠纷解决办法进行明确规定。

150. 何种情形适宜采用招标、拍卖、协议等出让方式设立建设用地使用权？

根据《民法典》第 347 条的规定，设立建设用地使用权，可以采取出让或者划拨等方式。该条第 2 款规定，工业、商业、旅游、娱乐和商品住宅等经营性用地以及同一土地有两个以上意向用地者的，应当采取招标、拍卖等公开竞价的方式出让。严格限制以划拨方式设立建设用地使用权。由此可见，我国虽然规定，可以通过出让或划拨形式出让土地，但除了国家机关用地和军事用地；城市基础设施用地和公益事业用地；国家重点扶持的能源、交通、水利等基础设施用地以及法律、行政法规规定的其他用地四种用地外，针对经营性用地及对同一标的存在两个以上意向用地者的情形，都应采取招标、拍卖、协议等方式设立建设用地使用权。

151. 建设用地使用权出让合同应包括哪些条款?

根据《民法典》第348条第2款规定,建设用地使用权出让合同一般包括下列条款:(1)当事人的名称和住所;(2)土地界址、面积等;(3)建筑物、构筑物及其附属设施占用的空间;(4)土地用途、规划条件;(5)建设用地使用期限;(6)出让金等费用及其支付方式;(7)解决争议的方法。

152. 建设用地使用权何时生效?

我国对不动产物权登记原则上采取的是登记要件模式,即登记为物权生效的法定要件。根据《民法典》第349条的规定,设立建设用地使用权的,应当向登记机构申请建设用地使用权登记。因此,建设用地使用权作为不动产用益物权的一种,其设立也应以登记为要件,即设立建设用地使用权自登记时生效。只有进行了设立登记,将设立内容登记在不动产物权登记簿上,才能成为建设用地使用权人,才能享有占有、使用、收益的排他性权利。

153. 建设用地使用权证书有什么用途?

建设用地使用权证书是证明证书持有人是建设用地使用权人的一种凭证,并非建设用地使用权人取得建设用地使用权的生效条件。根据《民法典》第349条推动,设立建设用地使用权的,应当向登记机构申请建设用地使用权登记。建设用地使用权自登记时设立。登记机构应当向建设用地使用权人发放权属证书。建设用地使用权经登记生效,未发放建设用地使用权证书,经登记的建设用地使用权仍有效。

154. 建设用地使用权人是否可以随意变更土地用途?

不可以。根据《民法典》第350条的规定,建设用地使用权人应当合理利用土地，不得改变土地用途；需要改变土地用途的，应当依法经有关行政主管部门批准。由此可见，建设用地使用权人是不可以随意更改土地用途的。当然，土地用途也不是绝对不允许改变，如果根据客观情况确需对土地用途作出调整，法律也予以准许，只不过应当经过有关行政主管部门批准并办理相应的变更登记。

155. 建设用地使用权是否可以赠与他人？

可以且应当订立书面合同。根据《民法典》第354条的规定，建设用地使用权转让、互换、出资、赠与或者抵押的，当事人应当采用书面形式订立相应的合同。因此，建设用地使用权可以赠与他人，但应当订立书面合同，且应当向登记机构申请变更登记。建设用地的使用权赠与是一种无偿行为，受赠人可以无偿获得建设用地使用权而不需要付出任何代价，此点与出售和互换不同。赠与合同的成立，需要双方达成共识，即不仅需要赠与人愿意赠与，而且还要受赠人愿意接受。

156. 当事人是否可以自行约定处分建设用地使用权的使用期限？

不可以，当事人应当考虑建设用地使用权的剩余期限。根据《民法典》第354条的规定，建设用地使用权转让、互换、出资、赠与或者抵押的，当事人应当采用书面形式订立相应的合同。使用期限由当事人约定，但是不得超过建设用地使用权的剩余期限。由此可见，正所谓"无法律即无自由"，关于建设用地使用权的期限，我国并没有实行刻板规定，而是在充分尊重双方当事人意思自治的基础上，规定了不可以超过该建设用地使用权期限。

157. 建设用地使用权的处分方式有哪些？

根据《民法典》第353~357条的规定，转让、互换、出资、赠与、抵押均可作为处分建设用地使用权的方式。对于建设用地使用权转让、互换、出资、赠与或者抵押的，当事人应当注意以下几点：第一，应当采取书面形式订立相应的合同。使用期限由当事人约定，但不得超过建设用地使用权的剩余期限。第二，应当向登记机构申请变更登记。第三，附着于该土地上的建筑物、构筑物及其附属设施一并处分。第四，该建筑物、构筑物及其附属设施占用范围内的建设用地使用权一并处分。第五，建设用地使用权期间届满前，因公共利益需要提前收回该土地的，应当依照物权法的规定对该土地上的房屋及其他不动产给予补偿，并退还相应的出让金。

158. 处分建设用地使用权必须登记吗？

必须登记。根据《民法典》第 355 条的规定，建设用地使用权转让、互换、出资或者赠与的，应当向登记机构申请变更登记，否则转让、互换、出资或者赠与行为就不能发生法律效力。简单来说，建设用地使用权属于物权，而根据《民法典》第 209 条的规定，不动产物权的设立、变更、转让和消灭，经依法登记，发生效力；未经登记，不发生效力，但是法律另有规定的除外。依法属于国家所有的自然资源，所有权可以不登记。故而对于当事人来说，处分本质为物权的建设用地使用权应当向登记机构申请变更登记以维护自己的合法权益。

159. 建设用地使用权可以和建筑物分开流转吗？

根据《民法典》第 356 条的规定，建设用地使用权转让、互换、出资或者赠与的，附着于该土地上的建筑物、构筑物及其附属设施一并处分。另据《民法典》第 357 条的规定，建筑物、构筑物及其附属设施转让、互换、出资或者赠与的，该建筑物、构筑物及其附属设施占用范围内的建设用地使用权一并处分。由此可见，在我国确定了建筑物、构筑物及其附属设施与建设用地使用权一并流转的规则。无论是建设用地使用权流转，还是建筑物、构筑物及其附属设施流转，建设用地使用权与建筑物、构筑物及其附属设施都要一并流转。在我国，建筑物及其附着物的归属虽然具有相对独立性，但在转让中必须实行“房地一致”原则，避免出现“空中楼阁”的尴尬局面，这也是符合法律实践和社会生活的普遍常识。

160. 70 年后房子和土地归谁？

在我国，土地所有权属于国家。生活中我们购买的房产，只是拥有房屋所有权和土地使用权。但是，根据《城镇国有土地使用权出让和转让暂行条例》第 12 条的规定，住宅的土地使用权最高期限为 70 年。因此，当住宅土地使用权 70 年到期后，业主买到的房屋该怎么办呢？无期限的房屋所有权与有期限的住宅土地使用权构成了鲜明的矛盾。为了解决这个矛盾，《民法典》改变了旧的规定，根据其第 359 条第 1 款的规定：住宅建设用地使用权期限届满的，自动续期。因此，住宅占用的土地使用权到期后将自动续期，不会存在存续期间限制的问题。

第十三章　宅基地使用权

161. 宅基地使用权与建设用地使用权有何区别？

建设用地使用权是权利人对国家所有的土地享有占有、使用和收益的权利，而宅基地使用权是权利人对集体所有的土地享有的占有、使用的权利。两者的区别主要有：(1)从设定土地上看，建设用地使用权设立在国家所有的土地上，而宅基地使用权设立在集体所有的土地上；(2)从权利内容上看，建设用地使用权人可以占有、使用、收益，而宅基地权人只能占有、使用；(3)从权利人上看，建设用地使用权主体广泛，而宅基地使用权人仅限于集体组织的成员。

162. 如何取得宅基地使用权?

我国对宅基地使用权的取得的条件和程序有严格的法律规定,并不是任何人都可以取得宅基地使用权。根据《民法典》第 363 条的规定,宅基地使用权的取得、行使和转让,适用土地管理的法律和国家有关规定。而根据《土地管理法》第 62 条的规定,农村村民一户只能拥有一处宅基地,其宅基地的面积不得超过省、自治区、直辖市规定的标准。农村村民建住宅,应当符合乡(镇)土地利用总体规划,并尽量使用原有的宅基地和村内空闲地。经乡(镇)人民政府审核,由县级人民政府批准,集体组织农民即获得宅基地使用权。由此可见,农村宅基地使用权是依申请而获得的权利。

163. 村民取得农村宅基地使用权,需要办理什么手续?

根据《土地管理法》第 62 条的规定:“农村村民住宅用地,由乡(镇)人民政府审核批准;其中,涉及占用农用地的,依照本法第四十四条的规定办理审批手续。”村民想要取得农村宅基地使用权,本着“谁用地,谁申请”的原则,应当履行法定的申请和审批程序。具体可以参照以下流程进行办理:

第一步,填写农村宅基地使用权申请表,提交到村民所在的村民小组。第二步,村民组接到个人用地申请后,必须召开村民组会议或者村民代表会议讨论。村民小组讨论通过后将申请资料上报本村村民委员会。第三步,组织召开村民会议或村民代表大会讨论,通过后将申请资料上报本乡(镇)人民政府、街道办事处。第四步,乡(镇)人民政府、街道办事处接到申请资料后,对申请人新划宅基地是否符合宅基地审批条件进行审核确认并进行最后审核。

164. 宅基地使用权可否转让给城镇居民?

根据《民法典》第 363 条的规定,宅基地使用权的取得、行使和转让,适用土地管理的法律和国家有关规定。由于我国地少人多,实行最严格的土地管理制度,国家一直严禁城镇居民购买农村宅基地。对出租住房后再申请宅基地的,不予批准;对迁入城镇定居、已经办理了户口迁移的,收回他们在农村的宅基地。同时,农村村民一户只能拥有一处宅基地,面积不得超过有关标准。因此,城镇居民购买农村宅基地面临着极大的法律风险。

165. 宅基地在哪些情况下会涉及变更土地属性?

根据《土地管理法》第 62 条的规定:“农村村民住宅用地,由乡(镇)人民政府审核批准;其中,涉及占用农用地的,依照本法第四十四条的规定办理审批手续。”《土地管理法》第 44 条规定:“建设占用土地,涉及农用地转为建设用地的,应当办理农用地转用审批手续。永久基本农田转为建设用地的,由国务院批准。在土地利用总体规划确定的城市和村庄、集镇建设用地规模范围内,为实施该规划而将永久基本农田以外的农用地转为建设用地的,按土地利用年度计划分批次按照国务院规定由原批准土地利用总体规划的机关或者其授权的机关批准。在已批准的农用地转用范围内,具体建设项目用地可以由市、县人民政府批准。在土地利用总体规划确定的城市和村庄、集镇建设用地规模范围外,将永久基本农田以外的农用地转为建设用地的,由国务院或者国务院授权的省、自治区、直辖市人民政府批准。”

166. 宅基地使用权是否可以申请重新分配?

可以。根据《民法典》第 364 条的规定,宅基地因自然灾害等原因灭失的,宅基地使用权消灭。对失去宅基地的村民,应当重新分配宅基地。由此可见,申请重新分配的理由只有一个,即宅基地因自然原因灭失,导致宅基地使用权消灭。之所以如此严格地控制宅基地使用权的获得,主要是基于对农民宅基地使用权的有效保护。

167. 宅基地使用权可否流转？若流转是否要登记？

我国农村宅基地使用权的转让是被允许的，但又有诸多的限制条件。宅基地转让必须具备以下条件：(1)经本村村民委员会同意，且最终取得乡级政府的批准；(2)转让人与受让人同为本村村民；(3)受让人无宅基地，且符合宅基地申请条件(《土地管理法》第 62 条规定："农村村民出卖、出租、赠与住宅后，再申请宅基地的，不予批准。")。

根据《民法典》第 365 条的规定："已经登记的宅基地使用权转让或者消灭的，应当及时办理变更登记或者注销登记。"由于我国广大农村地区宅基地登记制度明显滞后，对宅基地的登记没有采用"一刀切"的规定，实践中存在着大量宅基地使用权发生流转但却并未进行登记的情况。

第十四章　居　住　权

168. 什么是居住权，有什么重要意义？

居住权，是指居住权人对他人所有房屋的全部或者部分及其附属设施，所享有的占有、使用之权利。根据《民法典》第 366 条的规定，居住权人有权按照合同约定，对他人的住宅享有占有、使用的用益物权，以满足生活居住的需要。这是我国法律第一次明确"居住权"。在理解居住权时，应当把握两点：一是居住权是一项他物权，它不包括因租赁、借用而产生的居住现象，也不包括基于亲属关系形成的居住现象。二是居住权是为了特定的人设定的支配性财产权。

我国设立居住权具有重要意义，第一，完善了完善住房保障体系。可以由国家保留保障性住房的所有权，而权利人则享有房屋的居住权，从而实现房屋权属在国家与保障对象之间的分配。第二，丰富了居民住房形式。规定了居住权制度后，当事人便可以通过购买房屋的居住权而缓和“或买或租”所带来的弊端。第三，保障弱势群体基本需求，在现实中，离婚案件的弱势一方、孤寡老人等群体往往面临住房基本需求难以得到满足的困境，通过设立居住权，将从法律层面有效解决这一社会难题。

169. 居住权怎么设立？

作为一项重要的制度，我国民法典对居住权的设立进行了明确而详细的规定，根据《民法典》第 367、368 条的规定，设立居住权必须遵循以下几点：

第一，当事人应当采用书面形式订立居住权合同。居住权合同一般包括下列条款：(1) 当事人的姓名或者名称和住所；(2) 住宅的位置；(3) 居住的条件和要求；(4) 居住权期间；(5) 解决争议的方法。第二，居住权无偿设立，但是当事人另有约定的除外。第三，设立居住权的，应当向登记机构申请居住权登记。居住权自登记时设立，未经登记是无效的。

170. 设立居住权是有偿还是无偿？要不要办理登记手续？

居住权的性质、本质而决定了其应当是一种无须支付对价的无偿行为，即使居住权人在其居住期间可能需要支付给所有人一定的费用，但它必然要低于租金，否则也就无设立之必要。根据《民法典》第 368 条的规定，居住权无偿设立，但是当事人另有约定的除外。也就是说，一般情况下是无偿设立，但并不排斥当事人之间的自愿约定，如果另有约定的则依照约定。同时，设立居住权的，应当向登记机构申请居住权登记，居住权自登记时设立。此外，根据《民法典》第 370 条的规定，居住权期间届满或者居住权人死亡的，居住权消灭。居住权消灭的，应当及时办理注销登记。

171. 居住权可否转让或继承？设立居住权的房子可否出租？

居住权是在他人的房屋所有权上设立的物权，在自己的房屋上不能设立居住权。设立居住权，既是房屋所有人实现自己的房屋价值的一种手段，也是房屋所有人处理自己财产的一种方式，更是房屋所有权人对社会和他人的回馈是为生活中的弱者一方所设立的，具有扶助、赡养、关怀的性质。因此，居住权通常是无偿的，不需要居住权人支付对价，体现人民之间互相帮助，互通有无，互相接济的道德风尚。正因如此，根据《民法典》第369条的规定，居住权不得转让、继承。同时，一般情况下，设立居住权的住宅不得出租，但是当事人另有约定的除外。

第十五章　地　役　权

172. 什么是地役权？

根据《民法典》第372条的规定，地役权人有权按照合同约定，利用他人的不动产，以提高自己的不动产的效益。这条规定的是地役权制度。所谓地役权，是指土地相邻的双方当事人约定，一方当事人因通行、取水、排水、铺设管线等，需要利用另一方当事人的土地或者限制另一方当事人土地的利用，以提高自己土地效益的权利。由此可见，地役权可分为积极权利和消极权利。

例如，甲为了能在自己的房子里欣赏远处的风景，便与相邻的乙约定：乙不得在自己的土地上从事高层建筑；作为补偿，甲每年支付给乙5000元。本案例中，甲享有的地役权是基于对乙权利一定的限制实现的。甲对因行使地役权对乙造成的损害，本着公平原则，应给予适当的补偿。

173. 如何设定地役权？

根据《民法典》第373条第1款的规定："设立地役权，当事人应当采用书面形式订立地役权合同。"根据《民法典》第374条的规定："地役权自地役权合同生效时设立。当事人要求登记的，可以向登记机构申请地役权登记；未经登记，不得对抗善意第三人。"可见，当事人应当以书面形式设立地役权且地役权不适用强制登记制度，如果当事人要求登记的，可以向登记机构申请登记，而未登记的则不得对抗善意第三人。

174. 地役权合同一般应包括哪些条款？

根据《民法典》第373条的规定，设立地役权，当事人应当采用书面形式订立地役权合同。地役权合同一般包括下列条款：(1)当事人的姓名或者名称和住所；(2)供役地和需役地的位置；(3)利用目的和方法；(4)地役权期限；(5)费用及其支付方法；(6)解决争议的方法。

175. 土地上已经设立建设用地使用权，未经建设用地使用权人同意，土地所有权人设立的地役权是否有效？

无效。根据《民法典》第379条的规定："土地上已设立土地承包经营权、建设用地使用权、宅基地使用权等用益物权的，未经用益物权人同意，土地所有权人不得设立地役权。"

176. 地役权的承包期限完全可以由当事人约定吗？

不可以。根据《民法典》第377条的规定，地役权的期限由当事人约定，但是不得超过土地承包经营权、建设用地使用权等用益物权的剩余期限。由此可知，法律尊重合同双方的自由意志，允许地役权当事人约定地役权的承包期限，但地役权的期限不能为永久，地役权的期限由当事人约定，但不得超过土地承包经营权、建设用地使用权等用益物权的剩余期限。

177. 地役权可否单独抵押？

不可以。地役权是以他人的不动产为标的物，以利用他人的不动产为内容。在地役权法律关系中，利用他人的不动产来提高自己不动产的效益是设立地役权的主要目的。根据《民法典》第 381 条的规定："地役权不得单独抵押。土地经营权、建设用地使用权等抵押的，在实现抵押权时，地役权一并转让。"由此可知，地役权随着抵押权一并发生转让，不可以将其单独进行抵押。但是以设有地役权的土地上的土地承包经营权、建设用地使用权等抵押的，在实现抵押权时，地役权一并转让。

178. 什么是需役地？需役地上的用益物权部分转让的，受让人是否享有地役权？

地役权的产生是基于占有、使用、收益自己土地的目的而使用他人的土地，故必然存在两块土地，因使用他人土地而获得便利的土地，称为"需役地"，为他人土地的便利而被使用的土地，称为"供役地"。根据《民法典》第 382 条的规定，需役地以及需役地上的土地承包经营权、建设用地使用权等部分转让时，转让部分涉及地役权的，受让人同时享有地役权。由于地役权的成立必须是有需役地与供役地同时存在，因此在法律属性上地役权与其他物权不同。地役权虽然是一种独立的用益物权，但它仍然应当与需役地的使用权共命运，必须与需役地使用权一同移转，不得与需役地分离而单独让与。

179. 设立地役权的土地部分转让的，地役权是否对受让人具有约束力？

具有约束力。根据《民法典》第 383 条的规定，供役地以及供役地上的土地承包经营权、建设用地使用权等部分转让时，转让部分涉及地役权的，地役权对受让人具有法律约束力。地役权只能随需役地使用权的转让而转让，如果违反地役权的从属性就被认为行为无效。例如，甲为了自己房屋采光方便，与乙房屋设定了采光地役权，约定乙的房屋不得修建两层以上建筑，并办理了登记。后来，乙将自己的房屋转让给了丙，则地役权同样对丙具有约束力，丙同样不得在自己的房屋上修建两层以上小楼。

180. 土地承包经营权和建设用地使用权抵押的，实现抵押权时，地役权是否一并转让？

是。根据《民法典》第381条规定，地役权不得单独抵押。土地经营权、建设用地使用权等抵押的，在实现抵押权时，地役权一并转让。地役权作为土地使用权的物上权利或者物上负担，与土地使用权紧密联系在一起，因此应一并转让，否则受让的土地价值就会降低或者丧失。因此，土地承包经营权和建设用地使用权抵押，在实现抵押权时，地役权也应随着土地承包经营权和建设用地使用权一并转让。

181. 供地役权人在何种情况下可以解除地役权合同？

在地役权关系成立以后，供役地的权利人可以根据客观情况的变化，依法请求变更或解除地役权关系。供役地的权利人在特定情形下有权解除地役权关系。根据《民法典》第384条的规定：地役权人有下列情形之一的，供役地权利人有权解除地役权合同，地役权消灭：(1)违反法律规定或者合同约定，滥用地役权；地役权设定后，地役权人与供役地权利人的任何一方都不得擅自解除地役权合同，但如果地役权人违反法律规定或者合同约定，法律赋予了供役地权利人解除地役权合同的权利。如地役权人超越土地利用的范围不按约定的方法利用供役地等，就属于滥用地役权。(2)有偿利用供役地，约定的付款期限届满后在合理期限内经两次催告未支付费用。地役权合同通常为有偿,那么,地役权人应当按照合同的约定履行付款义务。如果地役权人无正当理由,在合同约定的履行期间届满后,仍没有按照合同约定支付供役地人租金的,而且在供役地权利人确定的一个合理期限内经两次催告,地役权人仍不履行付款义务的,表明地役权人没有履行合同的诚意,或者根本不可能再履行合同,供役地权利人可以解除地役权合同,地役权随之消灭。

182. 地役权需进行登记的情形有哪些?

地役权自地役权合同生效时设立。当事人要求登记的,可以向登记机构申请地役权登记;未经登记,不得对抗善意第三人。根据《民法典》第384条的规定,已经登记的地役权变更、转让或者消灭的,应当及时办理变更登记或者注销登记。由此可知,地役权发生变更、转让、消灭的法律关系变动时,应当及时进行变更登记或注销登记。

183. 地役权与相邻权有什么区别?

相邻权指不动产的所有人或使用人在处理相邻关系时所享有的权利。地役权是指为了自己的使用、经营等方便、利益而使用别人的土地的权利。

地役权和相邻权主要有以下区别:(1)两者权利性质不同。相邻权是根据法律直接规定而确定,是所有权的延伸。地役权则是依当事人之间的设立地役权合同而发生,属用益物权范畴。(2)两者适用的范围不同。相邻权适用的范围既包括土地毗邻关系,又包括建筑物毗邻,及建筑物内部区域的毗邻关系。地役权只适用于土地之间的利用关系。(3)两者的权利要求程度不同。相邻权作为法定权利,所反映的是不动产毗邻关系中最基本的生活、生产、安全要求。地役权作为约定权利,反映对自己土地提供约定的便利要求,自然在对他人土地利用权能上比相邻权有较大扩展。(4)权利义务的主体范围不同。相邻权的权利、义务主体的都是特定的,只能在相邻不动产主体之间产生,地役权是一个独产的用益物权,具有物权对世性的特征,故其义务主体是不特定的。(5)两者权利发生的前提条件不同。相邻权必须以相互毗邻的不动产为前提,地役权并不一定以需役地与供役地相互毗邻为限度,有时即使两地并不相连,但只要有事实上的利用需要也可以设定地役权。

第十六章　担保物权

184. 什么是担保物权?

担保物权是指为了担保债权的实现,由债务人或第三人提供特定的物或者权利作为标的物而设定的限定物权,如抵押权、质权、留置权等。根据《民法典》第 386 条的规定:“担保物权人在债务人不履行到期债务或者发生当事人约定的实现担保物权的情形,依法享有就担保财产优先受偿的权利,但是法律另有规定的除外。”担保物权不以标的物的实体利用为目的,而是注重于其交换价值,以确保债务的履行,故又被称为“价值权”,其标的物必须具有交换价值。例如,甲欠乙 100 万元,以自己价值 120 万元的房屋一套抵押给乙,约定假如甲到期不还款,那么乙就可以变卖该房屋,将所得价款拿出 100 万元清偿甲对乙的欠款。

185. 担保物权由谁享有?

在我国,担保物权是债权人的权利,由债权人享有。担保物权是债权人由于担心债务人到期不能履行债务而存在的权利,其本质是优先受偿权。根据《民法典》第 387 条第 1 款的规定,债权人在借贷、买卖等民事活动中,为保障实现其债权,需要担保的,可以依照本法和其他法律的规定设立担保物权。担保物权的存在本身对权利人没有实际价值。只有当债务人届期不履行债务,而权利人实现其担保物权即该权利消灭时,权利人才成为担保物的物权人,才获得了担保物的价值。

186. 什么是反担保?

根据《民法典》第 387 条第 2 款的规定:“第三人为债务人向债权人提供担保的,可以要求债务人提供反担保。反担保适用本法和其他法律的规定。”所谓反担保,是指替债务人提供担保的第三人,为了保证自己的追偿权得到实现,可以要求债务人为自己追偿权的实现提供担保。例如,甲欠乙 80 万元,第三人丙以自己的价值 100 万元的原料钢材向乙作抵押,担保乙的债权得以实现。甲以自己拥有的价值 120 万元的进口轿车质押给丙,以换取丙为自己欠乙的 100 万元债务作抵押。那么,甲将进口轿车质押给丙,就是反担保。

187. 常见的担保合同成立方式有哪些?

根据我国法律的规定,构成担保的方式有如下四种:(1)在主合同中订立担保条款;(2)在主合同之外单独订立书面的担保合同;(3)在具有担保性质的信函、传真中表达担保意思,并被接受的;(4)保证人在主合同中以保证人身份签字的。上述四种方式中的前三种,适用于保证、抵押、质押和定金合同。第四种方式单独适用于保证合同。所有担保合同都是要式合同。

188. 担保合同无效,担保人是否承担责任?

根据《民法典》第 388 条第 2 款的规定:“担保合同被确认无效后,债务人、担保人、债权人有过错的,应当根据其过错各自承担相应的民事责任。”具体说来,可以归纳为如下类型:(1)主合同有效而担保合同无效的，如果债权人无过错，担保人要与债务人一道对债权人承担责任；如果债权人、担保人均有过错的，担保人的责任仅限于承担债务不能清偿部分的1/2。(2)主合同无效而导致担保合同无效的，如果担保人无过错，担保人不承担责任；如果担保人有过错的，担保人责任仅限于不能清偿部分的1/3。例如，第三人以宅基地为抵押向债权人作担保，因宅基地不能抵押，该担保合同无效。担保人、债权人明知宅基地不能作为抵押物仍协议订立该担保合同，担保人、债权人都有过错，因此，该案件符合第一种类型当中的债权人、担保人均有过错，担保人要承担的责任，仅限于债务人不能清偿债权部分的1/2。

189. 担保物权仅担保债权本身吗？

根据《民法典》第389条的规定："担保物权的担保范围包括主债权及其利息、违约金、损害赔偿金、保管担保财产和实现担保物权的费用。当事人另有约定的，按照其约定。"因此，担保物权除了要担保主债权以外，还要担保主债权的利息、违约金、损害赔偿金、保管担保财产和实现担保物权的费用。当事人可以以约定的形式，改变担保物权的担保范围。

190. 担保财产灭失，担保物权人能否就所获赔偿金优先受偿？

可以。根据《民法典》第390条的规定，担保期间，担保财产毁损、灭失或者被征收等，担保物权人可以就获得的保险金、赔偿金或者补偿金等优先受偿。被担保债权的履行期未届满的，也可以提存该保险金、赔偿金或者补偿金等。

提存是清偿债务的一种特殊方式，提存是清偿债务的一种特殊方式，同时提存也是担保的一种特定形式，根据担保合同的约定，担保人可将担保物(金)提交到法定的提存机关，以使债权人的利益得到保障，待条件成就时，提存机关根据双方的约定，将担保物交付债权人或退还担保人。我国法律规定,公证机关是我国法定的提存机关且公证机关,应当依照法定条件和程序,对交付的提存物进行寄托、保管,并在条件成就时交付债权人或其他受益人的活动。而现实生活中,要想实现提存,债权人需要依申请申请办理提存公证,并应注意以下问题:(1)当事人办理提存公证,应向债务履行地公证处申请。(2)提存的物品只限于货币、有价证券、票据、提单、权利证书、贵重物品及其他适宜提存的物品。

191. 担保人和保证人如何分担责任?

在日常生活当中,债务人为了获得足够的贷款,往往既要提供保证人,还要提供物的担保。在债务人不能清偿债务之时,就发生了担保人和保证人如何分担责任的问题。倘若当事人在合同当中约定了实现债权的方式和顺序,自然按照合同约定来执行。倘若没有约定,如果债务人提供了物的担保,债权人应当先就债务人提供的物的担保实现债权,不足部分再由保证人承担保证责任。如果是第三人提供的物的担保,债权人可以对选择二者当中任何一个或者二者来实现债权。根据《民法典》第 392 条的规定:"被担保的债权既有物的担保又有人的担保的,债务人不履行到期债务或者发生当事人约定的实现担保物权的情形,债权人应当按照约定实现债权;没有约定或者约定不明确,债务人自己提供物的担保的,债权人应当先就该物的担保实现债权;第三人提供物的担保的,债权人可以就物的担保实现债权,也可以请求保证人承担保证责任。提供担保的第三人承担担保责任后,有权向债务人追偿。"

192. 为确保债权到期履行而设立了两个以上担保物权,如何实现这些担保物权?

一个债权由两个物以抵押、质押等方式来作担保,在生活中也是常见的。当债务人不能清偿债务时,这两个物保如何执行呢？现实生活中有两种处理办法:(1)债务人提供的物保与第三人提供的物保并存时,应先执行债务人提供的物保,不足清偿主债的,再执行第三人提供的物保;债权人放弃债务人提供的担保物权的,第三人在债权人放弃优先受偿权益范围内免除担保责任。(2)两个以上的第三人提供物保并存时,债权人可以选择任何一个或者同时选择所有第三人执行物保,被执行顺序上不存在先后之分。

193. 担保物权消灭的情形有哪些?

根据《民法典》第393条的规定,有下列情形的,担保物权消灭:(1)主债权消灭;(2)担保物权实现;(3)债权人放弃担保物权;(4)法律规定担保物权消灭的其他情形。担保物权作为债权债务关系中的从权利,一旦主债权消灭,担保物权随即消灭。例如,甲做期货生意,欠乙3000万元人民币货款未支付,甲的好友丙用5000万元的一栋房产为甲乙间的债权债务关系进行担保。后经过半年,乙突然做出改变,表示自愿放弃担保物权。这时担保物权因债权人放弃而消灭。

194. 保证与物的担保并存时,债权人主张到期债权是否应遵循一定顺序?

根据《民法典》第392条的规定,被担保的债权既有物的担保又有人的担保的,债务人不履行到期债务或者发生当事人约定的实现担保物权的情形,债权人应当按照约定实现债权;没有约定或者约定不明确,债务人自己提供物的担保的,债权人应当先就该物的担保实现债权;第三人提供物的担保的,债权人可以就物的担保实现债权,也可以请求保证人承担保证责任。提供担保的第三人承担担保责任后,有权向债务人追偿。

首先,该条规定尊重当事人事前的意思自治。如果合同中已经约定担保人承担责任的顺序,那么债权人应当受到该约定的顺序的约束。其次,没有约定或者约定不明确,债务人自己提供物的担保的,债权人应当先就该物的担保实现债权。这限制了债权人的选择权,债权人只能先行使担保物权以维护自己的债权利益,而后在不能完全受偿的余额范围内,才可以向保证人主张保证利益。这就是通常所说的"物保优于人保"。因为,如果债权人先行使人的担保,保证人在履行保证责任后,还需要向最终的还债义务人进行追索。如果担保物权人先行使物的担保,就可以避免保证人日后再向债务人行使追索权的烦琐,减少实现的成本和费用。而且,在债务人自己提供物的担保的情况下,要求保证人先承担保证责任,对保证人也是不公平的。最后,第三人提供物的担保的,债权人可以就物的担保实现债权,也可以要求保证人承担保证责任。即同一债权既有第三人物的担保又有其他第三人的人保时,债权人享有选择权。第三人物保人与保证人都处于担保人的平等地位,都不是还债的最终义务人,债务人才是最终义务人。因此,债权人无论是先实现物的担保还是先实现人的担保,物的担保人或者保证人都存在向债务人追索的问题。为保障债权人的债权得以充分实现,法律应当尊重债权人的意愿,允许担保权人在这种情况下享有选择权。

第十七章　抵　押　权

195. 什么是抵押权?

抵押权是债权人对债务人或者第三人不转移占有的担保财产,在债务人届期不履行债务或者发生当事人约定的实现抵押权的情形时,依法享有的就该抵押财产的变价处分权和优先受偿权的总称。根据《民法典》第 394 条第 1 款的规定,为担保债务的履行,债务人或者第三人不转移财产的占有,将该财产抵押给债权人的,债务人不履行到期债务或者发生当事人约定的实现抵押权的情形,债权人有权就该财产优先受偿。如甲欠乙100万元,第三人丙担保甲到期能履行债务,将一套价值200万元的房屋抵押给乙,到房屋登记机关作了抵押登记,但是房屋仍然归丙自己占有居住。债务到期,若甲不能还款,那么乙有权就丙的该套房屋折价、拍卖、变卖等所获得的价款优先从中拿出100万元,清偿甲欠自己的债务。

196. 哪些财产可以抵押?

我国法律对抵押财产有明确规定,并不是任何财产都可以拿来抵押。根据《民法典》第395条的规定,债务人或者第三人有权处分的下列财产可以抵押:(1)建筑物和其他土地附着物;(2)建设用地使用权;(3)海域使用权;(4)生产设备、原材料、半成品、产品;(5)正在建造的建筑物、船舶、航空器;(6)交通运输工具;(7)法律、行政法规未禁止抵押的其他财产。抵押人可以将前款所列财产一并抵押。由此可见,债务人或第三人可以选择将上述7种财产分别抵押,也可以选择一并抵押。法律将选择抵押的自主选择权留给了债务人或第三人。但这里的前提是,债务人或第三人必须是有权处分上述7种财产的权利人才可以。

197. 正在建造中的房屋能不能抵押?

能。根据《民法典》第395条的规定,详细规定了可以用于抵押的财产类型,其中包括正在建造的建筑物、船舶、航空器。故而,正在建造的房屋可以用于抵押。并且根据《民法典》第396条规定,企业、个体工商户、农业生产经营者可以将现有的以及将有的生产设备、原材料、半成品、产品抵押,债务人不履行到期债务或者发生当事人约定的实现抵押权的情形,债权人有权就抵押财产确定时的动产优先受偿。由此可见,法律对于企业、个体工商户、农业生产经营者设定的抵押情形更加宽松,对其未来将有的生产设备、原材料等也纳入了可抵押的范畴中。

198. 浮动抵押与一般抵押有什么不同?

根据《民法典》第 396 条的规定,企业、个体工商户、农业生产经营者可以将现有的以及将有的生产设备、原材料、半成品、产品抵押,债务人不履行到期债务或者发生当事人约定的实现抵押权的情形,债权人有权就抵押财产确定时的动产优先受偿。浮动抵押与一般抵押的区别在于:(1)浮动抵押设定后,抵押的财产不断发生变化,直到约定或者法定的事由发生,抵押财产才确定;(2)浮动抵押期间,抵押人处分抵押财产不必经抵押权人同意;(3)设定浮动抵押的主体限于企业、个体工商户、农业生产经营者,设定浮动抵押的财产限于生产设备、原材料、半成品、产品。

199. 建筑物和建设用地使用权可否分别抵押?

不可以。根据《民法典》第 397 条的规定,以建筑物抵押的,该建筑物占用范围内的建设用地使用权一并抵押。以建设用地使用权抵押的,该土地上的建筑物一并抵押。抵押人未依照前款规定一并抵押的,未抵押的财产视为一并抵押。

而《民法典》第 398 条更是明确规定,乡镇、村企业的建设用地使用权不得单独抵押。以乡镇、村企业的厂房等建筑物抵押的,其占用范围内的建设用地使用权一并抵押。由此可见,就抵押而言,无论是城镇还是乡镇,我国法律有将建筑物与建设用地使用权二者视为统一体合并抵押的隐形意思。

200. 哪些财产不能抵押?

根据《民法典》第 399 条的规定,下列财产不能抵押:(1)土地所有权；(2)宅基地、自留地、自留山等集体所有土地的使用权，但是法律规定可以抵押的除外；(3)学校、幼儿园、医疗机构等以公益为目的成立的非营利法人的教育设施、医疗卫生设施和其他公益设施；(4)所有权、使用权不明或者有争议的财产；(5)依法被查封、扣押、监管的财产；(6)法律、行政法规规定不得抵押的其他财产。

以公益为目的的非营利性学校、幼儿园、医疗机构、养老机构等提供担保的，人民法院应当认定担保合同无效，但是有下列情形之一的除外：(1)在购入或者以融资租赁方式承租教育设施、医疗卫生设施、养老服务设施和其他公益设施时，出卖人、出租人为担保价款或者租金实现而在该公益设施上保留所有权；(2)以教育设施、医疗卫生设施、养老服务设施和其他公益设施以外的不动产、动产或者财产权利设立担保物权。

201. 抵押合同一般应包括哪些条款？

在我国，设立抵押权，当事人应当采取书面形式订立抵押合同。根据《民法典》第400条的规定，抵押合同应采用书面形式，且主要包含四种主要的合同条款级一般包括下列条款：(1)被担保债权的种类和数额；(2)债务人履行债务的期限；(3)抵押财产的名称、数量等情况；(4)担保的范围。

202. 债务到期前规定到期若不能清偿债务，标的物归债权人所有的抵押条款，有效吗？

无效。根据《民法典》第401条的规定，抵押权人在债务履行期限届满前，与抵押人约定债务人不履行到期债务时抵押财产归债权人所有的，只能依法就抵押财产优先受偿。因此，规定到期若不能清偿债务，标的物归债权人所有的抵押条款，是无效的。

例如，刘某向孙某借款5万元，并将其轿车抵押给孙某。根据孙某的要求在签订的抵押合同里约定：如刘某到期不能偿还债务的，则刘某的轿车归孙某所有。后刘某在约定的还款日期到来之时依旧无法还款，孙某遂找到刘某要求拿车，但是遭到了刘某的拒绝，孙某于是将刘某诉至法院。上述刘某与孙某的抵押合同中关于如刘某到期不能偿还债务的，则孙某的轿车归刘某所有的约定，因违反法律的强制性规定而属无效的约定。

203. 哪些抵押物应办理抵押登记？

根据《民法典》第402条的规定，以本法第395条第1款第1项至第3项规定的财产或者第5项规定的正在建造的建筑物抵押的，应当办理抵押登记。抵押权自登记时设立。故应当办理抵押登记的财产为：建筑物和其他土地附着物、建设用地使用权、海域使用权或正在建造的建筑物、船舶、航空器时，应对抵押物进行登记，抵押登记自登记时设立。

204. 未办理抵押登记，抵押合同有效吗？

根据《民法典》第403条的规定，以动产抵押的，抵押权自抵押合同生效时设立；未经登记，不得对抗善意第三人。无论是动产抵押合同还是不动产抵押合同，均是要式合同，双方在合同书上签字或者盖章，即成立并生效，除非有特别规定。也就是说，抵押合同本身不需要办理登记，抵押权登记与否，并不能影响抵押合同的效力。

205. 当抵押物为动产时需要注意什么？

根据《民法典》第403条的规定，以动产抵押的，抵押权自抵押合同生效时设立；未经登记，不得对抗善意第三人。《民法典》第404条的规定，以动产抵押的，不得对抗正常经营活动中已支付合理价款并取得抵押财产的买受人，但如果抵押权人能够举证证明买受人明知或应当知道已经订立抵押合同的除外。例如,刘某将自己的越野车抵押给赵某,以担保其对赵某的10万元债务,但并未办理抵押登记。不久,刘某将自己的越野车转卖给孙某,并办理了过户手续。此案例中,由于孙某属于善意第三人并不知晓刘某赵某间的抵押合同关系,且孙某已经先行支付了价款合理拥有这辆越野车。所以,本案中赵某并不能向孙某主张抵押权,但是赵某可以向刘某主张实现债权。

206. 买卖活动中,已先行支付合理价款的买受人对抵押物的权利是否受法律保护?

根据《民法典》第404条的规定:以动产抵押的,不得对抗正常经营活动中已支付合理价款并取得抵押财产的买受人。所以,已经先行支付了合理价款的买受人对抵押物的权利受法律保护。例如,甲欠乙50万元,甲将自己价值80万元的车抵押给乙,后甲不能到期还款,乙向法院主张拍卖该轿车并享有优先受偿权。丙看中该轿车,并支付了价款40余万元。对于此时的丙而言,丙因支付价款合法拥有该轿车的所有权,受到法律保护。

但是,有下列情形之一的,已经先行支付合理价款的买受人权利不受法律保护:(1)购买商品的数量明显超过一般买受人;(2)购买出卖人的生产设备;(3)订立买卖合同的目的在于担保出卖人或者第三人履行债务;(4)买受人与出卖人存在直接或者间接的控制关系;(5)买受人应当查询抵押登记而未查询的其他情形。

207. 未办理抵押登记,抵押权有效吗?

一般来说,抵押合同生效后,抵押人必须按照约定办理抵押登记,否则将构成违约,要承担违约责任。(1)以不动产抵押的,办理抵押登记手续后,不动产抵押权成立并生效,此刻债权人对该不动产享有优先受偿权。(2)以动产抵押的,未办理登记,动产抵押权生效,但是不能对抗善意第三人。所谓不能对抗善意第三人,是指未经抵押权登记的动产转让或者再设定抵押的,未登记抵押权人不得对受让人或者登记抵押权人主张抵押权。例如,甲将一辆高级轿车抵押给乙,以担保其欠乙的10万元债务,但是未办理登记。其后,甲将该轿车卖给丙,并办理了过户手续。那么,乙不能向丙主张抵押权,丙购买的轿车属于无抵押权负担的轿车。综上所述,未办理抵押登记,并不影响抵押合同的效力。但是不办理抵押登记,不动产抵押权则不能生效;动产抵押权生效,但是不能对抗善意第三人。

208. 房屋先出租后抵押的,实现抵押权时租赁关系是否消灭?

根据《民法典》第405条的规定:"抵押权设立前抵押财产已出租并转移占有的,原租赁关系不受该抵押权的影响。"因此,因租赁权先于抵押权存在,实现抵押权而将房屋转让时,抵押人与承租人之间原有的租赁关系不当然终止,承租人可以继续享有租赁权。比如甲出租房子给乙,后甲又将该房子抵押,为了实现抵押权被迫将该房子转让给丙,丙取得该房子所有权。此时乙仍然享有该房屋的租赁权,继续租住该房子。

209. 抵押期间,抵押物可以转让吗?

根据《民法典》第406条的规定,抵押期间,抵押人可以转让抵押财产。当事人另有约定的,按照其约定。抵押财产转让的,抵押权不受影响。抵押人转让抵押财产的,应当及时通知抵押权人。抵押权人能够证明抵押财产转让可能损害抵押权的,可以请求抵押人将转让所得的价款向抵押权人提前清偿债务或者提存。转让的价款超过债权数额的部分归抵押人所有,不足部分由债务人清偿。

由此可见,抵押期间不仅并不禁止抵押物的转让,而且抵押期间转让抵押物的,抵押权并不受影响。只是对抵押权人来说,如果抵押人并没有实际通知其抵押物转让的事实，抵押权人必须有证据证明抵押物转让可能会损害其个人抵押权，这样就可以向抵押人主张提前清偿债务或提存。

210. 谁有权撤销抵押协议？

根据《民法典》第410条的规定，债务人不履行到期债务或者发生当事人约定的实现抵押权的情形，抵押权人可以与抵押人协议以抵押财产折价或者以拍卖、变卖该抵押财产所得的价款优先受偿。协议损害其他债权人利益的，其他债权人可以请求人民法院撤销该协议。

由此可见，到期未履行债务或发生当事人双方约定的抵押情形，抵押权人有权与抵押人以协议的方式，通过对抵押财产实行折价、拍卖、变卖等方式享有加宽的优先受偿权。但是如果该协议，损害了其他债权人的利益，其他债权人可以向法院请求撤销该协议。因此，自由法院有撤销抵押权人与抵押人之间的协议，只不过法院行使的撤销权并不会自动产生，而是需要其他债权人向法院申请。

211. 我国《民法典》规定了"一物一抵押"原则吗？

未规定。现实生活中，经常会发生就某一物存在两个及更多债权人的情况。通常造成这种情况的原因是，抵押人就某一动产或不动产签订了多个抵押合同。因为根据《民法典》的有关规定我们不难发现，法律并没有明确禁止一物多抵押的情形。另根据《民法典》第414条关于在同一财产上两个以上债权人清偿顺序的规定，可以推出，我国并不禁止一物多抵押的法律行为。一方面，我国法律支持并维护交易双方交易的安全与有序；另一方面，抵押合同属于合同关系，属于双方意思自治的结果，除非抵押条款违背法律规定，否则法律并不禁止此种行为。

212. 抵押权可否与债权分离而单独转让?

不可以。抵押权作为一种担保物权,其设定的宗旨就在于担保债权的实现,因此而具有从属性和附随性。抵押权的成立,原则上以债权的成立为前提;抵押权的处分,原则上以债权的处分为前提。抵押权和主债权不能分离。根据《民法典》第407条的规定,抵押权不得与债权分离而单独转让或者作为其他债权的担保。债权转让的,担保该债权的抵押权一并转让,但是法律另有规定或者当事人另有约定的除外。抵押权可以随主债权的转让而一同转让,也可以附随债权作为其他债权的担保而一同作为担保,这就是抵押权移转上的从属性。也就是说,抵押权不得与所担保的主债权分离而予以单独让与。

213. 抵押人的行为可能或者已经致抵押物价值减损,抵押权人如何维权?

抵押物是债务人保证其完全履行债务所提供担保的财产,那么该财产应该具有交换价值和可让与性,并且债务人将其抵押以后交付之前在其继续使用期间不会毁坏其价值,毁坏其形态,否则就无法保障抵押权的实现。根据《民法典》第408条的规定,抵押人的行为可能致抵押物价值减损的,抵押权人有权请求停止该行为;抵押人的行为已经致抵押物价值减损的,抵押权人有权请求恢复原价值或者相应地补充担保。否则,抵押权人可以要求债务人提前清偿债务。

214. 抵押权人的抵押权顺位可以变更吗?

根据《民法典》第409条的规定,抵押权人可以放弃抵押权或者抵押权的顺位。但分为两种情形,(1)当抵押权人以自己的财产设定抵押时,抵押权人与抵押人可以通过协议,变更抵押权顺位以及被担保的债权数额等内容。但由于现实生活中抵押权人并不止一人,故抵押权的变更，需要获得其他抵押权人的书面同意。否则，不得对其他抵押权人产生不利影响。（2）当债务人以自己的财产设定抵押时，其他担保人在抵押权人丧失优先受偿权益的范围内免除担保责任，但是其他担保人承诺仍然提供担保的除外。

215. 债务人到期不能履行债务，债权人如何实现抵押权？

根据《民法典》第410条的规定，当债务人不能到期履行债务或者发生当事人双方约定的实现抵押权的情形时，抵押权人可以主张实现自己的抵押权。根据本条规定可知，一般而言，抵押人和抵押权人可以协议实现抵押权，该协议不能侵害其他债权人的利益，否则其他债权人可以在知道或者应该知道撤销事由之日起1年内请求法院撤销该协议。如果不能就抵押权的实现达成协议，抵押权人可以向法院起诉请求拍卖或者变卖抵押物。抵押权人也可以不与抵押人协商，在具备实现抵押权的条件时直接向法院起诉。而关于抵押物的价格，无论是折旧、还是拍卖，法律规定都应当参照市场价格。另根据《民法典》第413条的规定，折旧、拍卖、变卖的抵押财产，其价款超过债权数额部分归抵押人所有，不足部分由债务人清偿。

216. 何时才能行使抵押权？

根据《民法典》第411条的规定，债务人不履行到期债务或者发生当事人约定的实现抵押权的情形，抵押权人可以与抵押人协议以抵押财产折价或者以拍卖、变卖该抵押财产所得的价款优先受偿。协议损害其他债权人利益的，其他债权人可以请求人民法院撤销该协议。抵押权人与抵押人未就抵押权实现方式达成协议的，抵押权人可以请求人民法院拍卖、变卖抵押财产。抵押财产折价或者变卖的，应当参照市场价格。也就是说，债务人不履行到期债务或发生当事人约定的实现抵押权的情形，抵押权人就可以行使抵押权。同时，抵押权的行使是有一定期限的，如果超过了这个法律规定的期限，抵押权人优先受偿的权利就不会得到法院的保护。根据《民法典》第 419 条的规定，抵押权人应当在主债权诉讼时效期间行使抵押权；未行使的，人民法院不予保护。因此，抵押权的行使期间与主债权诉讼时效期间是相同的。抵押权人为了保护自己的权利，应当在法律规定的期间内，即主债权诉讼时效期间内及时行使抵押权。

217. 同一财产既设立抵押权又设立质权的，怎样确定清偿顺序？

抵押权是指债务人或者第三人不转移财产的占有，将该财产作为债权的担保，债务人未履行债务时，债权人依照法律规定的程序就该财产优先受偿的权利。质权是指债权人与债务人或债务人提供的第三人以协商订立书面合同的方式，移转债务人或者债务人提供的第三人的动产或权利的占有，在债务人不履行债务时，债权人有权以该财产价款优先受偿。

根据《民法典》第 415 条的规定，同一财产既设立抵押权又设立质权的，拍卖、变卖该财产所得的价款按照登记、交付的时间先后确定清偿顺序。因此，登记、交付的先后顺序将会影响清偿的顺序。即(1)质权有效设立、抵押权办理了抵押登记的，按照公示先后确定清偿顺序；顺序相同的，按照债权比例清偿。(2)质权有效设立，抵押权未办理抵押登记的，质权优先于抵押权。(3)质权未有效设立，抵押权未办理抵押登记的，因此时抵押权已经有效设立，故抵押权优先受偿。

218. 实现浮动抵押权时，什么时候确定财产范围？

“浮动抵押”，是指权利人以现有的和将有的全部财产或者部分财产为其债务提供担保。根据《民法典》第 396 条的规定，企业、个体工商户、农业生产经营者可以将现有的以及将有的生产设备、原材料、半成品、产品抵押，债务人不履行到期债务或者发生当事人约定的实现抵押权的情形，债权人有权就抵押财产确定时的动产优先受偿。这条规定的实际就是“浮动抵押”制度。由于浮动抵押的财产是不断变动着的，什么时候才能确定抵押财产的范围呢？根据《民法典》第 411 条的规定，浮动抵押财产自下列情形之一发生时确定：(1)债务履行其届满，债权未实现；(2)抵押人被宣告破产或者被撤销；(3)当事人约定的实现抵押权的情形；(4)严重影响债权实现的其他情形。当以上任何一种情形发生时，浮动抵押即转化为固定抵押，抵押财产确定，抵押人不得再处分抵押财产。如企业以现有的以及将来的生产设备、原材料、半成品、产品抵押，抵押权设定后，抵押人仍可以将抵押的原材料投入成品生产，也可以卖出抵押财产。当发生债务履行期限届满债务未受清偿、抵押人被宣告破产或者被撤销、当事人约定的实现抵押权的情形成就或者严重影响债权实现的情形时，抵押财产确定，也就是说此时企业有什么财产，这些财产就是抵押财产。

219. 抵押财产变价不足债权数额的，该怎么办？

根据《民法典》第 413 条规定：“抵押财产折价或者拍卖、变卖后，其价款超过债权数额的部分归抵押人所有，不足部分由债务人清偿。”抵押财产也是为了确保债权能够顺利实现，如果发生抵押财产变价后不足以偿还债务的，当然需要债务人进行继续清偿以确保债权的实现。比如甲将其一部汽车抵押 100 万元借款，抵押到期后汽车只拍卖到 80 万元，不足清偿欠款，则差额 20 万元部分甲仍需以其他财产进行清偿。

220. 行使抵押权时是否及于土地上新建的房屋？

我国现行法律并未把地上建筑物、其他附着物在本质上视为土地使用权的组成部分，而是将两者作为独立的不动产，土地使用权抵押的效力不及于另一不动产——新增房屋。根据《民法典》第395条和第397条的规定,建筑物和其他土地附着物是合并一起抵押的,建筑物与建设用地使用权是一并抵押的。但根据《民法典》第417条的规定,行使抵押权时,不能及于土地上新建的房屋。但是,可将新建房屋与原抵押房产一同拍卖,抵押权人不得就新建房屋的卖款主张优先受偿。

221. 同一财产向两个以上债权人抵押,应按照何种顺序进行清偿?

根据《民法典》第414条的规定,同一财产向两个以上债权人抵押的,拍卖、变卖抵押财产所得的价款依照下列规定清偿:(1)抵押权已登记的,按照登记的时间先后确定清偿顺序;(2)抵押权已登记的先于未登记的受偿;(3)抵押权未登记的,按照债权比例清偿。其他可以登记的担保物权,清偿顺序参照适用前款规定。

清偿顺序遵循以下几个原则:首先,已经登记的抵押权优先于未登记的抵押权受偿;其次,抵押权都未登记的,按照债权之间的比例进行清偿;最后,抵押权都登记的,按照登记的先后顺序进行清偿,如果顺序相同,按照债权之间的比例进行清偿。例如,李某以价值300万元的房产作为抵押,分别向甲、乙两银行各贷款130万元,李某、甲银行于4月5日签订抵押合同,于4月8日办理抵押登记;李某与乙银行于4月7日签订抵押合同,当天办理了抵押登记。后楼价回落,李某无力还款,甲、乙二银行行使抵押权,对李某的公寓拍卖得价款160万元。根据上述规则,两个债权都登记的,先登记的抵押权优先于后登记的抵押权,故乙银行优先于甲银行受偿。那么,乙银行应获得130万元,而甲只能获得30万元。

222. 可否对一定期间内连续发生的债权提供抵押?

可以。这就是最高额抵押。根据《民法典》第420条的规定,所谓最高额抵押，是指担保债务的履行，债务人或者第三人对一定期间内将要连续发生的债权提供担保财产的，债务人不履行到期债务或者发生当事人约定的实现抵押权的情形，抵押权人有权在最高债权额限度内就该担保财产优先受偿。最高额抵押与一般抵押的不同之处在于它是对将来一定期限内连续发生的债权提供一定限额的担保。最高额抵押所担保的最高债权额是确定的，但实际发生额是不确定的，只要实际发生额在最高限额之内就有效，否则超出部分就是一般债权。例如，甲企业与乙银行达成协议，未来 2 年内乙银行每年贷给甲企业 1.2 亿元，总额不超过 2.4 亿元。丙企业以大酒店作为抵押并登记。2 年后，甲企业欠乙银行的贷款余额为 2.8 亿元，到期不能清偿。乙银行申请拍卖大酒店，得价款 3.5 亿元。甲企业所贷 2.8 亿元在最高限额 3.6 亿元之内，因此乙银行可以从这 3.5 亿元中优先受偿 2.8 亿元。

223. 什么情况下债权可以转入最高额抵押担保的债权范围？

最高额抵押权有两个显著特点：一是最高额抵押权所担保的债权额有一个确定的最高额度限制，但实际发生的债权额是不确定的；二是最高额抵押权是对一定期间内将要连续发生的债权提供担保。由此，最高额抵押权设立时所担保的具体债权一般尚未确定，基于尊重当事人意思自治原则，根据《民法典》第 420 条第 2 款的规定，最高额抵押权设立前已经存在的债权，经当事人同意，可以转入最高额抵押担保的债权范围。由此可知，经当事人同意是债权转入最高额抵押担保债权范围的重要前提条件。但这并非重新设立最高额抵押权。

224. 部分债权转让的，最高额抵押权是否一同转让？

根据《民法典》第 421 条的规定，最高额抵押所担保的主债权是可以转让的。一般说来，根据抵押权随主债权的转让而转让的原则，主债权转让的,最高额抵押权一并转让。但是,由于最高额抵押是对一定期限内连续发生的所有债权作担保,而不是单独对其中的某一个债权作担保。部分债权转让的,只是使这部分债权脱离了最高额抵押权的担保范围,对最高额抵押权并不发生影响,最高额抵押权还要在最高债权额限度内,对已经发生的债权和尚未发生将来可能发生的债权作担保。例如,甲企业与乙银行约定,在未来1年内乙银行向甲企业贷款3.6亿元,每月贷3000万元,丙企业以某高端房产作担保。后乙银行欠丁3000万元,遂将其对甲的3000万元债权转让给丁。后来,甲企业经营不善,无力偿还债务,乙银行执行最高额抵押权,变卖该高端房产得款3.3亿元,乙、丁一并要求优先受偿。那么丁优先受偿的要求是否具有法律依据呢?因为3000万元的债权已经转让,最高额债权就不再担保该部分债权。因此,丁要求在3.3亿元价款中优先受偿是不能得到法律支持的。

225.最高额抵押债权内容是否可以协议变更?

可以。根据《民法典》第422条的规定,最高额抵押担保的债权确定前,抵押权人与抵押人可以通过协议变更债权确定的期间、债权范围以及最高债权额;但是,变更的内容不得对其他抵押权人产生不利影响。否则,该变更无效。当事人可以协议变更的内容主要包括:一是债权确定的期间。抵押权人与抵押人一般会在最高额抵押合同中约定债权确定的期间。例如,如果当事人订立最高额抵押合同对2007年1月1日至12月31日发生的债权做担保,那么该期间即为债权确定的期间,2007年12月31日为债权确定的最后日期。最高额抵押担保的债权确定前,当事人可以协议延长最高额抵押合同中约定的确定债权的期间,如将该期间延长至2008年6月30日;也可以协议缩短该期间,如缩短至2007年6月30日。二是债权范围。当事人可以协议变更最高额抵押权担保的债权范围。例如,某家电经销商与某家电制造商签订一份最高额抵押合同，对一定期间内连续购进该家电制造商生产的电视机所要支付的货款提供担保。抵押期间，双方约定，在最高额抵押担保范围内，同时为家电制造商的电冰箱的货款提供担保。三是最高债权额。当事人可以协议提高或者降低抵押财产担保的最高债权额，如将约定的最高债权额300万元提高至500万元或者降低至200万元。

226. 何种情形下最高额抵押权所担保的债权得以确定？

根据《民法典》第423条的规定，有下列情形之一的，最高额抵押权人的债权确定：（1）约定的债权确定期间届满；（2）没有约定债权确定期间或者约定不明确，抵押权人或者抵押人自最高额抵押权设立之日起满2年后请求确定债权；（3）新的债权不可能发生；（4）抵押权人知道或者应当知道抵押财产被查封、扣押；（5）债务人、抵押人被宣告破产或者解散清算；（6）法律规定债权确定的其他情形。

227. 哪些财产可以用于最高额抵押？

根据《民法典》第424条的规定，明确了最高额抵押权适用一般抵押的有关规定，即最高额抵押的财产类型与一般抵押的财产类型完全相同，故根据《民法典》第395条的规定，债务人或者第三人有权处分的下列财产可以用作最高额抵押：（1）建筑物和其他土地附着物；（2）建设用地使用权；（3）海域使用权；（4）生产设备、原材料、半成品、产品；（5）正在建造的建筑物、船舶、航空器；（6）交通运输工具；（7）法律、行政法规未禁止抵押的其他财产。抵押人可以将前款所列财产一并抵押。

第十八章　质　　权

228. 什么是质权？质权合同一般应包括哪些条款？

质权，是指债权人占有债务人或第三人为担保债务履行而移交的财产，在债务人不履行债务时就该财产的变卖价金优先受偿的权利。在质权关系中，债务人或第三人须将质物交与质权人占有，从而不再享有对质物的占有、使用及收益。根据《民法典》第427条的规定，质权合同一般包括以下条款：(1)被担保债权的种类和数额；(2)债务人履行债务的期限；(3)质押财产的名称、数量等情况；(4)担保的范围；(5)质押财产交付的时间、方式。

229. 债务到期前约定不履行到期债务时质押财产归债权人所有的条款，是否有效？

无效。根据《民法典》第428条规定，质权人在债务履行期限届满前，与出质人约定债务人不履行到期债务时质押财产归债权人所有的，只能依法就质押财产优先受偿。由此可见，法律明确规定债务人到期不履行债务的，债权人并不享有该抵押物的所有权。例如，甲与乙系大学同寝室同学，乙因急需用钱向甲借款2000元并保证三个月后肯定还。甲表示，要借款可以，但是需将乙的手提电脑质押给自己，如乙三个月后无法清偿借款，该电脑就归自己所有。因急需借钱，乙只得同意，并与甲订立了合同。三个月后，乙因还不出2000元，此时甲也不得将该电脑作为己有，但可以待乙卖掉电脑后优先受偿2000元。

230. 质押物并未转交于债权人占有，质押合同和质权是否有效？

质押合同有效，质权无效。根据《民法典》第429条的规定，质权自出质人交付质押财产时设立。出质人与质权人订立的动产质权合同,符合法律规定的条件,即发生效力。但是,在移转质物的占有之前,动产质权并不生效;只有出质人实际转移质物,并交付质权人占有时,质权才发生效力。未交付质押物并不意味着质押合同没有效力,只是质权并未成立,质押人应对质权人承担违约责任而已。

231. 质押期间,谁有权收取质押财产的孳息?

质权人在占有留置物期间,对留置物所生之自然孳息和法定孳息有权收取,这种孳息收取权系基于留置权效力产生的,而非基于占有的效力。根据《民法典》第 430 条的规定,质权人有权收取质押财产的孳息,但是合同另有约定的除外。前款规定的孳息应当先充抵收取孳息的费用。当事人可以在合同中约定质押财产孳息收取权归谁所有。如果合同没有约定或者约定不明的,质权人有权收取质物所产生的孳息。质权人只能收取孳息,而不能取得孳息的所有权。质权人收取孳息后,对于孳息成立孳息留置权,与原物成立的留置权一样,具有担保作用,可以用于优先抵偿债权。

232. 质权人是否可以使用、处分质押财产?

质权人对质物没有所有权,只是拿质物作为质押标的以保证其权利的实现所以其无处分权。根据《民法典》第 431 条的规定,质权人在质权存续期间,未经出质人同意,擅自使用、处分质押财产,造成出质人损害的,应当承担赔偿责任。由此条文可以看出,经出质人同意后质权人可以使用、处分质押财产。对于未经出质人同意并擅自使用、处分质押财产,又造成出质人损害的,质权人应当承担赔偿责任。

233. 质押期间,质权人可否为了担保债务将质押物再次质押给他人?

根据《民法典》第 434 条的规定,质权人在质权存续期间,未经出质人同意转质,造成质押财产毁损、灭失的,应当承担赔偿责任。因此,如果债务人不履行到期债务或者发生当事人约定的实现质权的情形,质权人可以与出质人协议以质押财产折价,也可以就拍卖、变卖质押财产所得的价款优先受偿。当然,经出质人同意,质权人可以将质押物再次质押给他人。但是前提是必须获得质权人同意后才能转质押。

234. 如何实现质押权?

根据《民法典》第 436 条的规定,债务人履行债务或者出质人提前清偿所担保的债权的,质权人应当返还质押财产。债务人不履行到期债务或者发生当事人约定的实现质权的情形,质权人可以与出质人协议以质押财产折价,也可以就拍卖、变卖质押财产所得的价款优先受偿。质押财产折价或者变卖的,应当参照市场价格。质物折价或者拍卖、变卖后,其价款超过债权数额的部分归出质人所有,不足部分由债务人清偿。

235. 债务履行期满后,质权人拖延行使质权怎么办?

质押合同对于质押人和质权人的权利义务是双方的,债务履行期届满,债务人履行债务的,或者出质人清偿所担保的债权的,债权消灭,质权也随之消灭,质权人丧失继续占有或者留置质物的依据,应当将质物返还给出质人。反之,债务履行期届满,质权人也必须积极行使质权。但如果质权人于债务履行期届满后拖延行使质权的怎么办?根据《民法典》第 437 条规定,出质人可以请求质权人在债务履行期限届满后及时行使质权;质权人不行使的,出质人可以请求人民法院拍卖、变卖质押财产。出质人请求质权人及时行使质权,因质权人怠于行使权利造成出质人损害的,由质权人承担赔偿责任。

236. 什么是权利质权？债务人的哪些权利可以出质给债权人？

“权利质权”是指债务人或者第三人将其拥有的财产权利凭证交由债权人占有或者通过登记制度将该权利出质给债权人，当债务人不履行债务时，债权人就该财产权利依法享有优先受偿的权利。根据《民法典》第440条的规定，债务人或者第三人有权处分的下列权利可以出质：(1)汇票、本票、支票；(2)债券、存款单；(3)仓单、提单；(4)可以转让的基金份额、股权；(5)可以转让的注册商标专用权、专利权、著作权等知识产权中的财产权；(6)现有的以及将有的应收账款；(7)法律、行政法规规定可以出质的其他财产权利。

237. 以汇票出质的，权利质权何时设立？

根据《民法典》第441条的规定，以汇票、本票、支票、债券、存款单、仓单、提单出质的，质权自权利凭证交付质权人时设立；没有权利凭证的，质权自办理出质登记时设立。以汇票出质的，当事人必须订立书面合同。但是只订立书面合同，权利质权还不能生效，还要将汇票凭证交付给质权人才能设立。

238. 以汇票出质，汇票兑现日期先于质权担保的债权到期的，该怎么办？

银行承兑汇票是一种有价凭证、远期汇票，是指存款人通过向开立了存款账户的承兑银行提出承兑申请，保证在承兑汇票到期日无条件支付确定金额，经银行审核通过后形成的一种有价凭证。银行承兑汇票到期日，也就是承兑汇票的期限。根据《民法典》第442条的规定，汇票、本票、支票、债券、存款单、仓单、提单的兑现日期或者提货日期先于主债权到期的，质权人可以兑现或者提货，并与出质人协议将兑现的价款或者提取的货物提前清偿债务或者提存。因此，如果汇票兑现日期先于质权担保的债权到期的，质权人兑现，并与出质人协商将兑现的价款提前清偿债务。

239. 以知识产权出质的，权利质权何时生效？

根据《民法典》第 444 条的规定，以注册商标专用权、专利权、著作权等知识产权中的财产权出质的，质权自办理出质登记时设立。知识产权中的财产权出质后，出质人不得转让或者许可他人使用，但是经出质人与质权人协商同意的除外。出质人转让或者许可他人使用出质的知识产权中的财产权所得的价款，应当向质权人提前清偿债务或者提存。以知识产权中的财产权出质的，当事人必须订立书面合同。但是订立书面合同，权利质权还未生效，还要向有关部门办理出质登记。办理出质登记时，权利质权生效。

240. 以应收账款出质的，应收账款可否转让？

对应收账款的转让的实质是对应收账款的处分。众所周知，应收账款设定出质的，但其所有权仍为出质人所有，只有出质人才享有对应收账款行使处分的权利。但是此应收账款作为债权的担保已被出质，而且被质权人以登记形式占有。这样看来，出质人的权利已受到限制，如果允许其对应收账款进行转让，即可损及质权人的利益。根据《民法典》第 445 条第 2 款的规定，应收账款出质后，不得转让，但是经出质人与质权人协商同意的除外。出质人转让应收账款所得的价款，应当向质权人提前清偿债务或者提存。所以，法律规定出质人未经质权人同意转让应收账款的，应认定转让行为无效。但是，出质人与质权人协商一致转让的，法律应当尊重当事人的意思自治，给当事人以更多的选择空间。

241. 抵押权与质押权有何区别、联系？

根据对我国《民法典》的相关梳理，抵押权与质押权二者的区别与联系如下：(1)抵押标的为动产与不动产；质押标的为动产与权利。(2)抵押物不移转占有；质物移转占有。(3)当事人可以自愿办理抵押登记的，抵押合同自订立之日起生效；当事人不必办理质押登记的，质押合同自质物或权利凭证交付之日起生效。(4)当事人办理抵押登记的，登记部门为抵押物的相应管理部门；以股票、知识产权等权利出质的，当事人应向其相应的管理机构办理出质登记。(5)债务履行期届满，抵押权人未受清偿的，可与抵押人协商以抵押物折价或以拍卖、变卖该抵押物的所得价款受偿，协议不成的，可向人民法院提起诉讼；债务履行期届满，质权人未受清偿的，可与出质人协议以质物折价或依法拍卖、变卖质物清偿债权。

第十九章　留　置　权

242. 什么是留置权？

根据《民法典》第 447 条的规定，债务人不履行到期债务，债权人可以留置已经合法占有的债务人的动产，并有权就该动产优先受偿。由此可见，留置权是债权人享有的权利，且是针对按照合同约定合法占有的动产在债务人超过规定期限不履行债务时，享有的留置该动产并就该动产享有优先受偿的权利。

比如，王某将其笔记本电脑送至蒋某处修理，待蒋某将王某笔记本电脑修理结束后，王某却拒付修理费用。此时的蒋某有权留置王某的笔记本电脑，并直到其愿意支付相应的修理费用。经过合理期限后，王某还不愿意支付修理费用的，蒋某可以将笔记本电脑变卖，将所得款项偿还修理费用。

243. 留置权人可以使用留置财产吗？

根据《民法典》第 451 条的规定，留置权人负有妥善保管留置财产的义务；因保管不善致使留置财产毁损、灭失的，应当承担赔偿责任。留置权人占有留置财产，应尽到妥善保管的义务。原则上，未经债务人同意，留置权人不得使用、出租留置财产或者擅自把留置财产作为其他债权的担保物。但是，留置权人出于保管的需要，为使留置财产不因闲置而发生损害，在必要的范围内有使用留置财产的权利。

244. 留置权人丧失对财物的占有，还能享有留置权吗？

根据《民法典》第457条的规定，留置权人对留置财产丧失占有或者留置权人接受债务人另行提供担保的，留置权消灭。留置权人对留置财产丧失占有，通常而言可以分成两类：自愿丧失占有和非自愿丧失占有。如果留置权人自愿将留置财产返还给债务人或者抛弃留置财产，那么留置权将消灭。如果留置权人因遗失、被盗窃等原因而丧失留置物，事后采取措施重新获得对留置财产的占有的，留置权人可以继续享有留置权，留置权并不消灭。

245. 同一动产上设立质权后被留置的，质权人和留置权人谁能优先受偿？

根据《民法典》第456条的规定，同一动产上已设立抵押权或者质权，该动产又被留置的，留置权人优先受偿。也就是说，无论留置权是产生在抵押权或者质权之前，还是产生于抵押权或者质权之后，留置权人在留置动产时是善意还是恶意，留置权的效力都优先于抵押权或质权。例如，甲向乙借款10万元，以小汽车一辆做质押并办理质押登记。因车辆故障，乙将该车送到丙处维修，欠丙维修费5万元未支付。丙基于修车合同占有车辆，并基于维修行为就修理费对乙享有了债权，乙未按时支付修车费，丙有权留置车辆并优先受偿。

第二十章　占　　有

246. 什么是占有？如何区分善意占有与恶意占有？

占有是指占有人对不动产或者动产的实际控制。占有人可以是依法有权占有不动产或者动产，如根据租赁合同在租期内占有对方交付的租赁物。占有人也可能是无权占有他人的不动产或者动产，如借他人的物品，过期不还。

无权占有分为善意占有和恶意占有，都是没有权利而进行的占有。区分善意占有和恶意占有，主要从主观上进行判断。善意占有，是误信自己具有占有的权利，而进行的占有。例如，占有人以为是自己的财产而误为占有，即善意占有。若明知道自己没有占有的权利，或者对自己是否具有占有的权利有所怀疑而进行的占有，是恶意占有。也就是说，恶意占有人在主观上是有过错的，知道或者应当知道自己无权占有他人的财产而仍然进行占有。例如，小偷明知道是别人的东西而强行进行占有，这就属于典型的恶意占有。法律不保护恶意占有，但是对善意占有人却要宽容许多。

247. 善意占有人是否有权向权利人要求支付必要费用？

有。根据《民法典》第 460 条的规定，不动产或者动产被占有人占有的，权利人可以请求返还原物及其孳息；但是，应当支付善意占有人因维护该不动产或者动产支出的必要费用。无论是善意占有人还是恶意占有人，对权利人都负有返还原物及其孳息的义务。但是，对于善意占有人而言，对因维护该财产而支出的必要费用，可以要求权利人返还，而恶意占有人无此项权利。例如，甲误将乙的母牛当作自家的母牛进行圈养，后母牛生一小牛崽。那么，乙有权要求甲返还其母牛和牛崽，但是甲也有权要求乙支付母牛的管理、维护等必要费用。

248. 占有物损毁、灭失的，占有人应承担哪些责任？

如果占有人与所有权人之间具有保管、寄托、租赁等法律关系时，占有物损毁、灭失的，占有人的责任依照保管、寄托、租赁等法律关系的有关规定来解决。如果不具有这些法律关系，根据《民法典》第 461 条的规定，占有的不动产或者动产毁损、灭失，该不动产或者动产的权利人请求赔偿的，占有人应当将因毁损、灭失取得的保险金、赔偿金或者补偿金等返还给权利人；权利人的损害未得到足够弥补的，恶意占有人还应当赔偿损失。但是对于善意占有人而言，将保险金、赔偿金或补偿金等返还给权利人即可，即使损害并不能得到足够弥补，所有权人也不能要求善意占有人赔偿这部分损失。

249. 占有的财产被他人侵占的，在多长时间内可以行使返还原物请求权？

根据《民法典》第 462 条的规定，占有的不动产或者动产被侵占的，占有人有权请求返还原物；对妨害占有的行为，占有人有权请求停止侵害、排除妨碍或者消除危险；因侵占或者妨害造成损害的，占有人有权请求损害赔偿。占有人返还原物的请求权，自侵占发生之日起 1 年内未行使的，该请求权消灭。因此，占有的财产被他人侵占的，要积极请求侵占人返还原物，否则，如果超过了 1 年期限，则会丧失返还原物请求权，造成无法挽回的损失。

关联法规

1. 最高人民法院
关于适用《中华人民共和国民法典》
物权编的解释(一)

(2020年12月25日最高人民法院审判委员会第1825次会议通过　自2021年1月1日起施行)

为正确审理物权纠纷案件,根据《中华人民共和国民法典》等相关法律规定,结合审判实践,制定本解释。

第一条　因不动产物权的归属,以及作为不动产物权登记基础的买卖、赠与、抵押等产生争议,当事人提起民事诉讼的,应当依法受理。当事人已经在行政诉讼中申请一并解决上述民事争议,且人民法院一并审理的除外。

第二条　当事人有证据证明不动产登记簿的记载与真实权利状态不符、其为该不动产物权的真实权利人,请求确认其享有物权的,应予支持。

第三条　异议登记因民法典第二百二十条第二款规定的事由失效后,当事人提起民事诉讼,请求确认物权归属的,应当依法受理。异议登记失效不影响人民法院对案件的实体审理。

第四条　未经预告登记的权利人同意,转让不动产所有权等物权,或者设立建设用地使用权、居住权、地役权、抵押权等其他物权的,应当依照民法典第二百二十一条第一款的规定,认定其不发生物权效力。

第五条　预告登记的买卖不动产物权的协议被认定无效、被撤销,或者预告登记的权利人放弃债权的,应当认定为民法典第二百二十一条第二款所称的"债权消灭"。

第六条　转让人转让船舶、航空器和机动车等所有权,受让人已经支付合理价款并取得占有,虽未经登记,但转让人的债权人主张其为民法典第二百二十五条所称的“善意第三人”的，不予支持，法律另有规定的除外。

第七条 人民法院、仲裁机构在分割共有不动产或者动产等案件中作出并依法生效的改变原有物权关系的判决书、裁决书、调解书，以及人民法院在执行程序中作出的拍卖成交裁定书、变卖成交裁定书、以物抵债裁定书，应当认定为民法典第二百二十九条所称导致物权设立、变更、转让或者消灭的人民法院、仲裁机构的法律文书。

第八条 依据民法典第二百二十九条至第二百三十一条规定享有物权，但尚未完成动产交付或者不动产登记的权利人，依据民法典第二百三十五条至第二百三十八条的规定，请求保护其物权的，应予支持。

第九条 共有份额的权利主体因继承、遗赠等原因发生变化时，其他按份共有人主张优先购买的，不予支持，但按份共有人之间另有约定的除外。

第十条 民法典第三百零五条所称的“同等条件”，应当综合共有份额的转让价格、价款履行方式及期限等因素确定。

第十一条 优先购买权的行使期间，按份共有人之间有约定的，按照约定处理；没有约定或者约定不明的，按照下列情形确定：

（一）转让人向其他按份共有人发出的包含同等条件内容的通知中载明行使期间的，以该期间为准；

（二）通知中未载明行使期间，或者载明的期间短于通知送达之日起十五日的，为十五日；

（三）转让人未通知的，为其他按份共有人知道或者应当知道最终确定的同等条件之日起十五日；

（四）转让人未通知，且无法确定其他按份共有人知道或者应当知道最终确定的同等条件的，为共有份额权属转移之日起六个月。

第十二条 按份共有人向共有人之外的人转让其份额，其他按份共有人根据法律、司法解释规定，请求按照同等条件优先购买该共有份额的，应予支持。其他按份共有人的请求具有下列情形之一的，不予支持：

（一）未在本解释第十一条规定的期间内主张优先购买，或者虽主张优先购买，但提出减少转让价款、增加转让人负担等实质性变更要求；

（二）以其优先购买权受到侵害为由，仅请求撤销共有份额转让合同或者认定该合同无效。

第十三条 按份共有人之间转让共有份额，其他按份共有人主张依据民法典第三百零五条规定优先购买的，不予支持，但按份共有人之间另有约定的除外。

第十四条 受让人受让不动产或者动产时，不知道转让人无处分权，且无重大过失的，应当认定受让人为善意。

真实权利人主张受让人不构成善意的，应当承担举证证明责任。

第十五条 具有下列情形之一的，应当认定不动产受让人知道转让人无处分权：

（一）登记簿上存在有效的异议登记；

（二）预告登记有效期内，未经预告登记的权利人同意；

（三）登记簿上已经记载司法机关或者行政机关依法裁定、决定查封或者以其他形式限制不动产权利的有关事项；

（四）受让人知道登记簿上记载的权利主体错误；

（五）受让人知道他人已经依法享有不动产物权。

真实权利人有证据证明不动产受让人应当知道转让人无处分权的，应当认定受让人具有重大过失。

第十六条 受让人受让动产时，交易的对象、场所或者时机等不符合交易习惯的，应当认定受让人具有重大过失。

第十七条 民法典第三百一十一条第一款第一项所称的"受让人受让该不动产或者动产时"，是指依法完成不动产物权转移登记或者动产交付之时。

当事人以民法典第二百二十六条规定的方式交付动产的，转让动产民事法律行为生效时为动产交付之时；当事人以民法典第二百二十七条规定的方式交付动产的，转让人与受让人之间有关转让返还原物请求权的协议生效时为动产交付之时。

法律对不动产、动产物权的设立另有规定的，应当按照法律规定的时间认定权利人是否为善意。

第十八条 民法典第三百一十一条第一款第二项所称"合理的价格"，应当根据转让标的物的性质、数量以及付款方式等具体情况，参考转让时交易地市场价格以及交易习惯等因素综合认定。

第十九条 转让人将民法典第二百二十五条规定的船舶、航空器和机动车等交付给受让人的，应当认定符合民法典第三百一十一条第一款第三项规定的善意取得的条件。

第二十条 具有下列情形之一，受让人主张依据民法典第三百一十一条规定取得所有权的，不予支持：

（一）转让合同被认定无效；

（二）转让合同被撤销。

第二十一条 本解释自2021年1月1日起施行。

2. 最高人民法院关于审理建筑物区分所有权纠纷案件适用法律若干问题的解释

（2009年3月23日由最高人民法院审判委员会第1464次会议通过　根据2020年12月23日最高人民法院审判委员会第1823次会议通过的《最高人民法院关于修改〈最高人民法院关于在民事审判工作中适用《中华人民共和国工会法》若干问题的解释〉等二十七件民事类司法解释的决定》修正）

为正确审理建筑物区分所有权纠纷案件，依法保护当事人的合法权益，根据《中华人民共和国民法典》等法律的规定，结合民事审判实践，制定本解释。

第一条 依法登记取得或者依据民法典第二百二十九条至第二百三十一条规定取得建筑物专有部分所有权的人，应当认定为民法典第二编第六章所称的业主。

基于与建设单位之间的商品房买卖民事法律行为，已经合法占有建筑物专有部分，但尚未依法办理所有权登记的人，可以认定为民法典第二编第六章所称的业主。

第二条 建筑区划内符合下列条件的房屋,以及车位、摊位等特定空间,应当认定为民法典第二编第六章所称的专有部分:

(一)具有构造上的独立性,能够明确区分;

(二)具有利用上的独立性,可以排他使用;

(三)能够登记成为特定业主所有权的客体。

规划上专属于特定房屋,且建设单位销售时已经根据规划列入该特定房屋买卖合同中的露台等,应当认定为前款所称的专有部分的组成部分。

本条第一款所称房屋,包括整栋建筑物。

第三条 除法律、行政法规规定的共有部分外,建筑区划内的以下部分,也应当认定为民法典第二编第六章所称的共有部分:

(一)建筑物的基础、承重结构、外墙、屋顶等基本结构部分,通道、楼梯、大堂等公共通行部分,消防、公共照明等附属设施、设备,避难层、设备层或者设备间等结构部分;

(二)其他不属于业主专有部分,也不属于市政公用部分或者其他权利人所有的场所及设施等。

建筑区划内的土地,依法由业主共同享有建设用地使用权,但属于业主专有的整栋建筑物的规划占地或者城镇公共道路、绿地占地除外。

第四条 业主基于对住宅、经营性用房等专有部分特定使用功能的合理需要,无偿利用屋顶以及与其专有部分相对应的外墙面等共有部分的,不应认定为侵权。但违反法律、法规、管理规约,损害他人合法权益的除外。

第五条 建设单位按照配置比例将车位、车库,以出售、附赠或者出租等方式处分给业主的,应当认定其行为符合民法典第二百七十六条有关“应当首先满足业主的需要”的规定。

前款所称配置比例是指规划确定的建筑区划内规划用于停放汽车的车位、车库与房屋套数的比例。

第六条 建筑区划内在规划用于停放汽车的车位之外,占用业主共有道路或者其他场地增设的车位,应当认定为民法典第二百七十五条第二款所称的车位。

第七条 处分共有部分,以及业主大会依法决定或者管理规约依法确定应由业主共同决定的事项,应当认定为民法典第二百七十八条第一款第(九)项规定的有关共有和共同管理权利的“其他重大事项”。

第八条 民法典第二百七十八条第二款和第二百八十三条规定的专有部分面积可以按照不动产登记簿记载的面积计算；尚未进行物权登记的，暂按测绘机构的实测面积计算；尚未进行实测的，暂按房屋买卖合同记载的面积计算。

第九条 民法典第二百七十八条第二款规定的业主人数可以按照专有部分的数量计算，一个专有部分按一人计算。但建设单位尚未出售和虽已出售但尚未交付的部分，以及同一买受人拥有一个以上专有部分的，按一人计算。

第十条 业主将住宅改变为经营性用房，未依据民法典第二百七十九条的规定经有利害关系的业主一致同意，有利害关系的业主请求排除妨害、消除危险、恢复原状或者赔偿损失的，人民法院应予支持。

将住宅改变为经营性用房的业主以多数有利害关系的业主同意其行为进行抗辩的，人民法院不予支持。

第十一条 业主将住宅改变为经营性用房，本栋建筑物内的其他业主，应当认定为民法典第二百七十九条所称“有利害关系的业主”。建筑区划内，本栋建筑物之外的业主，主张与自己有利害关系的，应证明其房屋价值、生活质量受到或者可能受到不利影响。

第十二条 业主以业主大会或者业主委员会作出的决定侵害其合法权益或者违反了法律规定的程序为由，依据民法典第二百八十条第二款的规定请求人民法院撤销该决定的，应当在知道或者应当知道业主大会或者业主委员会作出决定之日起一年内行使。

第十三条 业主请求公布、查阅下列应当向业主公开的情况和资料的，人民法院应予支持：

（一）建筑物及其附属设施的维修资金的筹集、使用情况；

（二）管理规约、业主大会议事规则，以及业主大会或者业主委员会的决定及会议记录；

（三）物业服务合同、共有部分的使用和收益情况；

（四）建筑区划内规划用于停放汽车的车位、车库的处分情况；

（五）其他应当向业主公开的情况和资料。

第十四条 建设单位、物业服务企业或者其他管理人等擅自占用、处分业主共有部分、改变其使用功能或者进行经营性活动，权利人请求排除妨害、恢复原状、确认处分行为无效或者赔偿损失的，人民法院应予支持。

属于前款所称擅自进行经营性活动的情形，权利人请求建设单位、物业服务企业或者其他管理人等将扣除合理成本之后的收益用于补充专项维修资金或者业主共同决定的其他用途的，人民法院应予支持。行为人对成本的支出及其合理性承担举证责任。

第十五条 业主或者其他行为人违反法律、法规、国家相关强制性标准、管理规约，或者违反业主大会、业主委员会依法作出的决定，实施下列行为的，可以认定为民法典第二百八十六条第二款所称的其他“损害他人合法权益的行为”：

（一）损害房屋承重结构，损害或者违章使用电力、燃气、消防设施，在建筑物内放置危险、放射性物品等危及建筑物安全或者妨碍建筑物正常使用；

（二）违反规定破坏、改变建筑物外墙面的形状、颜色等损害建筑物外观；

（三）违反规定进行房屋装饰装修；

（四）违章加建、改建，侵占、挖掘公共通道、道路、场地或者其他共有部分。

第十六条 建筑物区分所有权纠纷涉及专有部分的承租人、借用人等物业使用人的，参照本解释处理。

专有部分的承租人、借用人等物业使用人，根据法律、法规、管理规约、业主大会或者业主委员会依法作出的决定，以及其与业主的约定，享有相应权利，承担相应义务。

第十七条 本解释所称建设单位，包括包销期满，按照包销合同约定的包销价格购买尚未销售的物业后，以自己名义对外销售的包销人。

第十八条 人民法院审理建筑物区分所有权案件中，涉及有关物权归属争议的，应当以法律、行政法规为依据。

第十九条 本解释自2009年10月1日起施行。

因物权法施行后实施的行为引起的建筑物区分所有权纠纷案件，适用本解释。

本解释施行前已经终审，本解释施行后当事人申请再审或者按照审判监督程序决定再审的案件，不适用本解释。

3. 最高人民法院关于审理物业服务纠纷案件适用法律若干问题的解释

（2009 年 4 月 20 日由最高人民法院审判委员会第 1466 次会议通过　根据 2020 年 12 月 23 日最高人民法院审判委员会第 1823 次会议通过的《最高人民法院关于修改〈最高人民法院关于在民事审判工作中适用《中华人民共和国工会法》若干问题的解释〉等二十七件民事类司法解释的决定》修正）

为正确审理物业服务纠纷案件，依法保护当事人的合法权益，根据《中华人民共和国民法典》等法律规定，结合民事审判实践，制定本解释。

第一条　业主违反物业服务合同或者法律、法规、管理规约，实施妨碍物业服务与管理的行为，物业服务人请求业主承担停止侵害、排除妨碍、恢复原状等相应民事责任的，人民法院应予支持。

第二条　物业服务人违反物业服务合同约定或者法律、法规、部门规章规定，擅自扩大收费范围、提高收费标准或者重复收费，业主以违规收费为由提出抗辩的，人民法院应予支持。

业主请求物业服务人退还其已经收取的违规费用的，人民法院应予支持。

第三条　物业服务合同的权利义务终止后，业主请求物业服务人退还已经预收，但尚未提供物业服务期间的物业费的，人民法院应予支持。

第四条　因物业的承租人、借用人或者其他物业使用人实施违反物业服务合同，以及法律、法规或者管理规约的行为引起的物业服务纠纷，人民法院可以参照关于业主的规定处理。

第五条　本解释自 2009 年 10 月 1 日起施行。

本解释施行前已经终审，本解释施行后当事人申请再审或者按照审判监督程序决定再审的案件，不适用本解释。

4. 最高人民法院关于适用《中华人民共和国民法典》有关担保制度的解释

（2020年12月25日最高人民法院审判委员会第1824次会议通过　自2021年1月1日起施行　法释〔2020〕28号）

为正确适用《中华人民共和国民法典》有关担保制度的规定，结合民事审判实践，制定本解释。

一、关于一般规定

第一条　因抵押、质押、留置、保证等担保发生的纠纷，适用本解释。所有权保留买卖、融资租赁、保理等涉及担保功能发生的纠纷，适用本解释的有关规定。

第二条　当事人在担保合同中约定担保合同的效力独立于主合同，或者约定担保人对主合同无效的法律后果承担担保责任，该有关担保独立性的约定无效。主合同有效的，有关担保独立性的约定无效不影响担保合同的效力；主合同无效的，人民法院应当认定担保合同无效，但是法律另有规定的除外。

因金融机构开立的独立保函发生的纠纷，适用《最高人民法院关于审理独立保函纠纷案件若干问题的规定》。

第三条　当事人对担保责任的承担约定专门的违约责任，或者约定的担保责任范围超出债务人应当承担的责任范围，担保人主张仅在债务人应当承担的责任范围内承担责任的，人民法院应予支持。

担保人承担的责任超出债务人应当承担的责任范围，担保人向债务人追偿，债务人主张仅在其应当承担的责任范围内承担责任的，人民法院应予支持；担保人请求债权人返还超出部分的，人民法院依法予以支持。

第四条 有下列情形之一，当事人将担保物权登记在他人名下，债务人不履行到期债务或者发生当事人约定的实现担保物权的情形，债权人或者其受托人主张就该财产优先受偿的，人民法院依法予以支持：

（一）为债券持有人提供的担保物权登记在债券受托管理人名下；

（二）为委托贷款人提供的担保物权登记在受托人名下；

（三）担保人知道债权人与他人之间存在委托关系的其他情形。

第五条 机关法人提供担保的，人民法院应当认定担保合同无效，但是经国务院批准为使用外国政府或者国际经济组织贷款进行转贷的除外。

居民委员会、村民委员会提供担保的，人民法院应当认定担保合同无效，但是依法代行村集体经济组织职能的村民委员会，依照村民委员会组织法规定的讨论决定程序对外提供担保的除外。

第六条 以公益为目的的非营利性学校、幼儿园、医疗机构、养老机构等提供担保的，人民法院应当认定担保合同无效，但是有下列情形之一的除外：

（一）在购入或者以融资租赁方式承租教育设施、医疗卫生设施、养老服务设施和其他公益设施时，出卖人、出租人为担保价款或者租金实现而在该公益设施上保留所有权；

（二）以教育设施、医疗卫生设施、养老服务设施和其他公益设施以外的不动产、动产或者财产权利设立担保物权。

登记为营利法人的学校、幼儿园、医疗机构、养老机构等提供担保，当事人以其不具有担保资格为由主张担保合同无效的，人民法院不予支持。

第七条 公司的法定代表人违反公司法关于公司对外担保决议程序的规定，超越权限代表公司与相对人订立担保合同，人民法院应当依照民法典第六十一条和第五百零四条等规定处理：

（一）相对人善意的，担保合同对公司发生效力；相对人请求公司承担担保责任的，人民法院应予支持。

（二）相对人非善意的，担保合同对公司不发生效力；相对人请求公司承担赔偿责任的，参照适用本解释第十七条的有关规定。

法定代表人超越权限提供担保造成公司损失，公司请求法定代表人承担赔偿责任的，人民法院应予支持。

第一款所称善意，是指相对人在订立担保合同时不知道且不应当知道法定代表人超越权限。相对人有证据证明已对公司决议进行了合理审查，人民法院应当认定其构成善意，但是公司有证据证明相对人知道或者应当知道决议系伪造、变造的除外。

第八条 有下列情形之一，公司以其未依照公司法关于公司对外担保的规定作出决议为由主张不承担担保责任的，人民法院不予支持：

（一）金融机构开立保函或者担保公司提供担保；

（二）公司为其全资子公司开展经营活动提供担保；

（三）担保合同系由单独或者共同持有公司三分之二以上对担保事项有表决权的股东签字同意。

上市公司对外提供担保，不适用前款第二项、第三项的规定。

第九条 相对人根据上市公司公开披露的关于担保事项已经董事会或者股东大会决议通过的信息，与上市公司订立担保合同，相对人主张担保合同对上市公司发生效力，并由上市公司承担担保责任的，人民法院应予支持。

相对人未根据上市公司公开披露的关于担保事项已经董事会或者股东大会决议通过的信息，与上市公司订立担保合同，上市公司主张担保合同对其不发生效力，且不承担担保责任或者赔偿责任的，人民法院应予支持。

相对人与上市公司已公开披露的控股子公司订立的担保合同，或者相对人与股票在国务院批准的其他全国性证券交易场所交易的公司订立的担保合同，适用前两款规定。

第十条 一人有限责任公司为其股东提供担保，公司以违反公司法关于公司对外担保决议程序的规定为由主张不承担担保责任的，人民法院不予支持。公司因承担担保责任导致无法清偿其他债务，提供担保时的股东不能证明公司财产独立于自己的财产，其他债权人请求该股东承担连带责任的，人民法院应予支持。

第十一条 公司的分支机构未经公司股东（大）会或者董事会决议以自己的名义对外提供担保，相对人请求公司或者其分支机构承担担保责任的，人民法院不予支持，但是相对人不知道且不应当知道分支机构对外提供担保未经公司决议程序的除外。

金融机构的分支机构在其营业执照记载的经营范围内开立保函，或者经有权从事担保业务的上级机构授权开立保函，金融机构或者其分支机构以违反公司法关于公司对外担保决议程序的规定为由主张不承担担保责任的，人民法院不予支持。金融机构的分支机构未经金融机构授权提供保函之外的担保，金融机构或者其分支机构主张不承担担保责任的，人民法院应予支持，但是相对人不知道且不应当知道分支机构对外提供担保未经金融机构授权的除外。

担保公司的分支机构未经担保公司授权对外提供担保，担保公司或者其分支机构主张不承担担保责任的，人民法院应予支持，但是相对人不知道且不应当知道分支机构对外提供担保未经担保公司授权的除外。

公司的分支机构对外提供担保，相对人非善意，请求公司承担赔偿责任的，参照本解释第十七条的有关规定处理。

第十二条 法定代表人依照民法典第五百五十二条的规定以公司名义加入债务的，人民法院在认定该行为的效力时，可以参照本解释关于公司为他人提供担保的有关规则处理。

第十三条 同一债务有两个以上第三人提供担保，担保人之间约定相互追偿及分担份额，承担了担保责任的担保人请求其他担保人按照约定分担份额的，人民法院应予支持；担保人之间约定承担连带共同担保，或者约定相互追偿但是未约定分担份额的，各担保人按照比例分担向债务人不能追偿的部分。

同一债务有两个以上第三人提供担保，担保人之间未对相互追偿作出约定且未约定承担连带共同担保，但是各担保人在同一份合同书上签字、盖章或者按指印，承担了担保责任的担保人请求其他担保人按照比例分担向债务人不能追偿部分的，人民法院应予支持。

除前两款规定的情形外，承担了担保责任的担保人请求其他担保人分担向债务人不能追偿部分的，人民法院不予支持。

第十四条 同一债务有两个以上第三人提供担保，担保人受让债权的，人民法院应当认定该行为系承担担保责任。受让债权的担保人作为债权人请求其他担保人承担担保责任的，人民法院不予支持；该担保人请求其他担保人分担相应份额的，依照本解释第十三条的规定处理。

第十五条 最高额担保中的最高债权额，是指包括主债权及其利息、违约金、损害赔偿金、保管担保财产的费用、实现债权或者实现担保物权的费用等在内的全部债权，但是当事人另有约定的除外。

登记的最高债权额与当事人约定的最高债权额不一致的，人民法院应当依据登记的最高债权额确定债权人优先受偿的范围。

第十六条 主合同当事人协议以新贷偿还旧贷，债权人请求旧贷的担保人承担担保责任的，人民法院不予支持；债权人请求新贷的担保人承担担保责任的，按照下列情形处理：

（一）新贷与旧贷的担保人相同的，人民法院应予支持；

（二）新贷与旧贷的担保人不同，或者旧贷无担保新贷有担保的，人民法院不予支持，但是债权人有证据证明新贷的担保人提供担保时对以新贷偿还旧贷的事实知道或者应当知道的除外。

主合同当事人协议以新贷偿还旧贷，旧贷的物的担保人在登记尚未注销的情形下同意继续为新贷提供担保，在订立新的贷款合同前又以该担保财产为其他债权人设立担保物权，其他债权人主张其担保物权顺位优先于新贷债权人的，人民法院不予支持。

第十七条 主合同有效而第三人提供的担保合同无效，人民法院应当区分不同情形确定担保人的赔偿责任：

（一）债权人与担保人均有过错的，担保人承担的赔偿责任不应超过债务人不能清偿部分的二分之一；

（二）担保人有过错而债权人无过错的，担保人对债务人不能清偿的部分承担赔偿责任；

（三）债权人有过错而担保人无过错的，担保人不承担赔偿责任。

主合同无效导致第三人提供的担保合同无效，担保人无过错的，不承担赔偿责任；担保人有过错的，其承担的赔偿责任不应超过债务人不能清偿部分的三分之一。

第十八条 承担了担保责任或者赔偿责任的担保人，在其承担责任的范围内向债务人追偿的，人民法院应予支持。

同一债权既有债务人自己提供的物的担保，又有第三人提供的担保，承担了担保责任或者赔偿责任的第三人，主张行使债权人对债务人享有的担保物权的，人民法院应予支持。

第十九条 担保合同无效，承担了赔偿责任的担保人按照反担保合同的约定，在其承担赔偿责任的范围内请求反担保人承担担保责任的，人民法院应予支持。

反担保合同无效的，依照本解释第十七条的有关规定处理。当事人仅以担保合同无效为由主张反担保合同无效的，人民法院不予支持。

第二十条 人民法院在审理第三人提供的物的担保纠纷案件时，可以适用民法典第六百九十五条第一款、第六百九十六条第一款、第六百九十七条第二款、第六百九十九条、第七百条、第七百零一条、第七百零二条等关于保证合同的规定。

第二十一条 主合同或者担保合同约定了仲裁条款的，人民法院对约定仲裁条款的合同当事人之间的纠纷无管辖权。

债权人一并起诉债务人和担保人的，应当根据主合同确定管辖法院。

债权人依法可以单独起诉担保人且仅起诉担保人的，应当根据担保合同确定管辖法院。

第二十二条 人民法院受理债务人破产案件后，债权人请求担保人承担担保责任，担保人主张担保债务自人民法院受理破产申请之日起停止计息的，人民法院对担保人的主张应予支持。

第二十三条 人民法院受理债务人破产案件，债权人在破产程序中申报债权后又向人民法院提起诉讼，请求担保人承担担保责任的，人民法院依法予以支持。

担保人清偿债权人的全部债权后，可以代替债权人在破产程序中受偿；在债权人的债权未获全部清偿前，担保人不得代替债权人在破产程序中受偿，但是有权就债权人通过破产分配和实现担保债权等方式获得清偿总额中超出债权的部分，在其承担担保责任的范围内请求债权人返还。

债权人在债务人破产程序中未获全部清偿，请求担保人继续承担担保责任的，人民法院应予支持；担保人承担担保责任后，向和解协议或者重整计划执行完毕后的债务人追偿的，人民法院不予支持。

第二十四条 债权人知道或者应当知道债务人破产，既未申报债权也未通知担保人，致使担保人不能预先行使追偿权的，担保人就该债权在破产程序中可能受偿的范围内免除担保责任，但是担保人因自身过错未行使追偿权的除外。

二、关于保证合同

第二十五条 当事人在保证合同中约定了保证人在债务人不能履行债务或者无力偿还债务时才承担保证责任等类似内容,具有债务人应当先承担责任的意思表示的,人民法院应当将其认定为一般保证。

当事人在保证合同中约定了保证人在债务人不履行债务或者未偿还债务时即承担保证责任、无条件承担保证责任等类似内容,不具有债务人应当先承担责任的意思表示的,人民法院应当将其认定为连带责任保证。

第二十六条 一般保证中,债权人以债务人为被告提起诉讼的,人民法院应予受理。债权人未就主合同纠纷提起诉讼或者申请仲裁,仅起诉一般保证人的,人民法院应当驳回起诉。

一般保证中,债权人一并起诉债务人和保证人的,人民法院可以受理,但是在作出判决时,除有民法典第六百八十七条第二款但书规定的情形外,应当在判决书主文中明确,保证人仅对债务人财产依法强制执行后仍不能履行的部分承担保证责任。

债权人未对债务人的财产申请保全,或者保全的债务人的财产足以清偿债务,债权人申请对一般保证人的财产进行保全的,人民法院不予准许。

第二十七条 一般保证的债权人取得对债务人赋予强制执行效力的公证债权文书后,在保证期间内向人民法院申请强制执行,保证人以债权人未在保证期间内对债务人提起诉讼或者申请仲裁为由主张不承担保证责任的,人民法院不予支持。

第二十八条 一般保证中,债权人依据生效法律文书对债务人的财产依法申请强制执行,保证债务诉讼时效的起算时间按照下列规则确定:

(一)人民法院作出终结本次执行程序裁定,或者依照民事诉讼法第二百五十七条第三项、第五项的规定作出终结执行裁定的,自裁定送达债权人之日起开始计算;

(二)人民法院自收到申请执行书之日起一年内未作出前项裁定的,自人民法院收到申请执行书满一年之日起开始计算,但是保证人有证据证明债务人仍有财产可供执行的除外。

一般保证的债权人在保证期间届满前对债务人提起诉讼或者申请仲裁,债权人举证证明存在民法典第六百八十七条第二款但书规定情形的，保证债务的诉讼时效自债权人知道或者应当知道该情形之日起开始计算。

第二十九条 同一债务有两个以上保证人，债权人以其已经在保证期间内依法向部分保证人行使权利为由，主张已经在保证期间内向其他保证人行使权利的，人民法院不予支持。

同一债务有两个以上保证人，保证人之间相互有追偿权，债权人未在保证期间内依法向部分保证人行使权利，导致其他保证人在承担保证责任后丧失追偿权，其他保证人主张在其不能追偿的范围内免除保证责任的，人民法院应予支持。

第三十条 最高额保证合同对保证期间的计算方式、起算时间等有约定的，按照其约定。

最高额保证合同对保证期间的计算方式、起算时间等没有约定或者约定不明，被担保债权的履行期限均已届满的，保证期间自债权确定之日起开始计算；被担保债权的履行期限尚未届满的，保证期间自最后到期债权的履行期限届满之日起开始计算。

前款所称债权确定之日，依照民法典第四百二十三条的规定认定。

第三十一条 一般保证的债权人在保证期间内对债务人提起诉讼或者申请仲裁后，又撤回起诉或者仲裁申请，债权人在保证期间届满前未再行提起诉讼或者申请仲裁，保证人主张不再承担保证责任的，人民法院应予支持。

连带责任保证的债权人在保证期间内对保证人提起诉讼或者申请仲裁后，又撤回起诉或者仲裁申请，起诉状副本或者仲裁申请书副本已经送达保证人的，人民法院应当认定债权人已经在保证期间内向保证人行使了权利。

第三十二条 保证合同约定保证人承担保证责任直至主债务本息还清时为止等类似内容的，视为约定不明，保证期间为主债务履行期限届满之日起六个月。

第三十三条 保证合同无效，债权人未在约定或者法定的保证期间内依法行使权利，保证人主张不承担赔偿责任的，人民法院应予支持。

第三十四条 人民法院在审理保证合同纠纷案件时，应当将保证期间是否届满、债权人是否在保证期间内依法行使权利等事实作为案件基本事实予以查明。

债权人在保证期间内未依法行使权利的，保证责任消灭。保证责任消灭后，债权人书面通知保证人要求承担保证责任，保证人在通知书上签字、盖章或者按指印，债权人请求保证人继续承担保证责任的，人民法院不予支持，但是债权人有证据证明成立了新的保证合同的除外。

第三十五条 保证人知道或者应当知道主债权诉讼时效期间届满仍然提供保证或者承担保证责任，又以诉讼时效期间届满为由拒绝承担保证责任或者请求返还财产的，人民法院不予支持；保证人承担保证责任后向债务人追偿的，人民法院不予支持，但是债务人放弃诉讼时效抗辩的除外。

第三十六条 第三人向债权人提供差额补足、流动性支持等类似承诺文件作为增信措施，具有提供担保的意思表示，债权人请求第三人承担保证责任的，人民法院应当依照保证的有关规定处理。

第三人向债权人提供的承诺文件，具有加入债务或者与债务人共同承担债务等意思表示的，人民法院应当认定为民法典第五百五十二条规定的债务加入。

前两款中第三人提供的承诺文件难以确定是保证还是债务加入的，人民法院应当将其认定为保证。

第三人向债权人提供的承诺文件不符合前三款规定的情形，债权人请求第三人承担保证责任或者连带责任的，人民法院不予支持，但是不影响其依据承诺文件请求第三人履行约定的义务或者承担相应的民事责任。

三、关于担保物权

（一）担保合同与担保物权的效力

第三十七条 当事人以所有权、使用权不明或者有争议的财产抵押，经审查构成无权处分的，人民法院应当依照民法典第三百一十一条的规定处理。

当事人以依法被查封或者扣押的财产抵押，抵押权人请求行使抵押权，经审查查封或者扣押措施已经解除的，人民法院应予支持。抵押人以抵押权设立时财产被查封或者扣押为由主张抵押合同无效的，人民法院不予支持。

以依法被监管的财产抵押的，适用前款规定。

第三十八条 主债权未受全部清偿，担保物权人主张就担保财产的全部行使担保物权的，人民法院应予支持，但是留置权人行使留置权的，应当依照民法典第四百五十条的规定处理。

担保财产被分割或者部分转让，担保物权人主张就分割或者转让后的担保财产行使担保物权的，人民法院应予支持，但是法律或者司法解释另有规定的除外。

第三十九条　主债权被分割或者部分转让，各债权人主张就其享有的债权份额行使担保物权的，人民法院应予支持，但是法律另有规定或者当事人另有约定的除外。

主债务被分割或者部分转移，债务人自己提供物的担保，债权人请求以该担保财产担保全部债务履行的，人民法院应予支持；第三人提供物的担保，主张对未经其书面同意转移的债务不再承担担保责任的，人民法院应予支持。

第四十条　从物产生于抵押权依法设立前，抵押权人主张抵押权的效力及于从物的，人民法院应予支持，但是当事人另有约定的除外。

从物产生于抵押权依法设立后，抵押权人主张抵押权的效力及于从物的，人民法院不予支持，但是在抵押权实现时可以一并处分。

第四十一条　抵押权依法设立后，抵押财产被添附，添附物归第三人所有，抵押权人主张抵押权效力及于补偿金的，人民法院应予支持。

抵押权依法设立后，抵押财产被添附，抵押人对添附物享有所有权，抵押权人主张抵押权的效力及于添附物的，人民法院应予支持，但是添附导致抵押财产价值增加的，抵押权的效力不及于增加的价值部分。

抵押权依法设立后，抵押人与第三人因添附成为添附物的共有人，抵押权人主张抵押权的效力及于抵押人对共有物享有的份额的，人民法院应予支持。

本条所称添附，包括附合、混合与加工。

第四十二条　抵押权依法设立后，抵押财产毁损、灭失或者被征收等，抵押权人请求按照原抵押权的顺位就保险金、赔偿金或者补偿金等优先受偿的，人民法院应予支持。

给付义务人已经向抵押人给付了保险金、赔偿金或者补偿金，抵押权人请求给付义务人向其给付保险金、赔偿金或者补偿金的，人民法院不予支持，但是给付义务人接到抵押权人要求向其给付的通知后仍然向抵押人给付的除外。

抵押权人请求给付义务人向其给付保险金、赔偿金或者补偿金的，人民法院可以通知抵押人作为第三人参加诉讼。

第四十三条　当事人约定禁止或者限制转让抵押财产但是未将约定登记，抵押人违反约定转让抵押财产，抵押权人请求确认转让合同无效的，人民法院不予支持；抵押财产已经交付或者登记，抵押权人请求确认转让不发生物权效力的，人民法院不予支持，但是抵押权人有证据证明受让人知道的除外；抵押权人请求抵押人承担违约责任的，人民法院依法予以支持。

当事人约定禁止或者限制转让抵押财产且已经将约定登记，抵押人违反约定转让抵押财产，抵押权人请求确认转让合同无效的，人民法院不予支持；抵押财产已经交付或者登记，抵押权人主张转让不发生物权效力的，人民法院应予支持，但是因受让人代替债务人清偿债务导致抵押权消灭的除外。

第四十四条 主债权诉讼时效期间届满后，抵押权人主张行使抵押权的，人民法院不予支持；抵押人以主债权诉讼时效期间届满为由，主张不承担担保责任的，人民法院应予支持。主债权诉讼时效期间届满前，债权人仅对债务人提起诉讼，经人民法院判决或者调解后未在民事诉讼法规定的申请执行时效期间内对债务人申请强制执行，其向抵押人主张行使抵押权的，人民法院不予支持。

主债权诉讼时效期间届满后，财产被留置的债务人或者对留置财产享有所有权的第三人请求债权人返还留置财产的，人民法院不予支持；债务人或者第三人请求拍卖、变卖留置财产并以所得价款清偿债务的，人民法院应予支持。

主债权诉讼时效期间届满的法律后果，以登记作为公示方式的权利质权，参照适用第一款的规定；动产质权、以交付权利凭证作为公示方式的权利质权，参照适用第二款的规定。

第四十五条 当事人约定当债务人不履行到期债务或者发生当事人约定的实现担保物权的情形，担保物权人有权将担保财产自行拍卖、变卖并就所得的价款优先受偿的，该约定有效。因担保人的原因导致担保物权人无法自行对担保财产进行拍卖、变卖，担保物权人请求担保人承担因此增加的费用的，人民法院应予支持。

当事人依照民事诉讼法有关“实现担保物权案件”的规定，申请拍卖、变卖担保财产，被申请人以担保合同约定仲裁条款为由主张驳回申请的，人民法院经审查后，应当按照以下情形分别处理：

（一）当事人对担保物权无实质性争议且实现担保物权条件已经成就的，应当裁定准许拍卖、变卖担保财产；

（二）当事人对实现担保物权有部分实质性争议的，可以就无争议的部分裁定准许拍卖、变卖担保财产，并告知可以就有争议的部分申请仲裁；

（三）当事人对实现担保物权有实质性争议的，裁定驳回申请，并告知可以向仲裁机构申请仲裁。

债权人以诉讼方式行使担保物权的，应当以债务人和担保人作为共同被告。

（二）不动产抵押

第四十六条 不动产抵押合同生效后未办理抵押登记手续，债权人请求抵押人办理抵押登记手续的，人民法院应予支持。

抵押财产因不可归责于抵押人自身的原因灭失或者被征收等导致不能办理抵押登记，债权人请求抵押人在约定的担保范围内承担责任的，人民法院不予支持；但是抵押人已经获得保险金、赔偿金或者补偿金等，债权人请求抵押人在其所获金额范围内承担赔偿责任的，人民法院依法予以支持。

因抵押人转让抵押财产或者其他可归责于抵押人自身的原因导致不能办理抵押登记，债权人请求抵押人在约定的担保范围内承担责任的，人民法院依法予以支持，但是不得超过抵押权能够设立时抵押人应当承担的责任范围。

第四十七条 不动产登记簿就抵押财产、被担保的债权范围等所作的记载与抵押合同约定不一致的，人民法院应当根据登记簿的记载确定抵押财产、被担保的债权范围等事项。

第四十八条 当事人申请办理抵押登记手续时，因登记机构的过错致使其不能办理抵押登记，当事人请求登记机构承担赔偿责任的，人民法院依法予以支持。

第四十九条 以违法的建筑物抵押的，抵押合同无效，但是一审法庭辩论终结前已经办理合法手续的除外。抵押合同无效的法律后果，依照本解释第十七条的有关规定处理。

当事人以建设用地使用权依法设立抵押，抵押人以土地上存在违法的建筑物为由主张抵押合同无效的，人民法院不予支持。

第五十条 抵押人以划拨建设用地上的建筑物抵押，当事人以该建设用地使用权不能抵押或者未办理批准手续为由主张抵押合同无效或者不生效的，人民法院不予支持。抵押权依法实现时，拍卖、变卖建筑物所得的价款，应当优先用于补缴建设用地使用权出让金。

当事人以划拨方式取得的建设用地使用权抵押，抵押人以未办理批准手续为由主张抵押合同无效或者不生效的，人民法院不予支持。已经依法办理抵押登记,抵押权人主张行使抵押权的,人民法院应予支持。抵押权依法实现时所得的价款,参照前款有关规定处理。

第五十一条 当事人仅以建设用地使用权抵押,债权人主张抵押权的效力及于土地上已有的建筑物以及正在建造的建筑物已完成部分的,人民法院应予支持。债权人主张抵押权的效力及于正在建造的建筑物的续建部分以及新增建筑物的,人民法院不予支持。

当事人以正在建造的建筑物抵押,抵押权的效力范围限于已办理抵押登记的部分。当事人按照担保合同的约定,主张抵押权的效力及于续建部分、新增建筑物以及规划中尚未建造的建筑物的,人民法院不予支持。

抵押人将建设用地使用权、土地上的建筑物或者正在建造的建筑物分别抵押给不同债权人的,人民法院应当根据抵押登记的时间先后确定清偿顺序。

第五十二条 当事人办理抵押预告登记后,预告登记权利人请求就抵押财产优先受偿,经审查存在尚未办理建筑物所有权首次登记、预告登记的财产与办理建筑物所有权首次登记时的财产不一致、抵押预告登记已经失效等情形,导致不具备办理抵押登记条件的,人民法院不予支持;经审查已经办理建筑物所有权首次登记,且不存在预告登记失效等情形的,人民法院应予支持,并应当认定抵押权自预告登记之日起设立。

当事人办理了抵押预告登记,抵押人破产,经审查抵押财产属于破产财产,预告登记权利人主张就抵押财产优先受偿的,人民法院应当在受理破产申请时抵押财产的价值范围内予以支持,但是在人民法院受理破产申请前一年内,债务人对没有财产担保的债务设立抵押预告登记的除外。

(三)动产与权利担保

第五十三条 当事人在动产和权利担保合同中对担保财产进行概括描述,该描述能够合理识别担保财产的,人民法院应当认定担保成立。

第五十四条 动产抵押合同订立后未办理抵押登记,动产抵押权的效力按照下列情形分别处理:

(一)抵押人转让抵押财产,受让人占有抵押财产后,抵押权人向受让人请求行使抵押权的,人民法院不予支持,但是抵押权人能够举证证明受让人知道或者应当知道已经订立抵押合同的除外;

（二）抵押人将抵押财产出租给他人并移转占有，抵押权人行使抵押权的，租赁关系不受影响，但是抵押权人能够举证证明承租人知道或者应当知道已经订立抵押合同的除外；

（三）抵押人的其他债权人向人民法院申请保全或者执行抵押财产，人民法院已经作出财产保全裁定或者采取执行措施，抵押权人主张对抵押财产优先受偿的，人民法院不予支持；

（四）抵押人破产，抵押权人主张对抵押财产优先受偿的，人民法院不予支持。

第五十五条　债权人、出质人与监管人订立三方协议，出质人以通过一定数量、品种等概括描述能够确定范围的货物为债务的履行提供担保，当事人有证据证明监管人系受债权人的委托监管并实际控制该货物的，人民法院应当认定质权于监管人实际控制货物之日起设立。监管人违反约定向出质人或者其他人放货、因保管不善导致货物毁损灭失，债权人请求监管人承担违约责任的，人民法院依法予以支持。

在前款规定情形下，当事人有证据证明监管人系受出质人委托监管该货物，或者虽然受债权人委托但是未实际履行监管职责，导致货物仍由出质人实际控制的，人民法院应当认定质权未设立。债权人可以基于质押合同的约定请求出质人承担违约责任，但是不得超过质权有效设立时出质人应当承担的责任范围。监管人未履行监管职责，债权人请求监管人承担责任的，人民法院依法予以支持。

第五十六条　买受人在出卖人正常经营活动中通过支付合理对价取得已被设立担保物权的动产，担保物权人请求就该动产优先受偿的，人民法院不予支持，但是有下列情形之一的除外：

（一）购买商品的数量明显超过一般买受人；

（二）购买出卖人的生产设备；

（三）订立买卖合同的目的在于担保出卖人或者第三人履行债务；

（四）买受人与出卖人存在直接或者间接的控制关系；

（五）买受人应当查询抵押登记而未查询的其他情形。

前款所称出卖人正常经营活动，是指出卖人的经营活动属于其营业执照明确记载的经营范围，且出卖人持续销售同类商品。前款所称担保物权人，是指已经办理登记的抵押权人、所有权保留买卖的出卖人、融资租赁合同的出租人。

第五十七条　担保人在设立动产浮动抵押并办理抵押登记后又购入或者以融资租赁方式承租新的动产,下列权利人为担保价款债权或者租金的实现而订立担保合同,并在该动产交付后十日内办理登记,主张其权利优先于在先设立的浮动抵押权的,人民法院应予支持:

(一)在该动产上设立抵押权或者保留所有权的出卖人;

(二)为价款支付提供融资而在该动产上设立抵押权的债权人;

(三)以融资租赁方式出租该动产的出租人。

买受人取得动产但未付清价款或者承租人以融资租赁方式占有租赁物但是未付清全部租金,又以标的物为他人设立担保物权,前款所列权利人为担保价款债权或者租金的实现而订立担保合同,并在该动产交付后十日内办理登记,主张其权利优先于买受人为他人设立的担保物权的,人民法院应予支持。

同一动产上存在多个价款优先权的,人民法院应当按照登记的时间先后确定清偿顺序。

第五十八条　以汇票出质,当事人以背书记载"质押"字样并在汇票上签章,汇票已经交付质权人的,人民法院应当认定质权自汇票交付质权人时设立。

第五十九条　存货人或者仓单持有人在仓单上以背书记载"质押"字样,并经保管人签章,仓单已经交付质权人的,人民法院应当认定质权自仓单交付质权人时设立。没有权利凭证的仓单,依法可以办理出质登记的,仓单质权自办理出质登记时设立。

出质人既以仓单出质,又以仓储物设立担保,按照公示的先后确定清偿顺序;难以确定先后的,按照债权比例清偿。

保管人为同一货物签发多份仓单,出质人在多份仓单上设立多个质权,按照公示的先后确定清偿顺序;难以确定先后的,按照债权比例受偿。

存在第二款、第三款规定的情形,债权人举证证明其损失系由出质人与保管人的共同行为所致,请求出质人与保管人承担连带赔偿责任的,人民法院应予支持。

第六十条　在跟单信用证交易中,开证行与开证申请人之间约定以提单作为担保的,人民法院应当依照民法典关于质权的有关规定处理。

在跟单信用证交易中,开证行依据其与开证申请人之间的约定或者跟单信用证的惯例持有提单,开证申请人未按照约定付款赎单,开证行主张对提单项下货物优先受偿的,人民法院应予支持;开证行主张对提单项下货物享有所有权的,人民法院不予支持。

在跟单信用证交易中,开证行依据其与开证申请人之间的约定或者跟单信用证的惯例,通过转让提单或者提单项下货物取得价款,开证申请人请求返还超出债权部分的,人民法院应予支持。

前三款规定不影响合法持有提单的开证行以提单持有人身份主张运输合同项下的权利。

第六十一条 以现有的应收账款出质,应收账款债务人向质权人确认应收账款的真实性后,又以应收账款不存在或者已经消灭为由主张不承担责任的,人民法院不予支持。

以现有的应收账款出质,应收账款债务人未确认应收账款的真实性,质权人以应收账款债务人为被告,请求就应收账款优先受偿,能够举证证明办理出质登记时应收账款真实存在的,人民法院应予支持;质权人不能举证证明办理出质登记时应收账款真实存在,仅以已经办理出质登记为由,请求就应收账款优先受偿的,人民法院不予支持。

以现有的应收账款出质,应收账款债务人已经向应收账款债权人履行了债务,质权人请求应收账款债务人履行债务的,人民法院不予支持,但是应收账款债务人接到质权人要求向其履行的通知后,仍然向应收账款债权人履行的除外。

以基础设施和公用事业项目收益权、提供服务或者劳务产生的债权以及其他将有的应收账款出质,当事人为应收账款设立特定账户,发生法定或者约定的质权实现事由时,质权人请求就该特定账户内的款项优先受偿的,人民法院应予支持;特定账户内的款项不足以清偿债务或者未设立特定账户,质权人请求折价或者拍卖、变卖项目收益权等将有的应收账款,并以所得的价款优先受偿的,人民法院依法予以支持。

第六十二条 债务人不履行到期债务,债权人因同一法律关系留置合法占有的第三人的动产,并主张就该留置财产优先受偿的,人民法院应予支持。第三人以该留置财产并非债务人的财产为由请求返还的,人民法院不予支持。

企业之间留置的动产与债权并非同一法律关系,债务人以该债权不属于企业持续经营中发生的债权为由请求债权人返还留置财产的，人民法院应予支持。

企业之间留置的动产与债权并非同一法律关系，债权人留置第三人的财产，第三人请求债权人返还留置财产的，人民法院应予支持。

四、关于非典型担保

第六十三条 债权人与担保人订立担保合同，约定以法律、行政法规尚未规定可以担保的财产权利设立担保，当事人主张合同无效的，人民法院不予支持。当事人未在法定的登记机构依法进行登记，主张该担保具有物权效力的，人民法院不予支持。

第六十四条 在所有权保留买卖中，出卖人依法有权取回标的物，但是与买受人协商不成，当事人请求参照民事诉讼法“实现担保物权案件”的有关规定，拍卖、变卖标的物的，人民法院应予准许。

出卖人请求取回标的物，符合民法典第六百四十二条规定的，人民法院应予支持；买受人以抗辩或者反诉的方式主张拍卖、变卖标的物，并在扣除买受人未支付的价款以及必要费用后返还剩余款项的，人民法院应当一并处理。

第六十五条 在融资租赁合同中，承租人未按照约定支付租金，经催告后在合理期限内仍不支付，出租人请求承租人支付全部剩余租金，并以拍卖、变卖租赁物所得的价款受偿的，人民法院应予支持；当事人请求参照民事诉讼法“实现担保物权案件”的有关规定，以拍卖、变卖租赁物所得价款支付租金的，人民法院应予准许。

出租人请求解除融资租赁合同并收回租赁物，承租人以抗辩或者反诉的方式主张返还租赁物价值超过欠付租金以及其他费用的，人民法院应当一并处理。当事人对租赁物的价值有争议的，应当按照下列规则确定租赁物的价值：

（一）融资租赁合同有约定的，按照其约定；

（二）融资租赁合同未约定或者约定不明的，根据约定的租赁物折旧以及合同到期后租赁物的残值来确定；

（三）根据前两项规定的方法仍然难以确定，或者当事人认为根据前两项规定的方法确定的价值严重偏离租赁物实际价值的，根据当事人的申请委托有资质的机构评估。

第六十六条 同一应收账款同时存在保理、应收账款质押和债权转让，当事人主张参照民法典第七百六十八条的规定确定优先顺序的，人民法院应予支持。

在有追索权的保理中，保理人以应收账款债权人或者应收账款债务人为被告提起诉讼，人民法院应予受理；保理人一并起诉应收账款债权人和应收账款债务人的，人民法院可以受理。

应收账款债权人向保理人返还保理融资款本息或者回购应收账款债权后，请求应收账款债务人向其履行应收账款债务的，人民法院应予支持。

第六十七条　在所有权保留买卖、融资租赁等合同中，出卖人、出租人的所有权未经登记不得对抗的“善意第三人”的范围及其效力，参照本解释第五十四条的规定处理。

第六十八条　债务人或者第三人与债权人约定将财产形式上转移至债权人名下，债务人不履行到期债务，债权人有权对财产折价或者以拍卖、变卖该财产所得价款偿还债务的，人民法院应当认定该约定有效。当事人已经完成财产权利变动的公示，债务人不履行到期债务，债权人请求参照民法典关于担保物权的有关规定就该财产优先受偿的，人民法院应予支持。

债务人或者第三人与债权人约定将财产形式上转移至债权人名下，债务人不履行到期债务，财产归债权人所有的，人民法院应当认定该约定无效，但是不影响当事人有关提供担保的意思表示的效力。当事人已经完成财产权利变动的公示，债务人不履行到期债务，债权人请求对该财产享有所有权的，人民法院不予支持；债权人请求参照民法典关于担保物权的规定对财产折价或者以拍卖、变卖该财产所得的价款优先受偿的，人民法院应予支持；债务人履行债务后请求返还财产，或者请求对财产折价或者以拍卖、变卖所得的价款清偿债务的，人民法院应予支持。

债务人与债权人约定将财产转移至债权人名下，在一定期间后再由债务人或者其指定的第三人以交易本金加上溢价款回购，债务人到期不履行回购义务，财产归债权人所有的，人民法院应当参照第二款规定处理。回购对象自始不存在的，人民法院应当依照民法典第一百四十六条第二款的规定，按照其实际构成的法律关系处理。

第六十九条　股东以将其股权转移至债权人名下的方式为债务履行提供担保，公司或者公司的债权人以股东未履行或者未全面履行出资义务、抽逃出资等为由，请求作为名义股东的债权人与股东承担连带责任的，人民法院不予支持。

第七十条 债务人或者第三人为担保债务的履行,设立专门的保证金账户并由债权人实际控制,或者将其资金存入债权人设立的保证金账户,债权人主张就账户内的款项优先受偿的,人民法院应予支持。当事人以保证金账户内的款项浮动为由,主张实际控制该账户的债权人对账户内的款项不享有优先受偿权的,人民法院不予支持。

在银行账户下设立的保证金分户,参照前款规定处理。

当事人约定的保证金并非为担保债务的履行设立,或者不符合前两款规定的情形,债权人主张就保证金优先受偿的,人民法院不予支持,但是不影响当事人依照法律的规定或者按照当事人的约定主张权利。

五、附　则

第七十一条 本解释自2021年1月1日起施行。

5. 不动产登记暂行条例

(2014年11月24日中华人民共和国国务院令
第656号公布　自2015年3月1日起施行)

第一章　总　　则

第一条 为整合不动产登记职责,规范登记行为,方便群众申请登记,保护权利人合法权益,根据《中华人民共和国物权法》等法律,制定本条例。

第二条 本条例所称不动产登记,是指不动产登记机构依法将不动产权利归属和其他法定事项记载于不动产登记簿的行为。

本条例所称不动产,是指土地、海域以及房屋、林木等定着物。

第三条 不动产首次登记、变更登记、转移登记、注销登记、更正登记、异议登记、预告登记、查封登记等,适用本条例。

第四条 国家实行不动产统一登记制度。

不动产登记遵循严格管理、稳定连续、方便群众的原则。

不动产权利人已经依法享有的不动产权利，不因登记机构和登记程序的改变而受到影响。

第五条 下列不动产权利，依照本条例的规定办理登记：

（一）集体土地所有权；

（二）房屋等建筑物、构筑物所有权；

（三）森林、林木所有权；

（四）耕地、林地、草地等土地承包经营权；

（五）建设用地使用权；

（六）宅基地使用权；

（七）海域使用权；

（八）地役权；

（九）抵押权；

（十）法律规定需要登记的其他不动产权利。

第六条 国务院国土资源主管部门负责指导、监督全国不动产登记工作。

县级以上地方人民政府应当确定一个部门为本行政区域的不动产登记机构，负责不动产登记工作，并接受上级人民政府不动产登记主管部门的指导、监督。

第七条 不动产登记由不动产所在地的县级人民政府不动产登记机构办理；直辖市、设区的市人民政府可以确定本级不动产登记机构统一办理所属各区的不动产登记。

跨县级行政区域的不动产登记，由所跨县级行政区域的不动产登记机构分别办理。不能分别办理的，由所跨县级行政区域的不动产登记机构协商办理；协商不成的，由共同的上一级人民政府不动产登记主管部门指定办理。

国务院确定的重点国有林区的森林、林木和林地，国务院批准项目用海、用岛，中央国家机关使用的国有土地等不动产登记，由国务院国土资源主管部门会同有关部门规定。

第二章　不动产登记簿

第八条 不动产以不动产单元为基本单位进行登记。不动产单元具有唯一编码。

不动产登记机构应当按照国务院国土资源主管部门的规定设立统一的不动产登记簿。

不动产登记簿应当记载以下事项：

（一）不动产的坐落、界址、空间界限、面积、用途等自然状况；

（二）不动产权利的主体、类型、内容、来源、期限、权利变化等权属状况；

（三）涉及不动产权利限制、提示的事项；

（四）其他相关事项。

第九条 不动产登记簿应当采用电子介质，暂不具备条件的，可以采用纸质介质。不动产登记机构应当明确不动产登记簿唯一、合法的介质形式。

不动产登记簿采用电子介质的，应当定期进行异地备份，并具有唯一、确定的纸质转化形式。

第十条 不动产登记机构应当依法将各类登记事项准确、完整、清晰地记载于不动产登记簿。任何人不得损毁不动产登记簿，除依法予以更正外不得修改登记事项。

第十一条 不动产登记工作人员应当具备与不动产登记工作相适应的专业知识和业务能力。

不动产登记机构应当加强对不动产登记工作人员的管理和专业技术培训。

第十二条 不动产登记机构应当指定专人负责不动产登记簿的保管，并建立健全相应的安全责任制度。

采用纸质介质不动产登记簿的，应当配备必要的防盗、防火、防渍、防有害生物等安全保护设施。

采用电子介质不动产登记簿的，应当配备专门的存储设施，并采取信息网络安全防护措施。

第十三条 不动产登记簿由不动产登记机构永久保存。不动产登记簿损毁、灭失的，不动产登记机构应当依据原有登记资料予以重建。

行政区域变更或者不动产登记机构职能调整的，应当及时将不动产登记簿移交相应的不动产登记机构。

第三章　登 记 程 序

第十四条　因买卖、设定抵押权等申请不动产登记的，应当由当事人双方共同申请。

属于下列情形之一的，可以由当事人单方申请：

(一)尚未登记的不动产首次申请登记的；

(二)继承、接受遗赠取得不动产权利的；

(三)人民法院、仲裁委员会生效的法律文书或者人民政府生效的决定等设立、变更、转让、消灭不动产权利的；

(四)权利人姓名、名称或者自然状况发生变化，申请变更登记的；

(五)不动产灭失或者权利人放弃不动产权利，申请注销登记的；

(六)申请更正登记或者异议登记的；

(七)法律、行政法规规定可以由当事人单方申请的其他情形。

第十五条　当事人或者其代理人应当到不动产登记机构办公场所申请不动产登记。

不动产登记机构将申请登记事项记载于不动产登记簿前，申请人可以撤回登记申请。

第十六条　申请人应当提交下列材料，并对申请材料的真实性负责：

(一)登记申请书；

(二)申请人、代理人身份证明材料、授权委托书；

(三)相关的不动产权属来源证明材料、登记原因证明文件、不动产权属证书；

(四)不动产界址、空间界限、面积等材料；

(五)与他人利害关系的说明材料；

(六)法律、行政法规以及本条例实施细则规定的其他材料。

不动产登记机构应当在办公场所和门户网站公开申请登记所需材料目录和示范文本等信息。

第十七条　不动产登记机构收到不动产登记申请材料，应当分别按照下列情况办理：

(一)属于登记职责范围，申请材料齐全、符合法定形式，或者申请人按照要求

提交全部补正申请材料的,应当受理并书面告知申请人;

(二)申请材料存在可以当场更正的错误的,应当告知申请人当场更正,申请人当场更正后,应当受理并书面告知申请人;

(三)申请材料不齐全或者不符合法定形式的,应当当场书面告知申请人不予受理并一次性告知需要补正的全部内容;

(四)申请登记的不动产不属于本机构登记范围的,应当当场书面告知申请人不予受理并告知申请人向有登记权的机构申请。

不动产登记机构未当场书面告知申请人不予受理的,视为受理。

第十八条 不动产登记机构受理不动产登记申请的,应当按照下列要求进行查验:

(一)不动产界址、空间界限、面积等材料与申请登记的不动产状况是否一致;

(二)有关证明材料、文件与申请登记的内容是否一致;

(三)登记申请是否违反法律、行政法规规定。

第十九条 属于下列情形之一的,不动产登记机构可以对申请登记的不动产进行实地查看:

(一)房屋等建筑物、构筑物所有权首次登记;

(二)在建建筑物抵押权登记;

(三)因不动产灭失导致的注销登记;

(四)不动产登记机构认为需要实地查看的其他情形。

对可能存在权属争议,或者可能涉及他人利害关系的登记申请,不动产登记机构可以向申请人、利害关系人或者有关单位进行调查。

不动产登记机构进行实地查看或者调查时,申请人、被调查人应当予以配合。

第二十条 不动产登记机构应当自受理登记申请之日起 30 个工作日内办结不动产登记手续,法律另有规定的除外。

第二十一条 登记事项自记载于不动产登记簿时完成登记。

不动产登记机构完成登记,应当依法向申请人核发不动产权属证书或者登记证明。

第二十二条 登记申请有下列情形之一的,不动产登记机构应当不予登记,并书面告知申请人:

（一）违反法律、行政法规规定的；

（二）存在尚未解决的权属争议的；

（三）申请登记的不动产权利超过规定期限的；

（四）法律、行政法规规定不予登记的其他情形。

第四章　登记信息共享与保护

第二十三条　国务院国土资源主管部门应当会同有关部门建立统一的不动产登记信息管理基础平台。

各级不动产登记机构登记的信息应当纳入统一的不动产登记信息管理基础平台，确保国家、省、市、县四级登记信息的实时共享。

第二十四条　不动产登记有关信息与住房城乡建设、农业、林业、海洋等部门审批信息、交易信息等应当实时互通共享。

不动产登记机构能够通过实时互通共享取得的信息，不得要求不动产登记申请人重复提交。

第二十五条　国土资源、公安、民政、财政、税务、工商、金融、审计、统计等部门应当加强不动产登记有关信息互通共享。

第二十六条　不动产登记机构、不动产登记信息共享单位及其工作人员应当对不动产登记信息保密；涉及国家秘密的不动产登记信息，应当依法采取必要的安全保密措施。

第二十七条　权利人、利害关系人可以依法查询、复制不动产登记资料，不动产登记机构应当提供。

有关国家机关可以依照法律、行政法规的规定查询、复制与调查处理事项有关的不动产登记资料。

第二十八条　查询不动产登记资料的单位、个人应当向不动产登记机构说明查询目的，不得将查询获得的不动产登记资料用于其他目的；未经权利人同意，不得泄露查询获得的不动产登记资料。

第五章　法律责任

第二十九条　不动产登记机构登记错误给他人造成损害，或者当事人提供虚假材料申请登记给他人造成损害的，依照《中华人民共和国物权法》的规定承担赔偿责任。

第三十条 不动产登记机构工作人员进行虚假登记，损毁、伪造不动产登记簿，擅自修改登记事项，或者有其他滥用职权、玩忽职守行为的，依法给予处分；给他人造成损害的，依法承担赔偿责任；构成犯罪的，依法追究刑事责任。

第三十一条 伪造、变造不动产权属证书、不动产登记证明，或者买卖、使用伪造、变造的不动产权属证书、不动产登记证明的，由不动产登记机构或者公安机关依法予以收缴；有违法所得的，没收违法所得；给他人造成损害的，依法承担赔偿责任；构成违反治安管理行为的，依法给予治安管理处罚；构成犯罪的，依法追究刑事责任。

第三十二条 不动产登记机构、不动产登记信息共享单位及其工作人员，查询不动产登记资料的单位或者个人违反国家规定，泄露不动产登记资料、登记信息，或者利用不动产登记资料、登记信息进行不正当活动，给他人造成损害的，依法承担赔偿责任；对有关责任人员依法给予处分；有关责任人员构成犯罪的，依法追究刑事责任。

第六章 附 则

第三十三条 本条例施行前依法颁发的各类不动产权属证书和制作的不动产登记簿继续有效。

不动产统一登记过渡期内，农村土地承包经营权的登记按照国家有关规定执行。

第三十四条 本条例实施细则由国务院国土资源主管部门会同有关部门制定。

第三十五条 本条例自 2015 年 3 月 1 日起施行。本条例施行前公布的行政法规有关不动产登记的规定与本条例规定不一致的，以本条例规定为准。

6. 不动产登记暂行条例实施细则

（2015年6月29日国土资源部第3次部务会议通过
2016年1月1日国土资源部令第63号公布　自公布之日起施行）

第一章　总　　则

第一条　为规范不动产登记行为，细化不动产统一登记制度，方便人民群众办理不动产登记，保护权利人合法权益，根据《不动产登记暂行条例》（以下简称《条例》），制定本实施细则。

第二条　不动产登记应当依照当事人的申请进行，但法律、行政法规以及本实施细则另有规定的除外。

房屋等建筑物、构筑物和森林、林木等定着物应当与其所依附的土地、海域一并登记，保持权利主体一致。

第三条　不动产登记机构依照《条例》第七条第二款的规定，协商办理或者接受指定办理跨县级行政区域不动产登记的，应当在登记完毕后将不动产登记簿记载的不动产权利人以及不动产坐落、界址、面积、用途、权利类型等登记结果告知不动产所跨区域的其他不动产登记机构。

第四条　国务院确定的重点国有林区的森林、林木和林地，由国土资源部受理并会同有关部门办理，依法向权利人核发不动产权属证书。

国务院批准的项目用海、用岛的登记，由国土资源部受理，依法向权利人核发不动产权属证书。

中央国家机关使用的国有土地等不动产登记，依照国土资源部《在京中央国家机关用地土地登记办法》等规定办理。

第二章　不动产登记簿

第五条　《条例》第八条规定的不动产单元，是指权属界线封闭且具有独立使用价值的空间。

没有房屋等建筑物、构筑物以及森林、林木定着物的，以土地、海域权属界线封闭的空间为不动产单元。

有房屋等建筑物、构筑物以及森林、林木定着物的，以该房屋等建筑物、构筑物以及森林、林木定着物与土地、海域权属界线封闭的空间为不动产单元。

前款所称房屋，包括独立成幢、权属界线封闭的空间，以及区分套、层、间等可以独立使用、权属界线封闭的空间。

第六条　不动产登记簿以宗地或者宗海为单位编成，一宗地或者一宗海范围内的全部不动产单元编入一个不动产登记簿。

第七条　不动产登记机构应当配备专门的不动产登记电子存储设施，采取信息网络安全防护措施，保证电子数据安全。

任何单位和个人不得擅自复制或者篡改不动产登记簿信息。

第八条　承担不动产登记审核、登簿的不动产登记工作人员应当熟悉相关法律法规，具备与其岗位相适应的不动产登记等方面的专业知识。

国土资源部会同有关部门组织开展对承担不动产登记审核、登簿的不动产登记工作人员的考核培训。

第三章　登 记 程 序

第九条　申请不动产登记的，申请人应当填写登记申请书，并提交身份证明以及相关申请材料。

申请材料应当提供原件。因特殊情况不能提供原件的，可以提供复印件，复印件应当与原件保持一致。

第十条　处分共有不动产申请登记的，应当经占份额三分之二以上的按份共有人或者全体共同共有人共同申请，但共有人另有约定的除外。

按份共有人转让其享有的不动产份额，应当与受让人共同申请转移登记。

建筑区划内依法属于全体业主共有的不动产申请登记，依照本实施细则第三十六条的规定办理。

第十一条 无民事行为能力人、限制民事行为能力人申请不动产登记的，应当由其监护人代为申请。

监护人代为申请登记的，应当提供监护人与被监护人的身份证或者户口簿、有关监护关系等材料；因处分不动产而申请登记的，还应当提供为被监护人利益的书面保证。

父母之外的监护人处分未成年人不动产的，有关监护关系材料可以是人民法院指定监护的法律文书、经过公证的对被监护人享有监护权的材料或者其他材料。

第十二条 当事人可以委托他人代为申请不动产登记。

代理申请不动产登记的，代理人应当向不动产登记机构提供被代理人签字或者盖章的授权委托书。

自然人处分不动产，委托代理人申请登记的，应当与代理人共同到不动产登记机构现场签订授权委托书，但授权委托书经公证的除外。

境外申请人委托他人办理处分不动产登记的，其授权委托书应当按照国家有关规定办理认证或者公证。

第十三条 申请登记的事项记载于不动产登记簿前，全体申请人提出撤回登记申请的，登记机构应当将登记申请书以及相关材料退还申请人。

第十四条 因继承、受遗赠取得不动产，当事人申请登记的，应当提交死亡证明材料、遗嘱或者全部法定继承人关于不动产分配的协议以及与被继承人的亲属关系材料等，也可以提交经公证的材料或者生效的法律文书。

第十五条 不动产登记机构受理不动产登记申请后，还应当对下列内容进行查验：

（一）申请人、委托代理人身份证明材料以及授权委托书与申请主体是否一致；

（二）权属来源材料或者登记原因文件与申请登记的内容是否一致；

（三）不动产界址、空间界限、面积等权籍调查成果是否完备，权属是否清楚、界址是否清晰、面积是否准确；

（四）法律、行政法规规定的完税或者缴费凭证是否齐全。

第十六条 不动产登记机构进行实地查看，重点查看下列情况：

（一）房屋等建筑物、构筑物所有权首次登记，查看房屋坐落及其建造完成等情况；

（二）在建建筑物抵押权登记，查看抵押的在建建筑物坐落及其建造等情况；

（三）因不动产灭失导致的注销登记，查看不动产灭失等情况。

第十七条 有下列情形之一的，不动产登记机构应当在登记事项记载于登记簿前进行公告，但涉及国家秘密的除外：

（一）政府组织的集体土地所有权登记；

（二）宅基地使用权及房屋所有权，集体建设用地使用权及建筑物、构筑物所有权，土地承包经营权等不动产权利的首次登记；

（三）依职权更正登记；

（四）依职权注销登记；

（五）法律、行政法规规定的其他情形。

公告应当在不动产登记机构门户网站以及不动产所在地等指定场所进行，公告期不少于15个工作日。公告所需时间不计算在登记办理期限内。公告期满无异议或者异议不成立的，应当及时记载于不动产登记簿。

第十八条 不动产登记公告的主要内容包括：

（一）拟予登记的不动产权利人的姓名或者名称；

（二）拟予登记的不动产坐落、面积、用途、权利类型等；

（三）提出异议的期限、方式和受理机构；

（四）需要公告的其他事项。

第十九条 当事人可以持人民法院、仲裁委员会的生效法律文书或者人民政府的生效决定单方申请不动产登记。

有下列情形之一的，不动产登记机构直接办理不动产登记：

（一）人民法院持生效法律文书和协助执行通知书要求不动产登记机构办理登记的；

（二）人民检察院、公安机关依据法律规定持协助查封通知书要求办理查封登记的；

（三）人民政府依法做出征收或者收回不动产权利决定生效后，要求不动产登记机构办理注销登记的；

（四）法律、行政法规规定的其他情形。

不动产登记机构认为登记事项存在异议的，应当依法向有关机关提出审查建议。

第二十条 不动产登记机构应当根据不动产登记簿，填写并核发不动产权属证书或者不动产登记证明。

除办理抵押权登记、地役权登记和预告登记、异议登记，向申请人核发不动产登记证明外，不动产登记机构应当依法向权利人核发不动产权属证书。

不动产权属证书和不动产登记证明，应当加盖不动产登记机构登记专用章。

不动产权属证书和不动产登记证明样式，由国土资源部统一规定。

第二十一条 申请共有不动产登记的，不动产登记机构向全体共有人合并发放一本不动产权属证书；共有人申请分别持证的，可以为共有人分别发放不动产权属证书。

共有不动产权属证书应当注明共有情况，并列明全体共有人。

第二十二条 不动产权属证书或者不动产登记证明污损、破损的，当事人可以向不动产登记机构申请换发。符合换发条件的，不动产登记机构应当予以换发，并收回原不动产权属证书或者不动产登记证明。

不动产权属证书或者不动产登记证明遗失、灭失，不动产权利人申请补发的，由不动产登记机构在其门户网站上刊发不动产权利人的遗失、灭失声明15个工作日后，予以补发。

不动产登记机构补发不动产权属证书或者不动产登记证明的，应当将补发不动产权属证书或者不动产登记证明的事项记载于不动产登记簿，并在不动产权属证书或者不动产登记证明上注明“补发”字样。

第二十三条 因不动产权利灭失等情形，不动产登记机构需要收回不动产权属证书或者不动产登记证明的，应当在不动产登记簿上将收回不动产权属证书或者不动产登记证明的事项予以注明；确实无法收回的，应当在不动产登记机构门户网站或者当地公开发行的报刊上公告作废。

第四章 不动产权利登记

第一节 一般规定

第二十四条 不动产首次登记，是指不动产权利第一次登记。

未办理不动产首次登记的,不得办理不动产其他类型登记,但法律、行政法规另有规定的除外。

第二十五条 市、县人民政府可以根据情况对本行政区域内未登记的不动产,组织开展集体土地所有权、宅基地使用权、集体建设用地使用权、土地承包经营权的首次登记。

依照前款规定办理首次登记所需的权属来源、调查等登记材料,由人民政府有关部门组织获取。

第二十六条 下列情形之一的,不动产权利人可以向不动产登记机构申请变更登记:

(一)权利人的姓名、名称、身份证明类型或者身份证明号码发生变更的;

(二)不动产的坐落、界址、用途、面积等状况变更的;

(三)不动产权利期限、来源等状况发生变化的;

(四)同一权利人分割或者合并不动产的;

(五)抵押担保的范围、主债权数额、债务履行期限、抵押权顺位发生变化的;

(六)最高额抵押担保的债权范围、最高债权额、债权确定期间等发生变化的;

(七)地役权的利用目的、方法等发生变化的;

(八)共有性质发生变更的;

(九)法律、行政法规规定的其他不涉及不动产权利转移的变更情形。

第二十七条 因下列情形导致不动产权利转移的,当事人可以向不动产登记机构申请转移登记:

(一)买卖、互换、赠与不动产的;

(二)以不动产作价出资(入股)的;

(三)法人或者其他组织因合并、分立等原因致使不动产权利发生转移的;

(四)不动产分割、合并导致权利发生转移的;

(五)继承、受遗赠导致权利发生转移的;

(六)共有人增加或者减少以及共有不动产份额变化的;

(七)因人民法院、仲裁委员会的生效法律文书导致不动产权利发生转移的;

(八)因主债权转移引起不动产抵押权转移的;

(九)因需役地不动产权利转移引起地役权转移的;

（十）法律、行政法规规定的其他不动产权利转移情形。

第二十八条 有下列情形之一的，当事人可以申请办理注销登记：

（一）不动产灭失的；

（二）权利人放弃不动产权利的；

（三）不动产被依法没收、征收或者收回的；

（四）人民法院、仲裁委员会的生效法律文书导致不动产权利消灭的；

（五）法律、行政法规规定的其他情形。

不动产上已经设立抵押权、地役权或者已经办理预告登记，所有权人、使用权人因放弃权利申请注销登记的，申请人应当提供抵押权人、地役权人、预告登记权利人同意的书面材料。

第二节 集体土地所有权登记

第二十九条 集体土地所有权登记，依照下列规定提出申请：

（一）土地属于村农民集体所有的，由村集体经济组织代为申请，没有集体经济组织的，由村民委员会代为申请；

（二）土地分别属于村内两个以上农民集体所有的，由村内各集体经济组织代为申请，没有集体经济组织的，由村民小组代为申请；

（三）土地属于乡（镇）农民集体所有的，由乡（镇）集体经济组织代为申请。

第三十条 申请集体土地所有权首次登记的，应当提交下列材料：

（一）土地权属来源材料；

（二）权籍调查表、宗地图以及宗地界址点坐标；

（三）其他必要材料。

第三十一条 农民集体因互换、土地调整等原因导致集体土地所有权转移，申请集体土地所有权转移登记的，应当提交下列材料：

（一）不动产权属证书；

（二）互换、调整协议等集体土地所有权转移的材料；

（三）本集体经济组织三分之二以上成员或者三分之二以上村民代表同意的材料；

（四）其他必要材料。

第三十二条 申请集体土地所有权变更、注销登记的，应当提交下列材料：

（一）不动产权属证书；

（二）集体土地所有权变更、消灭的材料；

（三）其他必要材料。

第三节 国有建设用地使用权及房屋所有权登记

第三十三条 依法取得国有建设用地使用权，可以单独申请国有建设用地使用权登记。

依法利用国有建设用地建造房屋的，可以申请国有建设用地使用权及房屋所有权登记。

第三十四条 申请国有建设用地使用权首次登记，应当提交下列材料：

（一）土地权属来源材料；

（二）权籍调查表、宗地图以及宗地界址点坐标；

（三）土地出让价款、土地租金、相关税费等缴纳凭证；

（四）其他必要材料。

前款规定的土地权属来源材料，根据权利取得方式的不同，包括国有建设用地划拨决定书、国有建设用地使用权出让合同、国有建设用地使用权租赁合同以及国有建设用地使用权作价出资（入股）、授权经营批准文件。

申请在地上或者地下单独设立国有建设用地使用权登记的，按照本条规定办理。

第三十五条 申请国有建设用地使用权及房屋所有权首次登记的，应当提交下列材料：

（一）不动产权属证书或者土地权属来源材料；

（二）建设工程符合规划的材料；

（三）房屋已经竣工的材料；

（四）房地产调查或者测绘报告；

（五）相关税费缴纳凭证；

（六）其他必要材料。

第三十六条 办理房屋所有权首次登记时，申请人应当将建筑区划内依法属于业主共有的道路、绿地、其他公共场所、公用设施和物业服务用房及其占用范围内的建设用地使用权一并申请登记为业主共有。业主转让房屋所有权的，其对共有部分享有的权利依法一并转让。

第三十七条 申请国有建设用地使用权及房屋所有权变更登记的，应当根据不同情况，提交下列材料：

（一）不动产权属证书；

（二）发生变更的材料；

（三）有批准权的人民政府或者主管部门的批准文件；

（四）国有建设用地使用权出让合同或者补充协议；

（五）国有建设用地使用权出让价款、税费等缴纳凭证；

（六）其他必要材料。

第三十八条 申请国有建设用地使用权及房屋所有权转移登记的，应当根据不同情况，提交下列材料：

（一）不动产权属证书；

（二）买卖、互换、赠与合同；

（三）继承或者受遗赠的材料；

（四）分割、合并协议；

（五）人民法院或者仲裁委员会生效的法律文书；

（六）有批准权的人民政府或者主管部门的批准文件；

（七）相关税费缴纳凭证；

（八）其他必要材料。

不动产买卖合同依法应当备案的，申请人申请登记时须提交经备案的买卖合同。

第三十九条 具有独立利用价值的特定空间以及码头、油库等其他建筑物、构筑物所有权的登记，按照本实施细则中房屋所有权登记有关规定办理。

第四节　宅基地使用权及房屋所有权登记

第四十条 依法取得宅基地使用权，可以单独申请宅基地使用权登记。

依法利用宅基地建造住房及其附属设施的，可以申请宅基地使用权及房屋所有权登记。

第四十一条 申请宅基地使用权及房屋所有权首次登记的，应当根据不同情况，提交下列材料：

（一）申请人身份证和户口簿；

（二）不动产权属证书或者有批准权的人民政府批准用地的文件等权属来源材料；

（三）房屋符合规划或者建设的相关材料；

（四）权籍调查表、宗地图、房屋平面图以及宗地界址点坐标等有关不动产界址、面积等材料；

（五）其他必要材料。

第四十二条 因依法继承、分家析产、集体经济组织内部互换房屋等导致宅基地使用权及房屋所有权发生转移申请登记的，申请人应当根据不同情况，提交下列材料：

（一）不动产权属证书或者其他权属来源材料；

（二）依法继承的材料；

（三）分家析产的协议或者材料；

（四）集体经济组织内部互换房屋的协议；

（五）其他必要材料。

第四十三条 申请宅基地等集体土地上的建筑物区分所有权登记的，参照国有建设用地使用权及建筑物区分所有权的规定办理登记。

第五节 集体建设用地使用权及建筑物、构筑物所有权登记

第四十四条 依法取得集体建设用地使用权，可以单独申请集体建设用地使用权登记。

依法利用集体建设用地兴办企业，建设公共设施，从事公益事业等的，可以申请集体建设用地使用权及地上建筑物、构筑物所有权登记。

第四十五条 申请集体建设用地使用权及建筑物、构筑物所有权首次登记的，申请人应当根据不同情况，提交下列材料：

（一）有批准权的人民政府批准用地的文件等土地权属来源材料；

（二）建设工程符合规划的材料；

（三）权籍调查表、宗地图、房屋平面图以及宗地界址点坐标等有关不动产界址、面积等材料；

（四）建设工程已竣工的材料；

（五）其他必要材料。

集体建设用地使用权首次登记完成后，申请人申请建筑物、构筑物所有权首次登记的，应当提交享有集体建设用地使用权的不动产权属证书。

第四十六条　申请集体建设用地使用权及建筑物、构筑物所有权变更登记、转移登记、注销登记的，申请人应当根据不同情况，提交下列材料：

（一）不动产权属证书；

（二）集体建设用地使用权及建筑物、构筑物所有权变更、转移、消灭的材料；

（三）其他必要材料。

因企业兼并、破产等原因致使集体建设用地使用权及建筑物、构筑物所有权发生转移的，申请人应当持相关协议及有关部门的批准文件等相关材料，申请不动产转移登记。

第六节　土地承包经营权登记

第四十七条　承包农民集体所有的耕地、林地、草地、水域、滩涂以及荒山、荒沟、荒丘、荒滩等农用地，或者国家所有依法由农民集体使用的农用地从事种植业、林业、畜牧业、渔业等农业生产的，可以申请土地承包经营权登记；地上有森林、林木的，应当在申请土地承包经营权登记时一并申请登记。

第四十八条　依法以承包方式在土地上从事种植业或者养殖业生产活动的，可以申请土地承包经营权的首次登记。

以家庭承包方式取得的土地承包经营权的首次登记，由发包方持土地承包经营合同等材料申请。

以招标、拍卖、公开协商等方式承包农村土地的，由承包方持土地承包经营合同申请土地承包经营权首次登记。

第四十九条　已经登记的土地承包经营权有下列情形之一的，承包方应当持原不动产权属证书以及其他证实发生变更事实的材料，申请土地承包经营权变更登记：

（一）权利人的姓名或者名称等事项发生变化的；

（二）承包土地的坐落、名称、面积发生变化的；

（三）承包期限依法变更的；

（四）承包期限届满，土地承包经营权人按照国家有关规定继续承包的；

（五）退耕还林、退耕还湖、退耕还草导致土地用途改变的；

（六）森林、林木的种类等发生变化的；

（七）法律、行政法规规定的其他情形。

第五十条 已经登记的土地承包经营权发生下列情形之一的，当事人双方应当持互换协议、转让合同等材料，申请土地承包经营权的转移登记：

（一）互换；

（二）转让；

（三）因家庭关系、婚姻关系变化等原因导致土地承包经营权分割或者合并的；

（四）依法导致土地承包经营权转移的其他情形。

以家庭承包方式取得的土地承包经营权，采取转让方式流转的，还应当提供发包方同意的材料。

第五十一条 已经登记的土地承包经营权发生下列情形之一的，承包方应当持不动产权属证书、证实灭失的材料等，申请注销登记：

（一）承包经营的土地灭失的；

（二）承包经营的土地被依法转为建设用地的；

（三）承包经营权人丧失承包经营资格或者放弃承包经营权的；

（四）法律、行政法规规定的其他情形。

第五十二条 以承包经营以外的合法方式使用国有农用地的国有农场、草场，以及使用国家所有的水域、滩涂等农用地进行农业生产，申请国有农用地的使用权登记的，参照本实施细则有关规定办理。

国有农场、草场申请国有未利用地登记的，依照前款规定办理。

第五十三条 国有林地使用权登记，应当提交有批准权的人民政府或者主管部门的批准文件，地上森林、林木一并登记。

第七节　海域使用权登记

第五十四条　依法取得海域使用权，可以单独申请海域使用权登记。

依法使用海域，在海域上建造建筑物、构筑物的，应当申请海域使用权及建筑物、构筑物所有权登记。

申请无居民海岛登记的，参照海域使用权登记有关规定办理。

第五十五条　申请海域使用权首次登记的，应当提交下列材料：

（一）项目用海批准文件或者海域使用权出让合同；

（二）宗海图以及界址点坐标；

（三）海域使用金缴纳或者减免凭证；

（四）其他必要材料。

第五十六条　有下列情形之一的，申请人应当持不动产权属证书、海域使用权变更的文件等材料，申请海域使用权变更登记：

（一）海域使用权人姓名或者名称改变的；

（二）海域坐落、名称发生变化的；

（三）改变海域使用位置、面积或者期限的；

（四）海域使用权续期的；

（五）共有性质变更的；

（六）法律、行政法规规定的其他情形。

第五十七条　有下列情形之一的，申请人可以申请海域使用权转移登记：

（一）因企业合并、分立或者与他人合资、合作经营、作价入股导致海域使用权转移的；

（二）依法转让、赠与、继承、受遗赠海域使用权的；

（三）因人民法院、仲裁委员会生效法律文书导致海域使用权转移的；

（四）法律、行政法规规定的其他情形。

第五十八条　申请海域使用权转移登记的，申请人应当提交下列材料：

（一）不动产权属证书；

（二）海域使用权转让合同、继承材料、生效法律文书等材料；

（三）转让批准取得的海域使用权，应当提交原批准用海的海洋行政主管部门批准转让的文件；

（四）依法需要补交海域使用金的，应当提交海域使用金缴纳的凭证；

（五）其他必要材料。

第五十九条 申请海域使用权注销登记的，申请人应当提交下列材料：

（一）原不动产权属证书；

（二）海域使用权消灭的材料；

（三）其他必要材料。

因围填海造地等导致海域灭失的，申请人应当在围填海造地等工程竣工后，依照本实施细则规定申请国有土地使用权登记，并办理海域使用权注销登记。

第八节　地役权登记

第六十条 按照约定设定地役权，当事人可以持需役地和供役地的不动产权属证书、地役权合同以及其他必要文件，申请地役权首次登记。

第六十一条 经依法登记的地役权发生下列情形之一的，当事人应当持地役权合同、不动产登记证明和证实变更的材料等必要材料，申请地役权变更登记：

（一）地役权当事人的姓名或者名称等发生变化；

（二）共有性质变更的；

（三）需役地或者供役地自然状况发生变化；

（四）地役权内容变更的；

（五）法律、行政法规规定的其他情形。

供役地分割转让办理登记，转让部分涉及地役权的，应当由受让人与地役权人一并申请地役权变更登记。

第六十二条 已经登记的地役权因土地承包经营权、建设用地使用权转让发生转移的，当事人应当持不动产登记证明、地役权转移合同等必要材料，申请地役权转移登记。

申请需役地转移登记的，或者需役地分割转让，转让部分涉及已登记的地役权的，当事人应当一并申请地役权转移登记，但当事人另有约定的除外。当事人拒绝一并申请地役权转移登记的，应当出具书面材料。不动产登记机构办理转移登记时，应当同时办理地役权注销登记。

第六十三条 已经登记的地役权，有下列情形之一的，当事人可以持不动产登记证明、证实地役权发生消灭的材料等必要材料，申请地役权注销登记：

（一）地役权期限届满；

（二）供役地、需役地归于同一人；

（三）供役地或者需役地灭失；

（四）人民法院、仲裁委员会的生效法律文书导致地役权消灭；

（五）依法解除地役权合同；

（六）其他导致地役权消灭的事由。

第六十四条 地役权登记，不动产登记机构应当将登记事项分别记载于需役地和供役地登记簿。

供役地、需役地分属不同不动产登记机构管辖的，当事人应当向供役地所在地的不动产登记机构申请地役权登记。供役地所在地不动产登记机构完成登记后，应当将相关事项通知需役地所在地不动产登记机构，并由其记载于需役地登记簿。

地役权设立后，办理首次登记前发生变更、转移的，当事人应当提交相关材料，就已经变更或者转移的地役权，直接申请首次登记。

第九节 抵押权登记

第六十五条 对下列财产进行抵押的，可以申请办理不动产抵押登记：

（一）建设用地使用权；

（二）建筑物和其他土地附着物；

（三）海域使用权；

（四）以招标、拍卖、公开协商等方式取得的荒地等土地承包经营权；

（五）正在建造的建筑物；

（六）法律、行政法规未禁止抵押的其他不动产。

以建设用地使用权、海域使用权抵押的，该土地、海域上的建筑物、构筑物一并抵押；以建筑物、构筑物抵押的，该建筑物、构筑物占用范围内的建设用地使用权、海域使用权一并抵押。

第六十六条 自然人、法人或者其他组织为保障其债权的实现，依法以不动产设定抵押的，可以由当事人持不动产权属证书、抵押合同与主债权合同等必要材料,共同申请办理抵押登记。

抵押合同可以是单独订立的书面合同,也可以是主债权合同中的抵押条款。

第六十七条 同一不动产上设立多个抵押权的,不动产登记机构应当按照受理时间的先后顺序依次办理登记,并记载于不动产登记簿。当事人对抵押权顺位另有约定的,从其规定办理登记。

第六十八条 有下列情形之一的,当事人应当持不动产权属证书、不动产登记证明、抵押权变更等必要材料,申请抵押权变更登记:

(一)抵押人、抵押权人的姓名或者名称变更的;

(二)被担保的主债权数额变更的;

(三)债务履行期限变更的;

(四)抵押权顺位变更的;

(五)法律、行政法规规定的其他情形。

因被担保债权主债权的种类及数额、担保范围、债务履行期限、抵押权顺位发生变更申请抵押权变更登记时,如果该抵押权的变更将对其他抵押权人产生不利影响的,还应当提交其他抵押权人书面同意的材料与身份证或者户口簿等材料。

第六十九条 因主债权转让导致抵押权转让的,当事人可以持不动产权属证书、不动产登记证明、被担保主债权的转让协议、债权人已经通知债务人的材料等相关材料,申请抵押权的转移登记。

第七十条 有下列情形之一的,当事人可以持不动产登记证明、抵押权消灭的材料等必要材料,申请抵押权注销登记:

(一)主债权消灭;

(二)抵押权已经实现;

(三)抵押权人放弃抵押权;

(四)法律、行政法规规定抵押权消灭的其他情形。

第七十一条 设立最高额抵押权的,当事人应当持不动产权属证书、最高额抵押合同与一定期间内将要连续发生的债权的合同或者其他登记原因材料等必要材料,申请最高额抵押权首次登记。

当事人申请最高额抵押权首次登记时,同意将最高额抵押权设立前已经存在的债权转入最高额抵押担保的债权范围的,还应当提交已存在债权的合同以及当事人同意将该债权纳入最高额抵押权担保范围的书面材料。

第七十二条 有下列情形之一的，当事人应当持不动产登记证明、最高额抵押权发生变更的材料等必要材料，申请最高额抵押权变更登记：

(一)抵押人、抵押权人的姓名或者名称变更的；

(二)债权范围变更的；

(三)最高债权额变更的；

(四)债权确定的期间变更的；

(五)抵押权顺位变更的；

(六)法律、行政法规规定的其他情形。

因最高债权额、债权范围、债务履行期限、债权确定的期间发生变更申请最高额抵押权变更登记时，如果该变更将对其他抵押权人产生不利影响的，当事人还应当提交其他抵押权人的书面同意文件与身份证或者户口簿等。

第七十三条 当发生导致最高额抵押权担保的债权被确定的事由，从而使最高额抵押权转变为一般抵押权时，当事人应当持不动产登记证明、最高额抵押权担保的债权已确定的材料等必要材料，申请办理确定最高额抵押权的登记。

第七十四条 最高额抵押权发生转移的，应当持不动产登记证明、部分债权转移的材料、当事人约定最高额抵押权随同部分债权的转让而转移的材料等必要材料，申请办理最高额抵押权转移登记。

债权人转让部分债权，当事人约定最高额抵押权随同部分债权的转让而转移的，应当分别申请下列登记：

(一)当事人约定原抵押权人与受让人共同享有最高额抵押权的，应当申请最高额抵押权的转移登记；

(二)当事人约定受让人享有一般抵押权、原抵押权人就扣减已转移的债权数额后继续享有最高额抵押权的，应当申请一般抵押权的首次登记以及最高额抵押权的变更登记；

(三)当事人约定原抵押权人不再享有最高额抵押权的，应当一并申请最高额抵押权确定登记以及一般抵押权转移登记。

最高额抵押权担保的债权确定前，债权人转让部分债权的，除当事人另有约定外，不动产登记机构不得办理最高额抵押权转移登记。

第七十五条 以建设用地使用权以及全部或者部分在建建筑物设定抵押的，应当一并申请建设用地使用权以及在建建筑物抵押权的首次登记。

当事人申请在建建筑物抵押权首次登记时，抵押财产不包括已经办理预告登记的预购商品房和已经办理预售备案的商品房。

前款规定的在建建筑物，是指正在建造、尚未办理所有权首次登记的房屋等建筑物。

第七十六条 申请在建建筑物抵押权首次登记的，当事人应当提交下列材料：

（一）抵押合同与主债权合同；

（二）享有建设用地使用权的不动产权属证书；

（三）建设工程规划许可证；

（四）其他必要材料。

第七十七条 在建建筑物抵押权变更、转移或者消灭的，当事人应当提交下列材料，申请变更登记、转移登记、注销登记：

（一）不动产登记证明；

（二）在建建筑物抵押权发生变更、转移或者消灭的材料；

（三）其他必要材料。

在建建筑物竣工，办理建筑物所有权首次登记时，当事人应当申请将在建建筑物抵押权登记转为建筑物抵押权登记。

第七十八条 申请预购商品房抵押登记，应当提交下列材料：

（一）抵押合同与主债权合同；

（二）预购商品房预告登记材料；

（三）其他必要材料。

预购商品房办理房屋所有权登记后，当事人应当申请将预购商品房抵押预告登记转为商品房抵押权首次登记。

第五章 其他登记

第一节 更正登记

第七十九条 权利人、利害关系人认为不动产登记簿记载的事项有错误，可以申请更正登记。

权利人申请更正登记的，应当提交下列材料：

（一）不动产权属证书；

（二）证实登记确有错误的材料；

（三）其他必要材料。

利害关系人申请更正登记的，应当提交利害关系材料、证实不动产登记簿记载错误的材料以及其他必要材料。

第八十条 不动产权利人或者利害关系人申请更正登记，不动产登记机构认为不动产登记簿记载确有错误的，应当予以更正；但在错误登记之后已经办理了涉及不动产权利处分的登记、预告登记和查封登记的除外。

不动产权属证书或者不动产登记证明填制错误以及不动产登记机构在办理更正登记中，需要更正不动产权属证书或者不动产登记证明内容的，应当书面通知权利人换发，并把换发不动产权属证书或者不动产登记证明的事项记载于登记簿。

不动产登记簿记载无误的，不动产登记机构不予更正，并书面通知申请人。

第八十一条 不动产登记机构发现不动产登记簿记载的事项错误，应当通知当事人在30个工作日内办理更正登记。当事人逾期不办理的，不动产登记机构应当在公告15个工作日后，依法予以更正；但在错误登记之后已经办理了涉及不动产权利处分的登记、预告登记和查封登记的除外。

第二节 异议登记

第八十二条 利害关系人认为不动产登记簿记载的事项错误，权利人不同意更正的，利害关系人可以申请异议登记。

利害关系人申请异议登记的，应当提交下列材料：

（一）证实对登记的不动产权利有利害关系的材料；

（二）证实不动产登记簿记载的事项错误的材料；

（三）其他必要材料。

第八十三条 不动产登记机构受理异议登记申请的，应当将异议事项记载于不动产登记簿，并向申请人出具异议登记证明。

异议登记申请人应当在异议登记之日起 15 日内,提交人民法院受理通知书、仲裁委员会受理通知书等提起诉讼、申请仲裁的材料;逾期不提交的,异议登记失效。

异议登记失效后,申请人就同一事项以同一理由再次申请异议登记的,不动产登记机构不予受理。

第八十四条 异议登记期间,不动产登记簿上记载的权利人以及第三人因处分权利申请登记的,不动产登记机构应当书面告知申请人该权利已经存在异议登记的有关事项。申请人申请继续办理的,应当予以办理,但申请人应当提供知悉异议登记存在并自担风险的书面承诺。

第三节 预 告 登 记

第八十五条 有下列情形之一的,当事人可以按照约定申请不动产预告登记:

(一)商品房等不动产预售的;

(二)不动产买卖、抵押的;

(三)以预购商品房设定抵押权的;

(四)法律、行政法规规定的其他情形。

预告登记生效期间,未经预告登记的权利人书面同意,处分该不动产权利申请登记的,不动产登记机构应当不予办理。

预告登记后,债权未消灭且自能够进行相应的不动产登记之日起 3 个月内,当事人申请不动产登记的,不动产登记机构应当按照预告登记事项办理相应的登记。

第八十六条 申请预购商品房的预告登记,应当提交下列材料:

(一)已备案的商品房预售合同;

(二)当事人关于预告登记的约定;

(三)其他必要材料。

预售人和预购人订立商品房买卖合同后,预售人未按照约定与预购人申请预告登记,预购人可以单方申请预告登记。

预购人单方申请预购商品房预告登记,预售人与预购人在商品房预售合同中对预告登记附有条件和期限的，预购人应当提交相应材料。

申请预告登记的商品房已经办理在建建筑物抵押权首次登记的，当事人应当一并申请在建建筑物抵押权注销登记，并提交不动产权属转移材料、不动产登记证明。不动产登记机构应当先办理在建建筑物抵押权注销登记，再办理预告登记。

第八十七条 申请不动产转移预告登记的，当事人应当提交下列材料：

（一）不动产转让合同；

（二）转让方的不动产权属证书；

（三）当事人关于预告登记的约定；

（四）其他必要材料。

第八十八条 抵押不动产，申请预告登记的，当事人应当提交下列材料：

（一）抵押合同与主债权合同；

（二）不动产权属证书；

（三）当事人关于预告登记的约定；

（四）其他必要材料。

第八十九条 预告登记未到期，有下列情形之一的，当事人可以持不动产登记证明、债权消灭或者权利人放弃预告登记的材料，以及法律、行政法规规定的其他必要材料申请注销预告登记：

（一）预告登记的权利人放弃预告登记的；

（二）债权消灭的；

（三）法律、行政法规规定的其他情形。

第四节 查封登记

第九十条 人民法院要求不动产登记机构办理查封登记的，应当提交下列材料：

（一）人民法院工作人员的工作证；

（二）协助执行通知书；

（三）其他必要材料。

第九十一条 两个以上人民法院查封同一不动产的，不动产登记机构应当为先送达协助执行通知书的人民法院办理查封登记，对后送达协助执行通知书的人民法院办理轮候查封登记。

轮候查封登记的顺序按照人民法院协助执行通知书送达不动产登记机构的时间先后进行排列。

第九十二条　查封期间，人民法院解除查封的，不动产登记机构应当及时根据人民法院协助执行通知书注销查封登记。

不动产查封期限届满，人民法院未续封的，查封登记失效。

第九十三条　人民检察院等其他国家有权机关依法要求不动产登记机构办理查封登记的，参照本节规定办理。

第六章　不动产登记资料的查询、保护和利用

第九十四条　不动产登记资料包括：

（一）不动产登记簿等不动产登记结果；

（二）不动产登记原始资料，包括不动产登记申请书、申请人身份材料、不动产权属来源、登记原因、不动产权籍调查成果等材料以及不动产登记机构审核材料。

不动产登记资料由不动产登记机构管理。不动产登记机构应当建立不动产登记资料管理制度以及信息安全保密制度，建设符合不动产登记资料安全保护标准的不动产登记资料存放场所。

不动产登记资料中属于归档范围的，按照相关法律、行政法规的规定进行归档管理，具体办法由国土资源部会同国家档案主管部门另行制定。

第九十五条　不动产登记机构应当加强不动产登记信息化建设，按照统一的不动产登记信息管理基础平台建设要求和技术标准，做好数据整合、系统建设和信息服务等工作，加强不动产登记信息产品开发和技术创新，提高不动产登记的社会综合效益。

各级不动产登记机构应当采取措施保障不动产登记信息安全。任何单位和个人不得泄露不动产登记信息。

第九十六条　不动产登记机构、不动产交易机构建立不动产登记信息与交易信息互联共享机制，确保不动产登记与交易有序衔接。

不动产交易机构应当将不动产交易信息及时提供给不动产登记机构。不动

产登记机构完成登记后,应当将登记信息及时提供给不动产交易机构。

第九十七条 国家实行不动产登记资料依法查询制度。

权利人、利害关系人按照《条例》第二十七条规定依法查询、复制不动产登记资料的,应当到具体办理不动产登记的不动产登记机构申请。

权利人可以查询、复制其不动产登记资料。

因不动产交易、继承、诉讼等涉及的利害关系人可以查询、复制不动产自然状况、权利人及其不动产查封、抵押、预告登记、异议登记等状况。

人民法院、人民检察院、国家安全机关、监察机关等可以依法查询、复制与调查和处理事项有关的不动产登记资料。

其他有关国家机关执行公务依法查询、复制不动产登记资料的,依照本条规定办理。

涉及国家秘密的不动产登记资料的查询,按照保守国家秘密法的有关规定执行。

第九十八条 权利人、利害关系人申请查询、复制不动产登记资料应当提交下列材料:

(一)查询申请书;

(二)查询目的的说明;

(三)申请人的身份材料;

(四)利害关系人查询的,提交证实存在利害关系的材料。

权利人、利害关系人委托他人代为查询的,还应当提交代理人的身份证明材料、授权委托书。权利人查询其不动产登记资料无需提供查询目的的说明。

有关国家机关查询的,应当提供本单位出具的协助查询材料、工作人员的工作证。

第九十九条 有下列情形之一的,不动产登记机构不予查询,并书面告知理由:

(一)申请查询的不动产不属于不动产登记机构管辖范围的;

(二)查询人提交的申请材料不符合规定的;

(三)申请查询的主体或者查询事项不符合规定的;

(四)申请查询的目的不合法的;

（五）法律、行政法规规定的其他情形。

第一百条 对符合本实施细则规定的查询申请，不动产登记机构应当当场提供查询；因情况特殊，不能当场提供查询的，应当在5个工作日内提供查询。

第一百零一条 查询人查询不动产登记资料，应当在不动产登记机构设定的场所进行。

不动产登记原始资料不得带离设定的场所。

查询人在查询时应当保持不动产登记资料的完好，严禁遗失、拆散、调换、抽取、污损登记资料，也不得损坏查询设备。

第一百零二条 查询人可以查阅、抄录不动产登记资料。查询人要求复制不动产登记资料的，不动产登记机构应当提供复制。

查询人要求出具查询结果证明的，不动产登记机构应当出具查询结果证明。查询结果证明应注明查询目的及日期，并加盖不动产登记机构查询专用章。

第七章 法 律 责 任

第一百零三条 不动产登记机构工作人员违反本实施细则规定，有下列行为之一，依法给予处分；构成犯罪的，依法追究刑事责任：

（一）对符合登记条件的登记申请不予登记，对不符合登记条件的登记申请予以登记；

（二）擅自复制、篡改、毁损、伪造不动产登记簿；

（三）泄露不动产登记资料、登记信息；

（四）无正当理由拒绝申请人查询、复制登记资料；

（五）强制要求权利人更换新的权属证书。

第一百零四条 当事人违反本实施细则规定，有下列行为之一，构成违反治安管理行为的，依法给予治安管理处罚；给他人造成损失的，依法承担赔偿责任；构成犯罪的，依法追究刑事责任：

（一）采用提供虚假材料等欺骗手段申请登记；

（二）采用欺骗手段申请查询、复制登记资料；

（三）违反国家规定，泄露不动产登记资料、登记信息；

（四）查询人遗失、拆散、调换、抽取、污损登记资料的；

（五）擅自将不动产登记资料带离查询场所、损坏查询设备的。

第八章　附　　则

第一百零五条　本实施细则施行前，依法核发的各类不动产权属证书继续有效。不动产权利未发生变更、转移的，不动产登记机构不得强制要求不动产权利人更换不动产权属证书。

不动产登记过渡期内，农业部会同国土资源部等部门负责指导农村土地承包经营权的统一登记工作，按照农业部有关规定办理耕地的土地承包经营权登记。不动产登记过渡期后，由国土资源部负责指导农村土地承包经营权登记工作。

第一百零六条　不动产信托依法需要登记的，由国土资源部会同有关部门另行规定。

第一百零七条　军队不动产登记，其申请材料经军队不动产主管部门审核后，按照本实施细则规定办理。

第一百零八条　本实施细则自公布之日起施行。

7. 国土资源部关于启用不动产登记簿证样式（试行）的通知

（2015 年 2 月 15 日　国土资发〔2015〕25 号）

各省、自治区、直辖市及副省级城市国土资源主管部门（不动产登记主管部门），新疆生产建设兵团国土资源局，解放军土地管理局：

为加快建立和实施不动产统一登记制度，落实国务院关于统一登记簿册的要求，根据《不动产登记暂行条例》（以下简称《条例》）的有关规定，部制定了不动产登记簿证样式（试行），决定从 2015 年 3 月 1 日起正式启用试行。现将有关事项通知如下：

一、关于不动产登记簿证的使用

(一)自2015年3月1日起,全面启用统一的不动产登记簿证样式。不动产登记簿证样式包括《不动产登记簿》、《不动产权证书》、《不动产登记证明》和《不动产登记申请审批表》,具体样式、内容及使用填写说明见附件。

(二)《不动产登记簿》由不动产登记机构按照统一的登记簿样式自行制作使用。不动产登记机构可以结合地方实际,针对不同的权利登记事项,对登记簿做相应调整,但不得随意减少登记簿的内容。登记簿应当采用电子介质,暂不具备条件的,可以采用纸质介质。采用电子介质的地区,应按照登记簿的样式,对现有登记信息系统进行升级改造,采用菜单式组合、固定电子表格等方式制作登记簿。采用纸质介质的地区,应按照统一登记的模式,采用活页等方便增页和编订的方式制作登记簿。

(三)《不动产权证书》有单一版和集成版两个版本。单一版证书记载一个不动产单元上的一种权利或者互相兼容的一组权利。集成版证书记载同一权利人在同一登记辖区内享有的多个不动产单元上的不动产权利。目前主要采用单一版证书。《不动产登记证明》用于证明不动产抵押权、地役权或者预告登记、异议登记等事项。查封登记不颁发证书或证明。

(四)内蒙古、西藏、新疆等部分地方需要在《不动产权证书》和《不动产登记证明》上使用或者增加少数民族文字的,必须与统一的证书和证明样式、内容保持一致,报部备案后方可实施。

(五)各地可参照使用《不动产登记申请审批表》样式,也可以根据实际情况,从便民利民和方便管理出发,对登记申请审批表进行适当调整,自行印制使用。不动产登记过程中所需的受理、调查、公告、登记、查询文书等书表卡册,可以按照登记簿的记载内容,结合本地实际和工作需要,自行确定和印制。

二、关于不动产登记簿证的管理

(一)纸质介质的《不动产登记簿》和《不动产权证书》、《不动产登记证明》应当加盖不动产登记机构的"不动产登记专用章"。不动产登记机构为县级以上人民政府依法确定的、统一负责不动产登记工作的部门。如:××县人民政府确定由该县国土资源局负责不动产登记工作,则县国土资源局为该县不动产登记机构,登记簿证加盖"××县国土资源局不动产登记专用章"。各级国土资源主管部门内设的、不具有独立法人资格的不动产登记局(处、科、股)，不能作为不动产登记机构。国土资源主管部门直属的事业单位可以经授权办理具体的不动产登记事务，但不能作为不动产登记机构对外行使行政职能。不动产登记机构应当按规定尽快刻制并启用“不动产登记专用章”。印章为圆形，印章大小按照国家有关印章管理的规定确定。

(二)不动产登记机构启用新的不动产登记簿证后，才能停止使用原有的各类不动产登记簿、权属证书和登记证明样式。新的不动产登记簿证启用后，以前已经依法制作并记载登记内容的土地登记卡和归户卡、房屋登记簿、林权登记表册、草原登记表册、海域使用权登记表册、土地承包经营权登记簿等簿册继续有效；已经依法发放的《集体土地所有证》、《国有土地使用证》、《集体土地使用证》、《房屋所有权证》、《房地产权证》、《土地承包经营权证》、《水域滩涂养殖证》、《草原使用证》、《林权证》、《海域使用权证书》、《无居民海岛使用证》，以及《土地他项权利证明书》、《房屋他项权证》、《房屋预告登记证明》等证书、证明继续有效。不动产登记机构应当按照“不变不换”的原则，权利不变动，簿证不更换，在依法办理变更登记、转移登记等登记时，逐步更换为新的不动产登记簿证。各地不得强制要求当事人更换不动产权属证书和登记证明，不得增加企业和群众负担。

(三)不动产登记机构应将申请不动产登记需要提交的申请材料目录及有关书表卡册在办公场所和门户网站予以公示。在《条例》的具体实施细则或办法出台施行以前，可以按照《条例》的规定，结合现有的模式，要求申请人提交登记必备的申请材料。在《条例》的具体实施细则或办法施行以后，按照新的规定制作申请材料目录。各地要确保不动产权利人已经依法享有的不动产权利，不因登记机构和登记程序的改变而受到影响，确保不动产登记工作的正常有序开展。

三、关于不动产权证书和登记证明的印制

(一)《不动产权证书》和《不动产登记证明》由国土资源部统一监制。证书和证明的样式以及印制标准由国土资源部统一规定，各地必须严格遵循。

(二)各省(区、市)国土资源主管部门(不动产登记主管部门)负责本辖区《不动产权证书》和《不动产登记证明》印制、发行的组织工作。自本通知下发之日起，应当按照有关规定，采取招标等方式，确定承印证书和证明的印刷企业。确定后的印刷企业须报部备案。

（三）各省（区、市）国土资源主管部门（不动产登记主管部门）应当加强对承印证书和证明企业的管理，确保承印企业在统一组织下，严格按照印制任务书确定的证书证明种类、数量和编号，依据证书和证明的印制标准，开展证书和证明的印制工作；确保承印企业不擅自印制、销售证书和证明，不擅自将证书和证明的印刷业务委托给其他企业。

四、关于不动产登记簿证的监管

（一）全面加强对全国不动产登记簿证使用管理情况的监督指导。建立全国《不动产权证书》和《不动产登记证明》印制使用情况的汇总统计分析和公示制度。请各省（区、市）国土资源主管部门（不动产登记主管部门）于 2015 年 6 月底将本地区的证书和登记证明印制、发行和使用情况报部，此后按季度定期上报有关情况，并逐步建立网上动态上报机制，将对有关情况进行公示。建立不动产登记簿证使用情况不定期监督检查制度，对登记簿的制作、保存和管理情况，以及证书和证明的印制、发行、使用等情况进行监督检查。

（二）各省（区、市）国土资源主管部门（不动产登记主管部门）要加强对不动产登记簿证使用情况的监管。采取检查、指导等多种方式监督不动产登记簿证在本区域的规范使用。对于伪造、变造证书和证明或者违法制售、使用伪造、变造证书和证明的，要会同有关部门及时依法查处；对于不按照要求使用、保存和管理不动产登记簿证的，应当限令改正。

实用工具

1. 商品房现房买卖合同

出卖人:________________________________

通信地址:________________________________

邮政编码:________________________________

营业执照注册号:____________________________

企业资质证书号:____________________________

法定代表人:__________ 联系电话:__________

委托代理人:__________ 联系电话:__________

委托销售代理机构:__________________________

通信地址:________________________________

邮政编码:________________________________

营业执照注册号:____________________________

买受人:________________________________

【法定代表人】【负责人】:__________国籍:__________

【身份证】【护照】【营业执照注册号】【 】:______________

出生日期:________年____月____日,性别:__________

通信地址:________________________________

邮政编码:__________ 联系电话:__________

【法定代理人】【委托代理人】:__________国籍:__________

【身份证】【护照】【 】:________________________

出生日期:________年____月____日,性别:__________

通信地址：____

邮政编码：__________ 联系电话：__________

根据《中华人民共和国合同法》《中华人民共和国城市房地产管理法》《北京市城市房地产转让管理办法》及其他有关法律、法规的规定，出卖人和买受人在平等、自愿、公平、协商一致的基础上就商品房现房买卖事宜达成如下协议：

第一条 项目建设依据

出卖人以【出让】【转让】【划拨】方式取得坐落(国有土地使用证的坐落)于__________地块的国有土地使用权。该地块【国有土地使用证号】【城镇建设用地批准书号】【建设用地批准书号】为：____________________，土地使用权面积为：______，买受人购买的商品房(以下简称该商品房)所在土地用途为：__________，土地使用年限自________年____月____日起至________年____月____日止。

在上述地块上建设的商品房【地名核准名称】【推广名(建设单位自定)】为：________________，该商品房建设工程规划许可证号为：________________，现已通过规划验收并完成了竣工验收。

第二条 销售依据

该商品房现已取得房屋所有权证，证号为：____________，填发单位为：____。

第三条 基本情况

经公安行政管理部门核准，该商品房地址为：________________。该商品房为第一条规定项目中的__________【幢】【座】第______层______单元______号。

该商品房所在楼栋的主体建筑结构为：________________，建筑层数为：______层，其中地上______层，地下______层。

该商品房的用途为【普通住宅】【经济适用住房】【公寓】【别墅】【办公】【商业】【 】：________________；【层高】【净高】为：______米，

【坡屋顶净高】最低为:______米,最高为:______米。该商品房朝向为:______;有______个阳台,其中______个阳台为封闭式,______个阳台为非封闭式。

出卖人委托实测该商品房面积的房产测绘机构是__________,其实测建筑面积共______平方米,其中,套内建筑面积______平方米,共用部位与共用房屋分摊建筑面积______平方米。

该商品房平面图及在整个楼栋中的位置图见附件一,有关共用部位与共用房屋分摊建筑面积构成说明见附件二。

本条所称层高是指上下两层楼面或楼面与地面之间的垂直距离,净高是指楼面或地面至上部楼板底面或吊顶底面之间的垂直距离。

第四条　抵押情况

该商品房的抵押情况为:______________________________。

1. 该商品房未设定抵押。

2. 该商品房已设定抵押,抵押权人为:______,抵押登记部门为:______________,抵押登记日期为:______。

关于抵押的相关约定见附件三。

第五条　租赁情况

该商品房的租赁情况为:______________________________。

1. 出卖人未将该商品房出租。

2. 出卖人已将该商品房出租,【买受人为该商品房承租人】【承租人已放弃优先购买权】。

____。

第六条　计价方式与价款

出卖人与买受人约定按照下列第______种方式计算该商品房价款。

1. 按照套内建筑面积计算,该商品房单价每平方米______(币)______元,总价款______(币)______佰______拾______亿______仟______佰______拾______万______仟______佰______拾______元整

（大写）。

2. 按照建筑面积计算，该商品房单价为每平方米______（币）______元，总价款______（币）______佰______拾______亿______仟______佰______拾______万______仟______佰______拾______元整（大写）。

3. 按照套（单元）计算，该商品房总价款为______（币）______佰______拾______亿______仟______佰______拾______万______仟______佰______拾______元整（大写）。

4. 按照__________计算，该商品房总价款为______（币）______佰______拾______亿______仟______佰______拾______万______仟______佰______拾______元整（大写）。

具体约定见附件四。

本条所称建筑面积，是指房屋外墙（柱）勒脚以上各层的外围水平投影面积，包括阳台、挑廊、地下室、室外楼梯等，且具备有上盖，结构牢固，层高 2.20 米以上（含 2.20 米）的永久性建筑。

所称套内建筑面积，是指成套商品房（单元房）的套内使用面积、套内墙体面积和阳台建筑面积之和。

第七条　付款方式及期限

买受人采取下列第______种方式付款。

1. 一次性付款。

2. 分期付款。

3. 贷款方式付款。买受人可以首期支付购房总价款的______%，其余价款可以向银行或住房公积金管理机构借款支付。

4. 其他方式。

具体付款方式及期限的约定见附件五。

第八条　逾期付款责任

买受人未按照约定的时间付款的，按照下列第______种方式处理。

1. 按照逾期时间,分别处理。[(1)和(2)不作累加]

(1)逾期在______日之内,自约定的应付款期限届满之次日起至实际支付应付款之日止,买受人按日计算向出卖人支付逾期应付款万分之______的违约金,并于实际支付应付款之日起______日内向出卖人支付违约金,合同继续履行。

(2)逾期超过______日[该日期应当与第(1)项中的日期相同]后,出卖人有权解除合同。出卖人解除合同的,买受人应当自解除合同通知送达之日起______日内按照累计的逾期应付款的______%向出卖人支付违约金,并由出卖人退还买受人全部已付款。买受人愿意继续履行合同的,经出卖人同意后,合同继续履行,自约定的应付款期限届满之次日起至实际支付应付款之日止,买受人按日计算向出卖人支付逾期应付款万分之______[该比率应当不小于第(1)项中的比率]的违约金,并于实际支付应付款之日起______日内向出卖人支付违约金。

本条所称逾期应付款是指依照第七条约定的到期应付款与该期实际已付款的差额;采取分期付款的,按照相应的分期应付款与该期的实际已付款的差额确定。

2. ____。

第九条 交付条件

(一)出卖人应当在________年____月____日前向买受人交付该商品房。

(二)该商品房交付时应当符合下列第1、2、__________、__________、__________项所列条件。

1. 提供有资质的房产测绘机构完成的该商品房面积实测技术报告书。

2. 该商品房为住宅的,出卖人提供《住宅质量保证书》和《住宅使用说明书》。

3. 满足第十二条中出卖人承诺的市政基础设施和其他设施达到的条件。

4. 该商品房为住宅的，出卖人提供《住宅工程质量分户验收表》。

5. ____。

第十条　逾期交房责任

除不可抗力外，出卖人未按照第九条约定的期限和条件将该商品房交付买受人的，按照下列第______种方式处理。

1. 按照逾期时间，分别处理。[(1)和(2)不作累加]

(1)逾期在______日之内[该时限应当不小于第八条第1款第(1)项中的时限]，自第九条约定的交付期限届满之次日起至实际交付之日止，出卖人按日计算向买受人支付已交付房价款万分之______的违约金[该违约金比率应当不小于第八条第1款第(1)项中的比率]，并于该商品房实际交付之日起______日内向买受人支付违约金，合同继续履行。

(2)逾期超过______日[该日期应当与第(1)项中的日期相同]后，买受人有权退房。买受人退房的，出卖人应当自退房通知送达之日起______日内退还全部已付款，并按照买受人全部已付款的______%向买受人支付违约金。买受人要求继续履行合同的，合同继续履行，自第九条约定的交付期限届满之次日起至实际交付之日止，出卖人按日计算向买受人支付全部已付款万分之______[该比率应当不小于第(1)项中的比率]的违约金，并于该商品房实际交付之日起______日内向买受人支付违约金。

2. ____。

第十一条　交接手续

(一)该商品房达到第九条约定的交付条件后，出卖人应当在交付日的7日前，书面通知买受人办理交接手续的时间、地点以及应当携带的证件。双方进行验收交接时，出卖人应当出示第九条约定的证明文件,并满足第九条约定的其他条件。出卖人不出示证明文件或出示的证明文件不齐全,或未满足第九条约定其他条件的,买受人有权拒绝接收,由此产生的逾期交房责任由出卖人承担,并按照第十条处理。

(二)验收交接后,双方应当签署商品房交接单。由于买受人原因未能按期办理交接手续的,双方同意按照下列约定方式处理:

____;

____。

(三)双方同意按照下列第______种方式缴纳税费。

1. 出卖人不得将买受人交纳税费作为交接该商品房的条件。

____。

2. 买受人同意委托出卖人代交下列第______、______、______、______、______、______种税费,并在接收该商品房的同时将上述税费交给出卖人。

(1)专项维修资金;

(2)契税;

(3)第二十条约定的物业服务费用;

(4)供暖费;

(5)____;

(6)____。

3. 买受人自行向相关单位缴纳下列第______、______、______、______、______、______种税费,并在接收该商品房的同时向出卖人出示缴纳税费的凭据。

(1)专项维修资金;

(2)契税;

(3)第二十条约定的物业服务费用;

(4)供暖费;

(5)____;

(6)____。

第十二条 市政基础设施和其他设施的承诺

出卖人承诺与该商品房正常使用直接相关的市政基础设施和其他设施按照约定的日期达到下列条件：

1.市政基础设施

(1)上水、下水：________年____月____日达到________________；

(2)电：________年____月____日达到________________；

(3)供暖 ：________年____月____日达到________________；

(4)燃气 ：________年____月____日达到________________；

(5)____；

(6)____。

如果在约定期限内未达到条件，双方同意按照下列方式处理：

(1)____；

(2)____。

2.其他设施

(1)公共绿地：________年____月____日达到________________；

(2)公共道路：________年____月____日达到________________；

(3)公共停车场 ：________年____月____日达到________________；

(4)幼儿园：________年____月____日达到________________；

(5)学校：________年____月____日达到________________；

(6)会所：________年____月____日达到________________；

(7)购物中心：________年____月____日达到________________；

(8)体育设施：________年____月____日达到________________；

(9)____；

(10)____。

如果在约定期限内未达到条件，双方同意按照下列方式处理：

(1)____；

（2）____。

第十三条 商品房质量、装饰、设备标准的约定

（一）出卖人承诺该商品房使用合格的建筑材料、构配件，该商品房质量符合国家和本市颁布的工程质量规范、标准和施工图设计文件的要求。

（二）出卖人和买受人约定如下：

1. 该商品房室内空气质量经检测不符合国家标准的，自该商品房交付之日起____日内（该时限应当不低于60日），买受人有权退房。买受人退房的，出卖人应当自退房通知送达之日起____日内退还买受人全部已付款，并按照____利率付给利息，给买受人造成损失的由出卖人承担赔偿责任。因此而发生的检测费用由出卖人承担。

买受人不退房的或该商品房交付使用已超过____日的，买受人应当与出卖人另行签订补充协议。

____。

2. 交付该商品房时，该商品房已经由建设、勘察、设计、施工、工程监理等单位验收合格，出卖人应当与买受人共同查验收房，发现有其他问题的，双方同意按照第____种方式处理。

（1）出卖人应当于____日内将已修复的该商品房交付。由此产生的逾期交房责任由出卖人承担，并按照第十条处理。

（2）由出卖人按照国家和本市有关工程质量的规范和标准在商品房交付之日起____日内负责修复，并承担修复费用，给买受人造成的损失由出卖人承担赔偿责任。

（3）____。

3. 出卖人交付的商品房的装饰、设备标准应当符合双方约定的标准。达不到约定标准的，买受人有权要求出卖人按照下列第____种方式处理。

（1）出卖人赔偿双倍的装饰、设备差价。

（2）______________________________。

（3）______________________________。

具体装饰和设备标准的约定见附件六。

（三）出卖人和买受人对工程质量问题发生争议的，任何一方均可以委托有资质的建设工程质量检测机构检测，双方均有协助并配合对方检测的义务。

______________________________。

第十四条 住宅节能措施

该商品房为住宅的，应当符合国家有关建筑节能的规定和北京市规划委员会、北京市建设委员会发布的《居住建筑节能设计标准》（DB11/891-2020）的要求。未达到标准的，出卖人应当按照《居住建筑节能设计标准》的要求补做节能措施，并承担全部费用；因此给买受人造成损失的，出卖人应当承担赔偿责任。

______________________________。

第十五条 住宅保修责任

（一）该商品房为住宅的，出卖人自该商品房交付之日起，按照《住宅质量保证书》承诺的内容承担相应的保修责任。

该商品房为非住宅的，双方应当签订补充协议详细约定保修范围、保修期限和保修责任等内容。

（二）在该商品房保修范围和保修期限内发生质量问题，双方有退房约定的，按照约定处理；没有退房约定的，出卖人应当履行保修义务，买受人应当配合保修。非出卖人原因造成的损坏，出卖人不承担责任。

第十六条 使用承诺

买受人使用该商品房期间，不得擅自改变该商品房的建筑主体结构、承重结构和用途。除本合同、补充协议及其附件另有约定外，买受人在使用该商品房期间有权与其他权利人共同使用与该商品房有关的共用部位和设施,并按照共用部位与共用房屋分摊面积承担义务。

出卖人不得擅自改变与该商品房有关的共用部位和共用设施设备的用途。

第十七条 权属转移登记

(一)出卖人保证该商品房没有产权纠纷,因出卖人原因造成该商品房不能办理产权登记或发生债权债务纠纷的,由出卖人承担相应责任。

____。

(二)商品房交付使用后,双方同意按照下列第______种方式处理。

1. 双方共同向权属登记机关申请办理房屋权属转移登记。

2. 买受人自行委托他人向权属登记机关申请办理房屋权属转移登记。

3. 买受人同意委托__________向权属登记机关申请办理房屋权属转移登记,委托费用______元人民币(大写)。

(三)买受人未能在商品房交付之日起______日内取得房屋所有权证书的,双方同意按照下列方式处理。

1. 如因出卖人的责任,买受人有权退房。买受人退房的,出卖人应当自退房通知送达之日起______日内退还买受人全部已付款,并按照______利率付给利息。买受人不退房的,自买受人应当取得房屋所有权证书的期限届满之次日起至实际取得房屋所有权证书之日止,出卖人按日计算向买受人支付全部已付款万分之______的违约金,并于买受人实际取得房屋所有权证书之日起______日内向买受人支付。

2. 如因买受人的责任,____。

3. ____。

第十八条 共有权益的约定

1. 该商品房所在楼栋的屋面使用权归全体产权人共有。

2. 该商品房所在楼栋的外墙面使用权归全体产权人共有。

3. ____。

4. ____。

第十九条 附属建筑物、构筑物的约定

双方同意该商品房的地下停车库等附属建筑物、构筑物按照以下第______种方式处理。

1. 出卖人出卖该商品房时，该商品房附属__________的随同该商品房一并转让。

2. 出卖人声明该商品房附属__________的不随同该商品房一并转让。

第二十条 前期物业服务（未成立业主委员会）

（一）出卖人依法选聘的物业管理企业为：__________，资质证号为：__________。

（二）前期物业管理期间，物业服务收费价格为______元/月·平方米（建筑面积）。价格构成包括物业区域内保洁费、公共秩序维护费、共用部位共用设施设备日常维护费、绿化养护费、综合管理费、______、______、______。

地上停车管理费______，地下停车管理费______。

（三）物业管理企业按照第______种方式收取物业服务费。

1. 按照年收取，买受人应当在每年的____月____日前缴费。

2. 按照半年收取，买受人应当分别在每年的____月____日前和____月____日前缴费。

3. 按照季收取，买受人应当分别在每年的____月____日前、____月____日前、____月____日前和____月____日前缴费。

（四）物业服务的内容和业主临时公约的内容见附件七。买受人已详细阅读附件七有关物业服务的全部内容和业主临时公约，同意由出卖人依法选聘的物业管理企业提供前期物业服务，遵守业主临时公约。

第二十一条 专项维修资金

买受人委托出卖人代交专项维修资金的，出卖人应当自买受人接收该商品房之日起______日内，向买受人提交专项维修资金缴纳凭证。

买受人自行缴纳专项维修资金的，应当在商品房交付【时】【之日起______日内】，向物业管理企业出示专项维修资金缴纳凭证。

第二十二条 不可抗力

因不可抗力不能按照约定履行本合同的，根据不可抗力的影响，部分或全部免除责任，但因不可抗力不能按照约定履行合同的一方当事人应当及时告知另一方当事人，并自不可抗力事件结束之日起______日内向另一方当事人提供证明。

第二十三条 争议解决方式

本合同在履行过程中发生的争议，由双方当事人协商解决；协商不成的，按照下列第______种方式解决。

1. 提交__________仲裁委员会仲裁。

2. 依法向人民法院起诉。

第二十四条 本合同自双方签字（盖章）之日起生效。双方可以根据具体情况对本合同中未约定、约定不明或不适用的内容签订书面补充协议进行变更或补充，但补充协议中含有不合理地减轻或免除本合同中约定应当由出卖人承担的责任或不合理地加重买受人责任、排除买受人主要权利内容的，仍以本合同为准。对本合同的解除，应当采用书面形式。本合同附件及补充协议与本合同具有同等法律效力。

第二十五条 本合同及附件共______页，一式______份，具有同等法律效力，其中出卖人______份，买受人______份，______份，______份。

出卖人（签章）：	买受人（签章）：
【法定代表人】：	【法定代表人】：
【委托代理人】（签章）：	【负责人】：

【委托销售代理机构】(签章)：　　【委托代理人】(签章)：
签订时间：____年____月____日　签订时间：____年____月____日
签订地点：　　　　　　　　　　签订地点：

附件一：房屋平面图及在整个楼栋中的位置图(应标明方位)(略)

附件二：共用部位与共用房屋分摊建筑面积构成说明

1. 被分摊的共用部位的名称、用途、所在位置、面积。

2. 参与分摊公用建筑面积的商品房名称、用途、所在位置、面积、分摊系数。

3. 分摊的共用部位。

附件三：关于抵押的相关约定(略)

附件四：计价方式与价款的其他约定(略)

附件五：付款方式及期限的约定(略)

附件六：装饰和设备标准的约定(略)

1. 采暖系统：

(1)集中采暖：【散热器】【地板采暖】【 】________________________；

(2)分户采暖：【燃气炉】【电采暖】【 】________________________；

(3)采暖设备品牌：________________________________。

2. 保温材料：

(1)外墙保温：【挤压聚苯板】【发泡聚苯板】【发泡聚安酯】【 】____；

(2)内墙保温：【石膏聚苯板】【 】________________________。

3. 外墙：【瓷砖】【涂料】【玻璃幕墙】【 】________________________。

4. 内墙：【涂料】【壁纸】【 】________________________________。

5. 顶棚：【石膏板吊顶】【涂料】【 】________________________。

6. 室内地面：【大理石】【花岗岩】【 水泥抹面】【实木地板】【 】

____。

7. 门窗：

(1)外窗结构尺寸为：______________________________；

(2)开启方式为：__________________________________；

(3)门窗型材：【双玻中空断桥铝合金窗】【塑钢双玻璃】【 】

____。

8. 厨房：

(1)地面：【水泥抹面】【瓷砖】【 】____________________；

(2)墙面：【耐水腻子】【瓷砖】【 】____________________；

(3)顶棚：【水泥抹面】【石膏吊顶】【 】________________；

(4)厨具：____。

9. 卫生间：

(1)地面：【水泥抹面】【瓷砖】【 】____________________；

(2)墙面：【耐水腻子】【涂料】【瓷砖】【 】______________；

(3)顶棚：【水泥抹面】【石膏吊顶】【 】________________。

10. 阳台：【塑钢封闭】【铝合金封闭】【断桥铝合金封闭】【不封闭】【 】____。

11. 电梯：

(1)电梯品牌名称：________________________________；

(2)电梯速度：______米/秒；

(3)电梯载重量：__________千克；

(4)____。

12. 其他

____；

____。

附件七：物业服务

(本附件内容与出卖人和物业管理企业签订的前期物业服务合同

一致)

一、物业服务内容

二、物业服务质量

三、物业收费项目及价格

四、业主临时公约

五、其他约定购房合同商品房预售合同

出卖人:__________

通信地址:__________

邮政编码:__________

营业执照注册号:__________

企业资质证书号:__________

法定代表人:__________

联系电话:__________

委托代理人:__________

联系电话:__________

委托销售代理机构:__________

通信地址:__________

邮政编码:__________

营业执照注册号:__________

买受人:______

【法定代表人】【负责人】:______

国籍:______

【身份证】【护照】【营业执照注册号】【 】:______

出生日期:________年____月____日,性别:______

通信地址:__________

邮政编码:__________

联系电话:__________

【法定代理人】【委托代理人】:__________

国籍:__________

【身份证】【护照】【 】:__________

出生日期:________年____月____日,性别:__________

通信地址:__________

邮政编码:__________

联系电话:__________

2. 商品房预售合同

根据《中华人民共和国合同法》《中华人民共和国城市房地产管理法》及其他有关法律、法规的规定，出卖人和买受人在平等、自愿、公平、协商一致的基础上就商品房预售事宜达成如下协议：

第一条 项目建设依据

1. 出卖人以【出让】【转让】【划拨】方式取得坐落于__________地块的国有土地使用权。

2. 该地块【国有土地使用证号】【城镇建设用地批准书号】为：__________，土地使用权面积为：__________，买受人购买的商品房（以下简称该商品房）所在土地用途为：__________，土地使用年限自________年____月____日起至________年____月____日止。

3. 出卖人经批准，在上述地块上建设的商品房【地名核准名称】【暂定名】为：__________，建设工程规划许可证号为：__________，建筑工程施工许可证号为：__________，建设工程施工合同约定的开工日期为：__________，建设工程施工合同约定的竣工日期为：__________。

第二条 预售依据

该商品房已由__________批准预售，预售许可证号为：________。

第三条 基本情况

1. 该商品房所在楼栋的主体建筑结构为：__________，建筑层数为：__________层，其中地上__________层，地下__________层；位于__________，距离最近的公车站的实际距离为__________。

2. 该商品房为第一条规定项目中的第＿＿＿＿＿【幢】【座】＿＿＿＿＿【单元】＿＿＿＿＿【层】＿＿＿＿＿号，该房号为【审定编号】【暂定编号】，最终以公安行政管理部门审核的房号为准，该商品房平面图及在整个楼栋中的位置图见附件一。

3. 该商品房的用途为【普通住宅】【经济适用住房】【公寓】【别墅】【办公】【商业】【 】；【层高】【净高】为：＿＿＿＿＿米，【坡屋顶净高】最低为：＿＿＿＿＿米，最高为：＿＿＿＿＿米。该商品房朝向为：＿＿＿＿＿。有＿＿＿＿＿个阳台，其中＿＿＿＿＿个阳台为封闭式，＿＿＿＿＿个阳台为非封闭式。

4. 出卖人委托预测该商品房面积的房产测绘机构是＿＿＿＿＿，其预测建筑面积共＿＿＿＿＿平方米，其中，套内建筑面积＿＿＿＿＿平方米，共用部位与共用房屋分摊建筑面积＿＿＿＿＿平方米。有关共用部位与共用房屋分摊建筑面积构成说明见附件二。

5. 签订本合同时该商品房所在楼栋的建设工程进度状况为＿＿＿＿＿。

6. 本条所称层高是指上下两层楼面或楼面与地面之间的垂直距离。净高是指楼面或地面至上部楼板底面或吊顶底面之间的垂直距离。

第四条　抵押情况

与该商品房有关的抵押情况为以下第＿＿＿＿＿种。（其中 2 和 3 可以同时选择）

1. 该商品房所分摊的土地使用权及在建工程均未设定抵押。

2. 该商品房所分摊的土地使用权已经设定抵押，抵押权人为：＿＿＿＿＿，抵押登记部门为：＿＿＿＿＿，抵押登记日期为：＿＿＿＿＿。

3. 该商品房在建工程已经设定抵押，抵押权人为：＿＿＿＿＿，抵押登记部门为：＿＿＿＿＿，抵押登记日期为：＿＿＿＿＿。

抵押权人同意该商品房预售的证明及关于抵押的相关约定见附

件三。

第五条 计价方式与价款

（一）该商品房为住宅的，出卖人与买受人约定按照下列第1种方式计算该商品房价款。其中，该商品房为经济适用住房的，出卖人与买受人约定同时按照下列第1种方式和第2种方式分别计算该商品房价款。

（二）该商品房为非住宅的，出卖人与买受人约定按照下列第__________种方式计算该商品房价款。

1. 按照套内建筑面积计算，该商品房单价每平方米__________元人民币，总金额__________仟__________佰__________拾__________万__________仟__________佰__________拾__________元人民币整（大写）。

2. 按照建筑面积计算，该商品房单价为每平方米__________元人民币，总金额__________仟__________佰__________拾__________万__________仟__________佰__________拾__________元人民币整（大写）。

3. 按照套（单元）计算，该商品房总价款为__________仟__________佰__________拾__________万__________仟__________佰__________拾__________元人民币整（大写）。

4. 其他约定（见附件四）

本条所称建筑面积，是指房屋外墙（柱）勒脚以上各层的外围水平投影面积，包括阳台、挑廊、地下室、室外楼梯等，且具备有上盖，结构牢固，层高2.20米以上（含2.20米）的永久性建筑。

所称套内建筑面积，是指成套商品房（单元房）的套内使用面积、套内墙体面积和阳台建筑面积之和。

第六条 付款方式及期限

买受人采取下列第__________种方式付款。

1. 一次性付款。

2. 分期付款。

(1)第一次付款自签约日起__________日内付全部价款的__________%;__________币__________元。(小写:__________万元)

(2)第二次付款自签约日起__________日内付全部价款的__________%;__________币__________元。(小写:__________万元)

(3)其余部分在移交房屋前一天付清__________%;__________币__________元。(小写:__________万元)

3. 贷款方式付款。买受人可以首期支付购房总价款的______%,其余价款可以向__________银行或住房公积金管理机构借款支付。

4. 其他方式。

具体付款方式及期限的约定见附件五。

第七条 出卖人保证该商品房没有产权纠纷,因出卖人原因造成该商品房不能办理产权登记或发生债权债务纠纷的,由出卖人承担相应责任。

第八条 规划变更的约定

出卖人应当按照规划行政主管部门核发的建设工程规划许可证规定的条件建设商品房,不得擅自变更。

出卖人确需变更建设工程规划许可证规定条件的,应当书面征得受影响的买受人同意,并取得规划行政主管部门的批准。因规划变更给买受人的权益造成损失的,出卖人应当给予相应的补偿。

第九条 设计变更的约定

(一)经规划行政主管部门委托的设计审查单位批准,建筑工程施工图设计文件的下列设计变更影响到买受人所购商品房质量或使用功能的,出卖人应当在设计审查单位批准变更之日起 10 日内,书面通知买受人。出卖人未在规定时限内通知买受人的,买受人有权退房。

1. 该商品房结构形式、户型、空间尺寸、朝向；

2. 供热、采暖方式；

3. ____；

4. ____；

5. ____。

（二）买受人应当在通知送达之日起 15 日内作出是否退房的书面答复。买受人逾期未予以书面答复的，视同接受变更。

（三）买受人退房的，出卖人应当自退房通知送达之日起__________日内退还买受人已付房款，并按照__________利率付给利息。买受人不退房的，应当与出卖人另行签订补充协议__________。

第十条 逾期付款责任

买受人未按照约定时间付款的，按照下列第__________种方式处理：

1. 按照逾期时间，分别处理[（1）和（2）不作累加]

（1）逾期在__________日之内，自本合同约定的应付款期限届满之次日起至实际支付应付款之日止，买受人按日计算向出卖人支付逾期应付款万分之__________的违约金，并于实际支付应付款之日起__________日内向出卖人支付违约金，合同继续履行。

（2）逾期超过__________日[该日期应当与第（1）项中的日期相同]后，出卖人有权解除合同。出卖人解除合同的，买受人应当自解除合同通知送达之日起__________日内按照累计的逾期应付款的__________%向出卖人支付违约金，并由出卖人退还买受人全部已付款。买受人愿意继续履行合同的，经出卖人同意后，合同继续履行，自本合同约定的应付款期限届满之次日起至实际支付应付款之日止，买受人按日计算向出卖人支付逾期应付款万分之__________[该比率应当不小于第（1）项中的比率]的违约金，并于实际支付应付款之日起__________日内向出卖人支付违约金。本条所称逾期应付款是指依照约定的到期应付款与该期实际已付款的差额;采取分期付款的,按照相应的分期应付款与该期的实际已付款的差额确定。

2. ____。

第十一条　交付条件

(一)出卖人应当在________年____月____日前向买受人交付该商品房。

(二)该商品房交付时应当符合下列第1、2、__________、__________、__________、__________、__________项所列条件;该商品房为住宅的,出卖人还应当提供《住宅质量保证书》和《住宅使用说明书》。

1. 该商品房已取得规划验收批准文件和建筑工程竣工验收备案表;

2. 有资质的房产测绘机构出具的该商品房面积实测技术报告书;

3. 出卖人已取得了该商品房所在楼栋的房屋权属证明;

4. 满足第十二条中出卖人承诺的市政基础设施达到的条件;

5. ____;

6. ____;

7. ____。

第十二条　市政基础设施和其他设施的承诺

出卖人承诺与该商品房正常使用直接相关的市政基础设施和其他设施按照约定的日期达到下列条件:

1. 市政基础设施:

(1)上水、下水:________年____月____日达到__________;

(2)电:________年____月____日达到__________;

(3)供暖:________年____月____日达到__________;

(4)燃气:________年____月____日达到__________;

(5)____;

(6)____。

如果在约定期限内未达到条件,双方同意按照下列方式处理:

(1)____;

(2)____。

2. 其他设施

(1)公共绿地:________年____月____日达到__________;

(2)公共道路:________年____月____日达到__________;

(3)公共停车场:________年____月____日达到__________;

(4)幼儿园:________年____月____日达到__________;

(5)学校:________年____月____日达到__________;

(6)会所:________年____月____日达到__________;

(7)购物中心:________年____月____日达到__________;

(8)体育设施:________年____月____日达到__________;

(9)____;

(10)____。

如果在约定期限内未达到条件,双方同意按照下列方式处理:

(1)____;

(2)____。

第十三条 逾期交房责任

除不可抗力外,出卖人未按照第十一条约定的期限和条件将该商品房交付买受人的,按照下列第__________种方式处理:

1. 按照逾期时间,分别处理[(1)和(2)不作累加]

(1)逾期在__________日之内[该时限应当不小于第十条第(1)项中的时限],自第十一条约定的交付期限届满之次日起至实际交付之日止,出卖人按日计算向买受人支付已交付房价款万分之__________的违约金[该违约金比率应当不小于第十条第(1)项中的比率],并于该商品房实际交付之日起__________日内向买受人支付违约金,合同继续履行。

(2)逾期超过__________日[该日期应当与第(1)项中的日期相同]后,买受人有权退房。买受人退房的,出卖人应当自退房通知送达之日起__________日内退还全部已付款,并按照买受人全部已付款的__________%向买受人支付违约金。买受人要求继续履行合同的,合同继续履行,自第十一条约定的交付期限届满之次日起至实际交付之日止,出卖人按日计算向买受人支付全部已付款万分之__________[该比率应当不小于第(1)项中的比率]的违约金,并于该商品房实际交付之日起__________日内向买受人支付违约金。

2. ____。

第十四条 面积差异处理

该商品房交付时,出卖人应当向买受人公示其委托的有资质的房产测绘机构出具的商品房面积实测技术报告书,并向买受人提供该商品房的面积实测数据(以下简称实测面积)。实测面积与第三条载明的预测面积发生误差的,双方同意按照第__________种方式处理:

1. 根据第五条按照套内建筑面积计价的约定,双方同意按照下列原则处理:

(1)套内建筑面积误差比绝对值在3%以内(含3%)的,据实结算房价款;

(2)套内建筑面积误差比绝对值超出3%时,买受人有权退房。

买受人退房的,出卖人应当自退房通知送达之日起30日内退还买受人已付房款,并按照__________利率付给利息。

买受人不退房的,实测套内建筑面积大于预测套内建筑面积时,套内建筑面积误差比在3%以内(含3%)部分的房价款由买受人补足;超出3%部分的房价款由出卖人承担,产权归买受人所有。实测套内建筑面积小于预测套内建筑面积时,套内建筑面积误差比绝对值在3%以内(含3%)部分的房价款由出卖人返还买受人;绝对值超出3%

部分的房价款由出卖人双倍返还买受人。

$$\text{套内建筑面积误差比}=\frac{\text{实测套内建筑面积}-\text{预测套内建筑面积}}{\text{预测套内建筑面积}}\times 100\%$$

2. 根据第五条按照建筑面积计价的约定，双方同意按照下列原则处理：

(1)建筑面积、套内建筑面积误差比绝对值均在3%以内(含3%)的，根据实测建筑面积结算房价款；

(2)建筑面积、套内建筑面积误差比绝对值其中有一项超出3%时，买受人有权退房。

买受人退房的，出卖人应当自退房通知送达之日起30日内退还买受人已付房款，并按照__________利率付给利息。

买受人不退房的，实测建筑面积大于预测建筑面积时，建筑面积误差比在3%以内(含3%)部分的房价款由买受人补足；超出3%部分的房价款由出卖人承担，产权归买受人所有。实测建筑面积小于合同约定建筑面积时，建筑面积误差比绝对值在3%以内(含3%)部分的房价款由出卖人返还买受人；绝对值超出3%部分的房价款由出卖人双倍返还买受人。

$$\text{建筑面积误差比}=\frac{\text{实测建筑面积}-\text{预测建筑面积}}{\text{预测建筑面积}}\times 100\%$$

3. 双方自行约定：__________________________________。

第十五条 交接手续

(一)该商品房达到约定的交付条件后，出卖人应当在交付日的7日前，书面通知买受人办理交接手续的时间、地点以及应当携带的证件。双方进行验收交接时，出卖人应当出示第十一条约定的证明文件，并满足第十一条约定的其他条件。出卖人不出示证明文件或者出示的证明文件不齐全，或未满足约定的其他条件的，买受人有权拒绝接收，由此产生的逾期交房责任由出卖人承担，并按照第十三条处理。

(二)验收交接后，双方应当签署商品房交接单。由于买受人原因未能按期办理交接手续的,双方同意按照下列约定方式处理。

(三)双方同意按照下列第__________种方式缴纳税费:

1. 出卖人不得将买受人交纳税费作为交接该商品房的条件。

2. 买受人同意委托出卖人代交下列第__________种税费,并在接收该商品房的同时将上述税费交给出卖人。

(1)专项维修资金(公共维修基金);

(2)契税;

(3)约定的物业服务费用;

(4)供暖费;

(5)__________;

(6)__________。

3. 买受人自行向相关单位缴纳下列第__________种税费,并在接收该商品房的同时向出卖人出示缴纳税费的凭据。

(1)专项维修资金(公共维修基金);

(2)契税;

(3)约定的物业服务费用;

(4)供暖费;

(5)____;

(6)____。

第十六条 风险转移

房屋的风险责任自该房屋交付之日起由出卖人转移给买受人。如买受人未按约定的日期办理该房屋的验收交接手续,出卖人应当发出书面催告书一次。买受人未按催告书规定的日期办理该房屋的验收交接手续的,则自催告书约定的验收交接日之第二日起该房屋的风险责任转移由买受人承担。

第十七条 商品房质量、装饰、设备标准的约定

(一)出卖人承诺该商品房使用合格的建筑材料、构配件,该商品

房质量符合国家和＿＿＿＿＿市颁布的工程质量规范、标准和施工图设计文件的要求。

建筑材料、构配件的具体品牌：＿＿＿＿＿，规格：＿＿＿＿＿。

（二）出卖人和买受人约定如下：

1. 该商品房地基基础和主体结构质量经检测不合格的，买受人有权退房。买受人退房的，出卖人应当自退房通知送达之日起＿＿＿＿日内退还全部已付款，并按照＿＿＿＿＿利率付给利息，给买受人造成损失的由出卖人承担赔偿责任。因此而发生的检测费用由出卖人承担。买受人要求继续履行合同的，应当与出卖人另行签订补充协议＿＿＿＿＿。

2. 该商品房室内空气质量经检测不符合国家标准的，自该商品房交付之日起＿＿＿＿＿日内（该时限应当不低于 60 日），买受人有权退房。买受人退房的，出卖人应当自退房通知送达之日起＿＿＿＿＿日内退还买受人全部已付款，并按照＿＿＿＿＿利率付给利息，给买受人造成损失的由出卖人承担赔偿责任。因此而发生的检测费用由出卖人承担。买受人不退房的或该商品房交付使用已超过＿＿＿＿＿日的，应当与出卖人另行签订补充协议＿＿＿＿＿。

3. 交付该商品房时，该商品房应当已由建设、勘察、设计、施工、工程监理等单位验收合格，且出卖人应当与买受人共同查验收房，发现有其他问题的，双方同意按照第＿＿＿＿＿种方式处理：

（1）出卖人应当于＿＿＿＿＿日内将已修复的该商品房交付。由此产生的逾期交房责任由出卖人承担，并按照第十三条处理＿＿＿＿＿。

（2）由出卖人按照国家和本市有关工程质量的规范和标准在商品房交付之日起＿＿＿＿＿日内负责修复，并承担修复费用，给买受人造成的损失由出卖人承担赔偿责任。

（3）＿＿＿＿＿＿＿＿＿＿＿＿＿＿＿＿＿＿＿＿＿＿＿＿＿＿＿。

4. 出卖人交付的商品房的装饰、设备标准应当符合双方约定的标准。达不到约定标准的，买受人有权要求出卖人按照下列第________种方式处理：

(1) 出卖人赔偿双倍的装饰、设备差价；

(2) ____；

(3) ____。

具体装饰和设备标准的约定见附件六。

(三) 出卖人和买受人对工程质量问题发生争议的，任何一方均可以委托有资质的建设工程质量检测机构检测，双方均有协助并配合对方检测的义务。

第十八条 住宅保修责任

(一) 该商品房为住宅的，出卖人自该商品房交付之日起，按照《住宅质量保证书》承诺的内容承担相应的保修责任。该商品房为非住宅的，双方应当签订补充协议详细约定保修范围、保修期限和保修责任等内容。

(二) 在该商品房保修范围和保修期限内发生质量问题，双方有退房约定的，按照约定处理；没有退房约定的，出卖人应当履行保修义务，买受人应当配合保修。

(三) 在保修期内，因不可抗力或者其他非出卖人原因所造成的损坏，出卖人无须承担责任，但可以协助买受人维修，维修费用由买受人承担。

第十九条 住宅节能措施

该商品房为住宅的，应当符合国家有关建筑节能的规定和______市规划委员会、__________市建设委员会发布的《居住建筑节能设计标准》的要求。未达到标准的，出卖人应当按照《居住建筑节能设计标准》的要求补做节能措施，并承担全部费用；因此给买受人造成损失的，出卖人应当承担赔偿责任。

第二十条　使用承诺

买受人使用该商品房期间,不得擅自改变该商品房的建筑主体结构、承重结构和用途。除本合同、补充协议及其附件另有约定者外,买受人在使用该商品房期间有权与其他权利人共同使用与该商品房有关的共用部位和设施,并按照共用部位与共用房屋分摊面积承担义务。

该商品房只作__________使用,出卖人不得擅自改变与该商品房有关的共用部位和设施的使用性质__________。

第二十一条　产权登记

(一)初始登记

出卖人应当在________年____月____日前,取得该商品房所在楼栋的权属证明。如因出卖人的责任未能在本款约定期限内取得该商品房所在楼栋的权属证明的,双方同意按照下列第__________种方式处理:

1. 买受人有权退房。买受人退房的,出卖人应当自退房通知送达之日起__________日内退还全部已付款,并按照买受人全部已付款的__________%向买受人支付违约金。买受人不退房的,合同继续履行,自出卖人应当取得该商品房所在楼栋的权属证明期限届满之次日起至实际取得权属证明之日止,出卖人应当按日计算向买受人支付全部已付款万分之__________的违约金,并于出卖人实际取得权属证明之日起__________日内由买受人支付。

2. ____。

(二)转移登记

1. 商品房交付使用后,双方同意按照下列第__________种方式处理:

(1)双方共同向权属登记机关申请办理房屋权属转移登记。

(2)买受人同意委托__________向权属登记机关申请办理房屋权

属转移登记,委托费用__________元人民币(大写)。

2. 如因出卖人的责任,买受人未能在商品房交付之日起__________日内取得房屋所有权证书的,双方同意按照下列第__________种方式处理:

(1)买受人有权退房。买受人退房的,出卖人应当自退房通知送达之日起__________日内退还买受人全部已付款,并按照__________利率付给利息。买受人不退房的,自买受人应当取得房屋所有权证书的期限届满之次日起至实际取得房屋所有权证书之日止,出卖人按日计算向买受人支付全部已付款万分之__________的违约金,并于买受人实际取得房屋所有权证书之日起__________日内向出卖人支付。

(2)____。

第二十二条　共有权益的约定

1. 该商品房所在楼栋的屋面使用权归全体产权人共有;

2. 该商品房所在楼栋的外墙面使用权归全体产权人共有;

3. ____;

4. ____。

第二十三条　前期物业服务

(一)出卖人依法选聘的物业管理企业为:__________,资质证号为:__________。

(二)前期物业管理期间,物业服务收费价格为______元/月·平方米(建筑面积),由物业管理企业按照【年】【半年】【季】收取。价格构成包括物业区域内保洁费、公共秩序维护费、共用部位共用设施设备日常维护费、绿化养护费、综合管理费、__________、__________、__________。其中地上停车费__________、地下停车费__________。

(三)出卖人负责监督物业管理企业按照前期物业服务合同的约定提供物业服务。

(四)物业服务的内容和业主临时公约的内容见附件七。买受人已详细阅读附件七有关物业服务的全部内容和业主临时公约，同意由出卖人依法选聘的物业管理企业提供前期物业服务，遵守业主临时公约。

第二十四条 专项维修资金

买受人委托出卖人代交专项维修资金（公共维修基金）的，出卖人应当自受托之日起__________日内，向买受人提交专项维修资金（公共维修基金）缴纳凭证。

买受人自行缴纳专项维修资金（公共维修基金）的，应当在商品房交付【时】【之日起__________日内】，向物业管理企业提交专项维修资金（公共维修基金）缴纳凭证。

第二十五条 不可抗力

1. 因不可抗力不能按照约定履行本合同的，根据不可抗力的影响，部分或全部免除责任，但因不可抗力不能按照约定履行合同的一方当事人应当及时告知另一方当事人。

2. 声称受到不可抗力事件影响的一方应尽可能在最短的时间内通过书面形式将不可抗力事件的发生通知另一方，并在该不可抗力事件发生后__________日内向另一方提供关于此种不可抗力事件及其持续时间的适当证据及合同不能履行或者需要延期履行的书面资料。声称不可抗力事件导致其对本合同的履行在客观上成为不可能或不实际的一方，有责任尽一切合理的努力消除或减轻此等不可抗力事件的影响。

3. 不可抗力事件发生时，双方应立即通过友好协商决定如何执行本合同。不可抗力事件或其影响终止或消除后，双方须立即恢复履行各自在本合同项下的各项义务。如不可抗力及其影响无法终止或消除而致使合同任何一方丧失继续履行合同的能力，则双方可协商解除合同或暂时延迟合同的履行，且遭遇不可抗力一方无须为此承担责任。当事人迟延履行后发生不可抗力的，不能免除责任。

4. 本合同所称“不可抗力”是指受影响一方不能合理控制的，无法预料或即使可预料到也不可避免且无法克服，并于本合同签订日之后出现的，使该方对本合同全部或部分的履行在客观上成为不可能或不实际的任何事件。此等事件包括但不限于自然灾害如水灾、火灾、旱灾、台风、地震，以及社会事件如战争（无论曾否宣战）、动乱、罢工，政府行为或法律规定等。

第二十六条 合同的变更

合同的内容若需要修改，应经双方协商一致并签订书面补充协议，如果在登记后变更合同内容的，应当到登记机关办理变更登记。

第二十七条 通知

1. 根据本合同需要一方向另一方发出的全部通知以及双方的文件往来及与本合同有关的通知和要求等，必须用书面形式，可采用__________（书信、传真、电报、当面送交等）方式传递。以上方式无法送达的，方可采取公告送达的方式。

2. 各方通信地址如下：__________。

3. 一方变更通知或通信地址，应自变更之日起__________日内，以书面形式通知对方；否则，由未通知方承担由此而引起的相关责任。

第二十八条 争议的处理

1. 本合同受中华人民共和国法律管辖并按其进行解释。

2. 本合同在履行过程中发生的争议，由双方当事人协商解决，也可由有关部门调解；协商或调解不成的，按下列第__________种方式解决：

（1）提交__________仲裁委员会仲裁；

（2）依法向人民法院起诉。

第二十九条 合同的解释

本合同未尽事宜或条款内容不明确，合同双方当事人可以根据本合同的原则、合同的目的、交易习惯及关联条款的内容，按照通常理解对本合同作出合理解释。该解释具有约束力，除非解释与法律或本合同相抵触。

第三十条 本合同自双方签字（盖章）之日起生效，未尽事项，双方可以另行签订补充协议。对本合同的变更或解除，应当采用书面形式。本合同附件及补充协议与本合同具有同等法律效力。

第三十一条 本合同及附件共__________页，一式__________份，具有同等法律效力，其中出卖人__________份，买受人__________份，__________份，__________份。

第三十二条 自本合同生效之日起30日内，由出卖人向________申请办理该商品房预售合同登记备案手续。出卖人自本合同生效之日起30日内未申请预售登记的，买受人可以申请预售登记。预售的商品房已抵押的，预售登记应当由出卖人和买受人双方共同申请。

出卖人（盖章）：______	买受人（盖章）：______
法定代表人（签字）：______	法定代表人（签字）：______
委托代理人（签字）：______	委托代理人（签字）：______
签订地点：______	签订地点：______
________年____月____日	________年____月____日

附件一： 房屋平面图及在整个楼栋中的位置图（略）

附件二： 共用部位与共用房屋分摊建筑面积构成说明（略）

附件三： 该商品房取得抵押权人同意销售的证明及抵押当事人的相关约定（略）

附件四： 计价方式与房款的其他约定（略）

附件五： 付款方式及期限的约定（略）

附件六： 装饰和设备标准的约定

1. 采暖系统：

（1）集中采暖：【散热器】【地板采暖】【__________】__________；

(2)分户采暖:【燃气炉】【电采暖】【__________】__________;

(3)采暖设备品牌:__________。

2. 保温材料:

(1)外墙保温:【挤压聚苯板】【发泡聚苯板】【发泡聚安酯】【__________】__________;

(2)内墙保温:【石膏聚苯板】【__________】__________。

3. 外墙:【瓷砖】【涂料】【玻璃幕墙】【__________】__________。

4. 内墙:【涂料】【壁纸】【__________】__________。

5. 顶棚:【石膏板吊顶】【涂料】【__________】__________。

6. 室内地面:【大理石】【花岗岩】【水泥抹面】【实木地板】【__________】__________。

7. 门窗:

(1)外窗结构尺寸为:__________;

(2)开启方式为:__________;

(3)门窗型材:【双玻中空断桥铝合金窗】【塑钢双玻璃】【__________】__________。

8. 厨房:

(1)地面:【水泥抹面】【瓷砖】【__________】__________;

(2)墙面:【耐水腻子】【瓷砖】【__________】__________;

(3)顶棚:【水泥抹面】【石膏吊顶】【__________】__________;

(4)厨具:__________。

9. 卫生间:

(1)地面:【水泥抹面】【瓷砖】【__________】__________;

(2)墙面:【耐水腻子】【涂料】【瓷砖】【__________】__________;

(3)顶棚:【水泥抹面】【石膏吊顶】【__________】__________;

10. 阳台:【塑钢封闭】【铝合金封闭】【断桥铝合金封闭】【不封闭】【__________】__________。

11. 电梯：

(1)电梯品牌名称：__________；

(2)电梯速度：__________米/秒；

(3)电梯载重量：__________千克；

(4)__________。

12. 其他__________。

附件七：物业服务

(本附件内容与出卖人和物业管理企业签订的前期物业服务合同一致)

1. 物业服务内容

2. 物业服务质量

3. 物业收费项目及价格

4. 业主临时公约

5. 其他约定

出卖人：__________

住所：__________

邮编：__________

营业执照号码：__________

资格证书号码：__________

法定代表人：__________

联系电话：__________

委托代理人：__________

联系电话：__________

买受人：__________

国籍：__________

性别：__________

出生日期：______年______月______日

住所(址):__________
邮编:__________
证件名称:__________
号码:__________
联系电话:__________
委托/法定代理人:__________
住所(址):__________
联系电话:__________

3. 抵押合同

合同编号：________年______字第______号

抵押人名称：________，住所：__________，法定代表人或主要负责人：__________，开户金融机构：__________________________，账号：________________，电话：__________，邮政编码：__________

抵押权人名称：__________，住所：__________，法定代表人或主要负责人：______，电话：__________，邮政编码：__________

合同签订日期：__________

合同签订地点：__________

抵押人(以下称甲方)：______

抵押权人(以下称乙方)：______

为确保________年______字第______号合同(以下称主合同)的履行，甲方愿意以自有财产作抵押。乙方经审查，同意接受甲方的财产抵押。甲、乙双方经协商一致，按以下条款订立本合同：

第一条 甲方用作抵押的财产(详见抵押财产清单)；

第二条 本合同项下抵押财产共作价(大写)人民币______万元整，抵押率为______%，实际抵押额为______万元整。

第三条 甲方应妥善保管抵押物，在抵押期间应有维修、保养、保证完好无损的责任，并随时接受乙方的检查。

第四条 抵押财产中的______必须由甲方办理财产保险，并将保险单交乙方保存。

第五条　在本合同有效期内，甲方不得出售和馈赠抵押财产；甲方迁移、出租、转让、再抵押或以其他任何方式转移本合同项下抵押财产的，应取得乙方书面同意。

第六条　抵押财产意外毁坏的风险承担。

第七条　本合同项下有关公证、保险、签订、登记、运输、保管等费用由甲方承担。

第八条　本合同生效后，如需变更合同条款，应经抵押人同意并达成书面协议。

第九条　本合同有效期内，甲方如发生分立、合并，由变更后的机构承担或分别承担本合同项下义务。甲方被宣布解散或破产，抵押财产由乙方提前处分，以所获价款优先受偿。

第十条　出现下列情况之一时，乙方有权依法定方式处分抵押财产：

(1)主合同约定的还款期限已到，借款人未依约偿还借款本息或所延期限届满仍不能偿还借款本息；或

(2)借款人被宣告解散、破产；或

(3)借款人死亡而无继承人履行合同。

处理抵押财产所得价款，不足以偿还贷款本息和费用的，乙方有权另行追索；价款偿还贷款本息还有余的，乙方应退还给甲方。

第十一条　主合同借款人按期偿还借款本息的，抵押权终止。经抵押登记的财产，乙方应偕同甲方到登记机关办理核销登记。

第十二条　本合同生效后，甲、乙任何一方不得擅自变更或解除合同，需要变更或解除合同的，应经双方协商一致，达成书面协议。协议未达成前，本合同条款自然有效。

第十三条　违约责任：

(1)因甲方保管不善，造成抵押财产毁损，乙方有权要求甲方恢复抵押财产原状，或提供经乙方认可的抵押财产。

(2)甲方违反本合同第五条规定，擅自处分抵押财产的，乙方视情况要求甲方恢复原状，并提前收回主合同项下贷款，并可要求甲方支

付贷款总额______%的违约金。

(3)甲方隐瞒抵押财产存在共有,争议、被查封、被扣押或已经设定过抵押权等情况而给乙方造成经济损失的,应予赔偿。

(4)甲、乙任何一方违反本合同第十二条规定,应向对方支付主合同项下贷款总额______%的违约金。

(5)本合同有效期内,未经抵押人同意,变更主合同条款或转让主合同项下的权利义务的,甲方可自行解除本合同。

第十四条 争议解决方式:

因本合同发生争议的,双方协商解决或经调解解决,如仍不能解决争议的,可向合同签订地人民法院起诉或向仲裁委员会申请仲裁。

第十五条 双方商定的其他事项:

第十六条 本合同由甲、乙双方法定代表人或主要负责人签字并加盖单位公章,并经登记后生效。

第十七条 本合同正本一式两份,甲、乙双方各执一份。

甲方:(公章)

法定代表人(或主要负责人):(签章)

________年____月____日

乙方:(公章)

________年____月____日

附:抵押财产清单:________

抵押契约编号:__________

<table>
<tr><td colspan="3">企业名称</td><td colspan="5"></td><td colspan="2">经济性质</td><td colspan="2"></td></tr>
<tr><td colspan="3">地址</td><td colspan="5"></td><td colspan="2">电话</td><td colspan="2"></td></tr>
<tr><td rowspan="2">抵押物名称</td><td rowspan="2">规格</td><td rowspan="2">单位</td><td rowspan="2">数量</td><td colspan="2">账面价值</td><td rowspan="2">抵押现值</td><td rowspan="2">折扣率</td><td rowspan="2">抵押价值</td><td rowspan="2">存放地点</td><td colspan="2">保险单</td></tr>
<tr><td>原值</td><td>净值</td><td>保险号码</td><td>起止时间</td></tr>
<tr><td></td><td></td><td></td><td></td><td></td><td></td><td></td><td></td><td></td><td></td><td></td><td></td></tr>
<tr><td></td><td></td><td></td><td></td><td></td><td></td><td></td><td></td><td></td><td></td><td></td><td></td></tr>
</table>

4. 动产质押合同

出质人(以下称甲方):

质权人(以下称乙方):

为确保________年______字第______号合同(以下称主合同)的履行,甲方愿意以其有权处分的财产作质押。乙方经审查,同意接受甲方的财产质押。双方经协商一致,按以下条款订立本合同:

第一条 甲方用作质押的财产为(附详细质物清单及出质人所有权证明):

(1)质物名称:

(2)规格:

(3)数量:

(4)账面价格:

第二条 本合同项下质押财产共作价人民币__________(大写)元整,质押率为__________%,实际质押额为__________(大写)元整。

第三条 甲方应在本合同订立后五日内将质物移交乙方占有,双方商定移交事项如下:__________。

第四条 在质押有效期内,乙方应负责妥善保管质物,并不得挪用,甲方一次性向乙方支取保管费__________(大写)元整。

第五条 甲方应按乙方要求,对质押财产中的__________办理财产保险,并将保险单交乙方保存。投保期限应长于主合同约定期限。如主合同经双方同意延长期限的,甲方应办理延长投保期限的手续。保险财产如发生意外损失,所得赔偿金应由甲方到__________银行办理专项存款，并将存款单交由乙方保管。

第六条 在本合同有效期内，甲方如需转让质物，须经乙方书面同意，并将转让所得款项交__________银行专项存储，存款单交由乙方保管，或者以该款项提前清偿债务。

第七条 本合同项下有关公证、保险、签订、登记，运输及保管等费用由甲方承担。

第八条 在本合同有效期内，甲方如发生分立、合并，由变更后的机构承担或分别承担本合同项下义务。甲方被宣布解散或破产，乙方有权提前处分质物。

第九条 出现下列情况之一时，乙方有权依法定方式处分质押财产：

(1)主合同债务履行期限届满或经延期后仍未履行债务；

(2)债务人死亡而无继承人或继承人放弃继承的；

(3)债务人被宣告解散、破产的。

处理质物所得价款，不足清偿债务的，乙方有权另行追索；价款偿还债务还有剩余的，乙方应退还给甲方。

第十条 本合同生效后，甲、乙任何一方不得擅自变更或解除合同。需要变更或解除合同的，应经双方协商一致，达成书面协议。协议未达成前，本合同条款仍然有效。

第十一条 主合同债务人按合同约定的期限履行合同的，质权即自动终止，乙方应返还质物及有关单据。

第十二条 违约责任

(1)依照本合同第四条的约定，因乙方保管不善造成质物毁损的，甲方有权要求乙方恢复质物原状；或者要求乙方赔偿因此而遭受的损失。

(2)乙方擅自挪用质物的，甲方有权要求乙方停止挪用行为，或返还原物，亦可请求赔偿因此而遭受的损失。

(3)甲方因隐瞒质押财产存在共有、争议、被查封、被扣押或其他类似情况而给乙方造成经济损失的,应给予赔偿。

(4)甲、乙任何一方违反第九条约定,应向对方支付主合同项下债务总额万分之__________的违约金。

(5)在本合同有效期内,未经出质人同意,变更主合同条款或转让主合同项下的义务,甲方可自行解除本合同,并要求乙方返还质物及有关单据。

(6)本条所列违约金的支付方式,双方商定如下:____________。

第十三条 双方商定的其他事项:____________________。

第十四条 争议的解决方式:

甲、乙双方在履行本合同中发生的争议,由双方协商或通过调解解决。协商或调解不成,可以向合同签订地人民法院起诉,或者向合同签订地的合同仲裁机构申请仲裁。

第十五条 本合同由甲、乙双方法定代表人或其授权的委托代理人签字并加盖单位公章,自质物移交完毕之日起生效。

第十六条 本合同一式二份,甲、乙双方各执一份。

附:质物清单及有关证书、单据一式__________份。

甲方:(公章)

法定代表人(或委托代理人):(签章)

________年____月____日

乙方:(公章)

法定代表人(或委托代理人):(签章)

________年____月____日

签订合同地点:__________

(注:如果合同当事人为公民或非法人单位,应由该公民签字或单位主要负责人或经其授权的委托代理人签字。)

5. 土地登记流程图

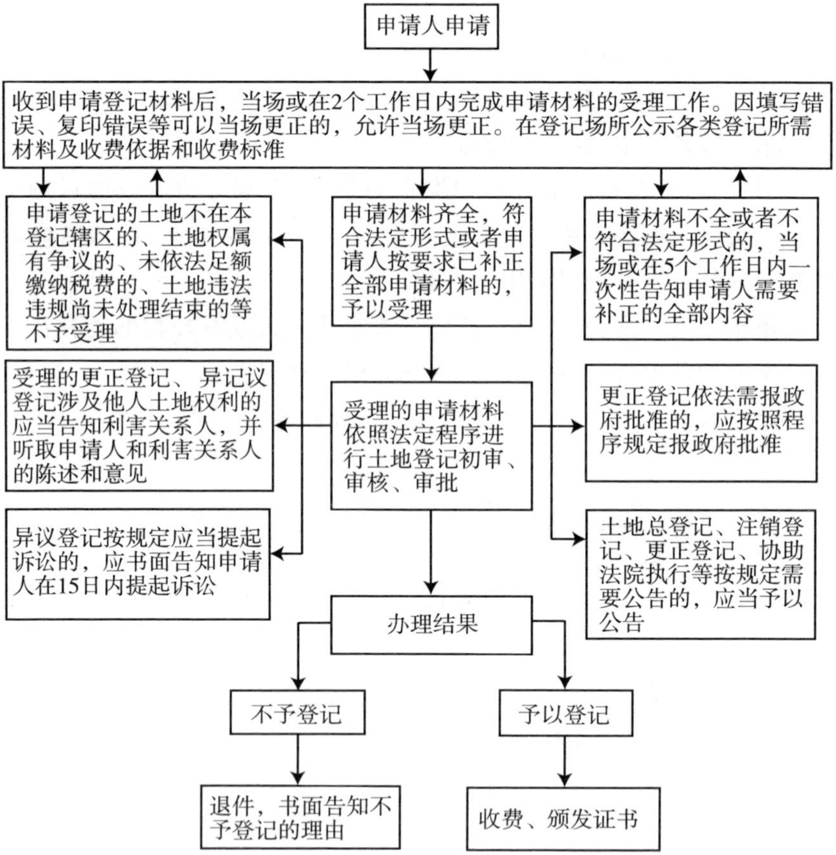
申请人申请
收到申请登记材料后，当场或在2个工作日内完成申请材料的受理工作。因填写错误、复印错误等可以当场更正的，允许当场更正。在登记场所公示各类登记所需材料及收费依据和收费标准
申请登记的土地不在本登记辖区的、土地权属有争议的、未依法足额缴纳税费的、土地违法违规尚未处理结束的等不予受理
申请材料齐全，符合法定形式或者申请人按要求已补正全部申请材料的，予以受理
申请材料不全或者不符合法定形式的，当场或在5个工作日内一次性告知申请人需要补正的全部内容
受理的更正登记、异记议登记涉及他人土地权利的应当告知利害关系人，并听取申请人和利害关系人的陈述和意见
受理的申请材料依照法定程序进行土地登记初审、审核、审批
更正登记依法需报政府批准的，应按照程序规定报政府批准
异议登记按规定应当提起诉讼的，应书面告知申请人在15日内提起诉讼
土地总登记、注销登记、更正登记、协助法院执行等按规定需要公告的，应当予以公告
办理结果
不予登记
予以登记
退件，书面告知不予登记的理由
收费、颁发证书

6. 房屋登记流程图

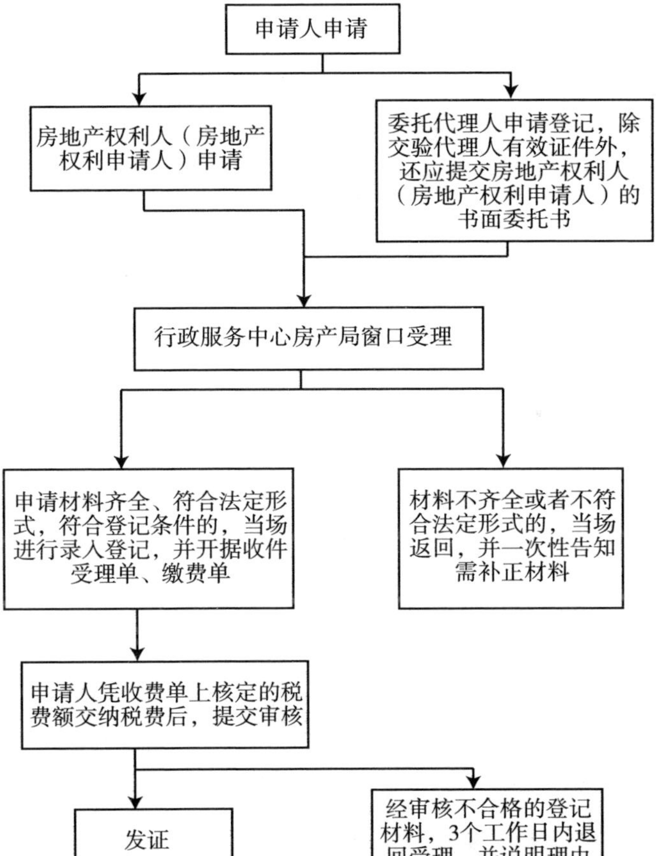
申请人申请
房地产权利人（房地产权利申请人）申请
委托代理人申请登记，除交验代理人有效证件外，还应提交房地产权利人（房地产权利申请人）的书面委托书
行政服务中心房产局窗口受理
申请材料齐全、符合法定形式，符合登记条件的，当场进行录入登记，并开据收件受理单、缴费单
材料不齐全或者不符合法定形式的，当场返回，并一次性告知需补正材料
申请人凭收费单上核定的税费额交纳税费后，提交审核
发证
经审核不合格的登记材料，3个工作日内退回受理，并说明理由

7. 不动产登记簿样式及使用填写说明

__________省(区、市)__________ 市(区)__________县(市、区)
__________街道(乡、镇)__________街坊(村)__________组

不 动 产 登 记 簿

宗地/宗海代码：__________________________

登记机构：__________________________

第　　页

<table>
<tr><td colspan="5">宗地基本信息</td></tr>
<tr><td colspan="5">单位：□平方米 □公顷(□亩)、万元</td></tr>
<tr><td>不动产类型</td><td colspan="4">□土地　□房屋等建筑物　□构筑物
□森林、林木　□其他</td></tr>
<tr><td colspan="2">坐　落</td><td colspan="3">附图</td></tr>
<tr><td rowspan="5">土地状况</td><td>宗地面积</td><td></td><td>用　途</td><td></td></tr>
<tr><td>等　级</td><td></td><td>价　格</td><td></td></tr>
<tr><td>权利类型</td><td></td><td>权利性质</td><td></td></tr>
<tr><td>权利设定方式</td><td></td><td>容积率</td><td></td></tr>
<tr><td>建筑密度</td><td></td><td>建筑限高</td><td></td></tr>
<tr><td colspan="5">空间坐标、位置说明或者四至描述</td></tr>
<tr><td colspan="5"></td></tr>
<tr><td>登记时间</td><td colspan="2"></td><td>登簿人</td><td></td></tr>
<tr><td>附　记</td><td colspan="4"></td></tr>
<tr><td rowspan="6">变化情况</td><td>变化原因</td><td>变化内容</td><td>登记时间</td><td>登簿人</td></tr>
<tr><td></td><td></td><td></td><td></td></tr>
<tr><td></td><td></td><td></td><td></td></tr>
<tr><td></td><td></td><td></td><td></td></tr>
<tr><td></td><td></td><td></td><td></td></tr>
<tr><td></td><td></td><td></td><td></td></tr>
</table>

附　图

（宗地图，可附页）

第　　页

<table>
<tr><td colspan="6">宗海基本信息</td></tr>
<tr><td colspan="6">单位：公顷、万元</td></tr>
<tr><td>不动产类型</td><td colspan="5">□海域(□无居民海岛)　□房屋等建筑物
□构筑物　□森林、林木　□其他</td></tr>
<tr><td>项目名称</td><td colspan="2"></td><td>项目性质</td><td colspan="2"></td></tr>
<tr><td rowspan="8">海域状况</td><td>用海总面积</td><td></td><td>宗海面积</td><td colspan="2"></td></tr>
<tr><td>等　别</td><td></td><td>占用岸线</td><td colspan="2">米</td></tr>
<tr><td>用海类型 A</td><td></td><td>用海类型 B</td><td colspan="2"></td></tr>
<tr><td>用海位置说明</td><td colspan="4"></td></tr>
<tr><td>用海方式</td><td>面积</td><td>具体用途</td><td colspan="2">使用金数额</td></tr>
<tr><td></td><td></td><td></td><td colspan="2"></td></tr>
<tr><td></td><td></td><td></td><td colspan="2"></td></tr>
<tr><td></td><td></td><td></td><td colspan="2"></td></tr>
<tr><td rowspan="3">无居民海岛状况</td><td>海岛名称</td><td></td><td>海岛代码</td><td colspan="2"></td></tr>
<tr><td>用岛范围</td><td></td><td>用岛面积</td><td colspan="2"></td></tr>
<tr><td>海岛位置</td><td></td><td>用　途</td><td colspan="2"></td></tr>
<tr><td colspan="6">用海、用岛坐标</td></tr>
<tr><td>序号</td><td>北纬</td><td>东经</td><td>序号</td><td>北纬</td><td>东经</td></tr>
<tr><td></td><td></td><td></td><td></td><td></td><td></td></tr>
<tr><td></td><td></td><td></td><td></td><td></td><td></td></tr>
<tr><td></td><td></td><td></td><td></td><td></td><td></td></tr>
<tr><td></td><td></td><td></td><td></td><td></td><td></td></tr>
<tr><td></td><td></td><td></td><td></td><td></td><td></td></tr>
<tr><td>登记时间</td><td colspan="3"></td><td>登簿人</td><td></td></tr>
<tr><td>附　记</td><td colspan="5"></td></tr>
<tr><td rowspan="4">变化情况</td><td>变化原因</td><td>变化内容</td><td>登记时间</td><td colspan="2">登簿人</td></tr>
<tr><td></td><td></td><td></td><td colspan="2"></td></tr>
<tr><td></td><td></td><td></td><td colspan="2"></td></tr>
<tr><td></td><td></td><td></td><td colspan="2"></td></tr>
</table>

附　图

（宗海图，可附页）

第　　页

不动产权利登记目录				
序　号	不动产单元号	不动产类型	所在本数	备注

第________本

不动产权利及其他事项登记信息

不动产单元号：____________________________

____________权登记在第________页

抵押权登记在第________页

地役权登记在第________页

预告登记在第________页

异议登记在第________页

查封登记在第________页

第　　本 第　　页

<table>
<tr><td colspan="7">土地所有权登记信息</td></tr>
<tr><td colspan="7">不动产单元号：　　　　　　　　单位：□平方米　　□公顷（□亩）</td></tr>
<tr><td colspan="3">业务号
内容</td><td></td><td></td><td></td><td></td></tr>
<tr><td colspan="3">权利人</td><td></td><td></td><td></td><td></td></tr>
<tr><td colspan="3">证件种类</td><td></td><td></td><td></td><td></td></tr>
<tr><td colspan="3">证件号</td><td></td><td></td><td></td><td></td></tr>
<tr><td colspan="3">共有情况</td><td></td><td></td><td></td><td></td></tr>
<tr><td colspan="3">登记类型</td><td></td><td></td><td></td><td></td></tr>
<tr><td colspan="3">登记原因</td><td></td><td></td><td></td><td></td></tr>
<tr><td rowspan="7">分类面积</td><td colspan="2">农用地</td><td rowspan="7"></td><td rowspan="7"></td><td rowspan="7"></td><td rowspan="7"></td></tr>
<tr><td rowspan="4">其中</td><td>耕　地</td></tr>
<tr><td>林　地</td></tr>
<tr><td>草　地</td></tr>
<tr><td>其　他</td></tr>
<tr><td colspan="2">建设用地</td></tr>
<tr><td colspan="2">未利用地</td></tr>
<tr><td colspan="3">不动产权证书号</td><td></td><td></td><td></td><td></td></tr>
<tr><td colspan="3">登记时间</td><td></td><td></td><td></td><td></td></tr>
<tr><td colspan="3">登簿人</td><td></td><td></td><td></td><td></td></tr>
<tr><td colspan="3">附　记</td><td></td><td></td><td></td><td></td></tr>
</table>

第　　本 第　　页

建设用地使用权、宅基地使用权登记信息				
不动产单元号：				
业务号 / 内容				
权利人				
证件种类				
证件号				
共有情况				
权利人类型				
登记类型				
登记原因				
使用权面积(m^2)				
使用期限	起 止			
取得价格(万元)				
不动产权证书号				
登记时间				
登簿人				
附　记				

第　　本第　　页

房地产权登记信息（项目内多幢房屋）				
不动产单元号：		房地坐落：		
业务号 / 内容				
房屋所有权人				
证件种类				
证件号				
房屋共有情况				
权利人类型				
登记类型				
登记原因				
土地使用权人				
独用土地面积（m^2）				
分摊土地面积（m^2）				
土地使用期限	起 止			
项目名称				
幢　号				
总层数				
规划用途				
房屋结构				
建筑面积（m^2）				
竣工时间				
总套数				
房地产交易价格（万元）				
不动产权证书号				
登记时间				
登簿人				
附　记				

附　图

（房地产平面图，可附页）

第　　本第　　页

房地产权登记信息(独幢、层、套、间房屋)		
不动产单元号：	房地坐落：	
业务号 内容		
房屋所有权人		
证件种类		
证件号		
房屋共有情况		
权利人类型		
登记类型		
登记原因		
土地使用权人		
独用土地面积(m^2)		
分摊土地面积(m^2)		
土地使用期限	起 止	
房地产交易价格(万元)		
规划用途		
房屋性质		
房屋结构		
所在层/总层数		
建筑面积(m^2)		
专有建筑面积(m^2)		
分摊建筑面积(m^2)		
竣工时间		
不动产权证书号		
登记时间		
登簿人		
附　记		

附　图

（房地产平面图，可附页）

第　　本第　　页

建筑物区分所有权业主共有部分登记信息							
建筑物区分所有权业主共有部分权利人							
业务号	建(构)筑物编号	建(构)筑物名称	建(构)筑物数量或者面积(m^2)	分摊土地面积(m^2)	登记时间	登簿人	附记

第　　本 第　　页

海域（含无居民海岛）使用权登记信息				
不动产单元号：				
业务号 内容				
权利人				
证件种类				
证件号				
共有情况				
权利人类型				
登记类型				
登记原因				
使用权面积（公顷）				
使用期限	起 止			
使用金总额（万元）				
使用金标准依据				
使用金缴纳情况				
不动产权证书号				
登记时间				
登簿人				
附　记				

第　　本第　　页

构(建)筑物所有权登记信息				
不动产单元号：			坐落：	
业务号 内容				
构(建)筑物所有权人				
证件种类				
证件号				
构(建)筑物共有情况				
权利人类型				
登记类型				
登记原因				
土地/海域使用权人				
土地/海域使用面积(m^2)				
土地/海域使用期限	起 止			
构(建)筑物类型				
构(建)筑物规划用途				
构(建)筑物面积(m^2)				
竣工时间				
不动产权证书号				
登记时间				
登簿人				
附记				

附　图

［构(建)筑物平面图,可附页］

第　　本 第　　页

土地承包经营权、农用地的其他使用权登记信息(非林地)				
不动产单元号：			发包方：	
业务号 / 内容				
权利人				
证件种类				
证件号				
共有情况				
登记类型				
登记原因				
承包(使用权)面积(亩)				
承包(使用)期限	起 止			
土地所有权性质				
水域滩涂类型				
养殖业方式				
草原质量				
适宜载畜量				
不动产权证书号				
登记时间				
登簿人				
附　记				

第　　本第　　页

林权登记信息					
不动产单元号：			发包方：		
业务号 / 内容					
林地权利人					
证件种类					
证件号					
林地共有情况					
权利人类型					
登记类型					
登记原因					
使用权(承包)面积(亩)					
林地使用(承包)期限	起 止				
林地所有权性质					
森林、林木所有权人					
森林、林木使用权人					
主要树种					
株数					
林种					
起源					
造林年度					
小地名					
林班					
小班					
不动产权证书号					
登记时间					
登簿人					
附　记					

第　　本第　　页

<table>
<tr><td colspan="6">其他相关权利登记信息(取水权、探矿权、采矿权等)</td></tr>
<tr><td colspan="4">不动产单元号:</td><td colspan="2">权利类型:</td></tr>
<tr><td colspan="2">业务号
内容</td><td></td><td></td><td></td><td></td></tr>
<tr><td colspan="2">权利人</td><td></td><td></td><td></td><td></td></tr>
<tr><td colspan="2">证件种类</td><td></td><td></td><td></td><td></td></tr>
<tr><td colspan="2">证件号</td><td></td><td></td><td></td><td></td></tr>
<tr><td colspan="2">共有情况</td><td></td><td></td><td></td><td></td></tr>
<tr><td colspan="2">权利人类型</td><td></td><td></td><td></td><td></td></tr>
<tr><td colspan="2">登记类型</td><td></td><td></td><td></td><td></td></tr>
<tr><td colspan="2">登记原因</td><td></td><td></td><td></td><td></td></tr>
<tr><td rowspan="10">权利内容</td><td>权利期限</td><td>起
止</td><td></td><td></td><td></td></tr>
<tr><td>取水方式</td><td></td><td></td><td></td><td></td></tr>
<tr><td>水源类型</td><td></td><td></td><td></td><td></td></tr>
<tr><td>取水量</td><td></td><td></td><td></td><td></td></tr>
<tr><td>取水用途</td><td></td><td></td><td></td><td></td></tr>
<tr><td>勘查面积(平方千米)</td><td></td><td></td><td></td><td></td></tr>
<tr><td>开采矿种</td><td></td><td></td><td></td><td></td></tr>
<tr><td>开采方式</td><td></td><td></td><td></td><td></td></tr>
<tr><td>生产规模</td><td></td><td></td><td></td><td></td></tr>
<tr><td>……</td><td></td><td></td><td></td><td></td></tr>
<tr><td colspan="2">不动产权证书号</td><td></td><td></td><td></td><td></td></tr>
<tr><td colspan="2">登记时间</td><td></td><td></td><td></td><td></td></tr>
<tr><td colspan="2">登簿人</td><td></td><td></td><td></td><td></td></tr>
<tr><td colspan="2">附　记</td><td></td><td></td><td></td><td></td></tr>
</table>

附　图

（取水或探矿、采矿范围图，可附页）

第　　本 第　　页

地役权登记信息				
不动产单元号(供役地):			需役地坐落:	
业务号 内容				
地役权人 (需役地权利人)				
证件种类				
证件号				
供役地权利人				
证件种类				
证件号				
登记类型				
登记原因				
地役权内容				
地役权利用期限	起 止			
不动产登记证明号				
登记时间				
登簿人				
附　记				

第　　本 第　　页

抵押权登记信息				
不动产单元号：	抵押不动产类型：□土地 □土地和房屋 □林地和林木 □土地和在建建筑物 □海域 □海域和构筑物 □其他			
业务号 / 内容				
抵押权人				
证件种类				
证件号码				
抵押人				
抵押方式				
登记类型				
登记原因				
在建建筑物坐落				
在建建筑物抵押范围				
被担保主债权数额（最高债权数额）（万元）				
债务履行期限（债权确定期间）	起 止			
最高债权确定事实和数额				
不动产登记证明号				
登记时间				
登簿人				
注销抵押业务号				
注销抵押原因				
注销时间				
登簿人				
附　记				

第　　本 第　　页

预告登记信息				
不动产单元号：			不动产坐落：	
业务号 内容				
权利人				
证件种类				
证件号				
义务人				
证件种类				
证件号				
预告登记种类				
登记类型				
登记原因				
土地使用权人				
规划用途				
房屋性质				
所在层/总层数				
建筑面积(m^2)				
取得价格/被担保主债权数额(万元)				
不动产登记证明号				
登记时间				
登簿人				
附　记				

第　　本第　　页

异议登记信息				
不动产单元号：				
业务号 / 内容				
申请人				
证件种类				
证件号				
异议事项				
不动产登记证明号				
登记时间				
登簿人				
注销异议业务号				
注销异议原因				
登记时间				
登簿人				
附　记				

第　　本第　　页

查封登记信息				
不动产单元号：				
业务号 内容				
查封机关				
查封类型				
查封文件				
查封文号				
查封期限	起 止			
查封范围				
登记时间				
登簿人				
解封业务号				
解封机关				
解封文件				
解封文号				
登记时间				
登簿人				
附记				

☞ 不动产登记簿使用和填写说明

一、使用说明

不动产以不动产单元为基本单位进行登记。不动产登记簿以宗地、宗海为单位编成，同一宗地、宗海范围内的所有不动产编入同一不动产登记簿。不动产登记簿依据不动产单元进行填写，具体分为宗地、宗海基本信息、不动产权利信息和抵押权登记、地役权登记、预告登记、异议登记、查封登记信息等部分。

1. 不动产权利的首次、变更、转移、注销、更正和其他登记，在登记簿上记载。但宗地、宗海的界址、面积等变化导致宗地、宗海范围变化的，须更换登记簿。房屋等定着物变化导致不动产单元变化的，根据实际情况，须更换或者增加相应登记簿页。

2. 不动产设定抵押权、地役权或者发生预告登记、异议登记、查封登记情况的，在原登记簿上加页进行记载。通过不动产单元号，与不动产权利登记信息关联。

3. 不动产登记簿采用"活页"方式，不动产权利及其他事项登记信息表格中，一般情况纵向记载不动产权利及其他事项的首次登记信息，横向记载变更登记、转移登记、注销登记、更正登记等信息。登记簿可以根据实际情况续页。纸质介质的登记簿可以单面设置，也可以双面设置。

4. 一个宗地或者宗海内，有两个以上不动产单元的，应填写不动产权利登记目录页和不动产权利及其他事项登记信息封面页。按一个宗地宗海一簿、一个不动产单元一本、一类不动产权利或事项登记信息一页，填写本数和页数。多个登记簿可归集成册。

5. "登记时间"按照"××××年××月××日"的形式记载登簿的日期，如2015年3月1日。"登簿人"一栏由不动产登记机构的登记人员签名。电子登记簿须使用登记机构的电子签章，纸质介质不动产登记簿须加盖登记机构不动产登记专用章，如××县国土资源局不动产登记专用章。

二、填写说明

（一）宗地、宗海基本信息。

【不动产类型】用勾选的方式，选择土地、海域、无居民海岛、房屋、建筑物、构筑物或者森林、林木、其他等。多个不动产一并登记的，同时勾选相应的不动产。

【坐落、项目名称】宗地填写土地所在的具体地理位置，宗海填写用海、用岛的项目名称。

【用海、用岛坐标】填写宗海和用岛范围的坐标。

【变化情况】填写宗地、宗海基本信息的变化情况，包括变化原因和变化内容。变化内容涉及宗地宗海范围改变的，需要换簿。

【附图】登记簿采用电子介质的，附电子的宗地、宗海图。登记簿采用纸质介质的，可以打印或者粘贴经登记机构审核的宗地、宗海图，可以附页。

1. 土地状况。

【宗地面积】填写审核后合法的宗地土地面积。一般以"平方米"为单位；土地所有权登记可以以"公顷"为单位，土地承包经营权登记可以以"亩"为单位。

【用途】按照《土地利用现状分类》（GB/T 21010—2007）的二级类填写土地的用途。涉及林地的，可以依据《森林资源规划设计调查技术规程》（GB/T 26424—2010）在附记栏记载。土地所有权可以不填写。

【等级】填写根据《城镇土地分等定级规程》《农用地质量分等规程》《农用地定级规程》等确定的土地等别或级别。若变化频繁可暂不填写。

【价格】填写基准地价或者标定地价等。若变化频繁可暂不填写。

【权利类型】填写具体的权利类型，包括集体土地所有权、国家土地所有权、国有建设用地使用权、宅基地使用权、集体建设用地使用权、土地承包经营权、林地使用权、草原使用权、水域滩涂养殖权等法律规定的权利。

其中，土地承包经营权包括耕地、林地、草地、水域滩涂等承包经营权。以承包之外方式取得的草原使用权、水域滩涂养殖权在农用地的其他使用权登记信息页记载。林地的承包经营权和以承包之外方式取得的林地使用权在林权登记信息页记载。

【权利性质】国有土地填写划拨、出让、作价出资（入股）、国有土地租赁、授权经营、家庭承包、其他方式承包等；集体土地填写家庭承包、其他方式承包、批准拨用、入股、联营等。土地所有权可以不填写。

【权利设定方式】填写地上、地表、地下。

【容积率、建筑密度、建筑限高】填写划拨决定书或者出让合同等文件确定的建筑容积率、建筑密度、建筑限高。容积率、建筑密度、建筑限高未在规划、合同等有关文件中进行确定或者变化过于频繁的，可以不填写。

【空间坐标、位置说明或者四至描述】填写宗地的空间坐标信息（含高程值）

和位置说明，不能填写空间坐标的，填写四至描述。

【附记】填写需要对宗地基本情况进一步说明的有关信息。如同一宗地有多种用途的，记载分用途面积；如同一宗地有出让、划拨等多种权利性质的，记载分权利性质面积；承包耕地是否为基本农田，农村承包土地等各类土地的实测面积，等。

2. 海域状况。

【项目性质】根据用海、用岛项目总体情况，填写公益性或经营性。

【用海总面积】填写用海项目批准使用的全部海域面积。

【宗海面积】填写批准文件或者合同确定的宗海海域面积。

【等别】填写财政、海洋主管部门按规定确定的海域等别。

【占用岸线】填写用海项目占用的海岸线长度。

【用海类型 A、用海类型 B】按照《海域使用分类体系》中海域使用类型的一级类、二级类填写。

【用海位置说明】用文字描述海域的大致方位或具体位置。

【用海方式、面积、具体用途、使用金】用海方式按照《海域使用分类体系》中用海方式的二级类填写，并分别填写其对应的用海面积、用途、使用金数额。

3. 无居民海岛状况。

【海岛名称、海岛代码】按照国家发布的全国海岛名称及代码填写。

【用岛范围】填写整岛利用或者局部利用。

【用岛面积】填写批准用岛的面积。

【海岛位置】注明管辖区域，并描述海岛与周边大陆或者海岛的相对位置和距离。

【用途】填写旅游娱乐、交通运输、工业、仓储、渔业、农林牧业、可再生能源利用、城乡建设、公共服务等。能够与《土地利用现状分类》（GB/T 21010—2007）衔接的，在附记栏同时记载二级类。

（二）不动产权利及其他事项登记信息。

【不动产单元号】填写按照不动产权籍调查的有关技术规定编制的不动产单元号。

【业务号】填写业务受理的收件编号。

【权利人】填写权利人的姓名或名称。权利人为自然人的，填写身份证件上的姓名;权利人为法人、其他组织的,填写身份证件上的法定名称。

【证件种类】填写权利人身份证件的种类。境内自然人一般为《居民身份证》,无《居民身份证》的,可以为《户口簿》《军官证》;法人或其他组织一般为《组织机构代码证》,无《组织机构代码证》的,可以为《营业执照》《事业单位法人证书》《社会团体法人登记证书》。港澳同胞的为《港澳居民来往内地通行证》《港澳同胞回乡证》《居民身份证》;台湾同胞的为《台湾居民来往大陆通行证》或其他有效旅行证件,在台湾地区居住的有效身份证件或经确认的身份证件。外籍人的身份证件为《护照》和中国政府主管机关签发的居留证件。

【证件号】填写身份证件上的编号。

【共有情况】填写单独所有、按份共有或共同共有。属于按份共有的,还要填写共有的份额。

【权利人类型】填写个人、企业、事业单位、国家机关、其他。无法归类为个人、企业、事业单位、国家机关的,填写其他。

【使用期限】有明确使用期限的,填写批准文件或者合同等确定的使用起止日期。如××××年××月××日起××××年××月××日止。宗地、宗海内有多用途、多种使用期限的,可以分用途填写使用期限。土地所有权等未明确权利期限的可以不填。

【登记类型】填写登记的具体类型,如首次登记(总登记、初始登记)转移登记、变更登记、注销登记、更正登记等。

【登记原因】填写不动产权利首次登记(总登记、初始登记)、转移登记、变更登记、注销登记、更正登记等的具体原因。

申请不动产权证书补、换证的,登记原因填写补证、换证。

【不动产权证书号、不动产登记证明号】填写依法向不动产权利人或申请人颁发的不动产权证书号、不动产登记证明号。

【附记】填写需要对不动产权利及其他事项登记情况进一步说明的信息。如土地出让合同或者土地承包合同等编号,共有不动产权发一本证书时的持证人以及必要的历史登记信息等登记机构需要记载的情况。

1. 土地所有权登记信息。

【权利人】属于国家所有的,填写国家;属于集体所有的,填写××农民集体。

【登记原因】填写第一次登记、置换、征收等土地所有权登记的具体原因。

【分类面积】按照农用地、建设用地和未利用地三大类标准，填写不同用途土地的面积。其中，农用地细分耕地、林地、草地、其他面积。

2. 建设用地使用权、宅基地使用权登记信息。

【权利人】宅基地使用权人可以填写户主姓名。

【共有情况】填写单独所有、按份共有或共同共有。属于按份共有的，还要填写共有的份额。按户取得的宅基地的按照姓名（性别、年龄、与户主关系）的格式逐个填写共有人。

【登记原因】填写建设用地使用权、宅基地使用权登记的原因，如划拨、出让、作价出资（入股）、国有土地租赁、授权经营、批准拨用买卖、继承等。

【使用权面积】填写权利人在一宗地内使用的土地面积。共有宗地的为独用面积与按份额分摊的面积之和；非共有宗地的一般为宗地面积。使用权面积与宗地面积一致的，可以不填写。

【取得价格】填写有偿使用土地所支付的用地价款。

3. 房地产权登记信息。

【房地坐落】填写有关部门依法确定的房地坐落，一般包括街道名称、门牌号、幢号、楼层号、房号等。

【登记原因】填写房屋所有权登记的原因，如自建、买卖、互换，以房屋出资入股，分割、合并共有房屋，继承、受遗赠、因生效法律文书取得房屋或者房屋灭失等。

【土地使用权人】填写宗地内所有的土地使用权人，按份共有的，按照权利人（份额）填写。建筑小区的土地，土地使用权人填写"全体业主"。

【独用土地面积、分摊土地面积】填写按照不动产权籍调查的有关技术规定计算的独用土地面积、分摊土地面积。权利人在一宗地内的独用土地面积和分摊土地面积之和为该权利人的土地使用面积。

【项目名称、幢号、总层数、规划用途、房屋结构、建筑面积、竣工时间、总套数】按幢分别填写项目名称、幢号、总层数、规划用途、房屋结构、建筑面积、竣工时间、总套数。

【房地产交易价格】通过购买方式取得的，填写交易价格。通过其他方式取得的，填写权利人申报登记的价格。

【规划用途】填写建设工程规划许可文件及其所附图件上确定的房屋用途。

【房屋性质】填写商品房、房改房、经济适用住房、廉租住房、自建房等。

【房屋结构】分为钢结构、钢和钢筋混凝土结构、钢筋混凝土结构、混合结构、砖木结构、其他结构六类。

【所在层/总层数】填写按照《房产测量规范》等技术规定计算的房屋总层数和所在层数。

【建筑面积】按照《房产测量规范》等技术规定测量的房屋建筑面积填写，区分所有建筑物的建筑面积包括专有建筑面积和分摊建筑面积。

【专有建筑面积】填写区分所有的建筑物权利人专有部分建筑面积。

【分摊建筑面积】填写区分所有的建筑物权利人分摊的共有部分建筑面积。

【建筑物区分所有权业主共有部分权利人】填写“业主共有”，不填写具体业主姓名或名称。

【建(构)筑物编号、建(构)筑物名称、数量或者建筑面积】填写竣工验收后建(构)筑物编号、建(构)筑物名称、数量或者建筑面积。

【附记】记载建筑区划内属于小区全体业主共有或者部分幢号业主共有的情况。

4. 海域(含无居民海岛)使用权登记信息。

【登记原因】填写申请审批、合同取得等海域、海岛登记的原因。

【使用权面积】填写权利人在一宗海(用岛)内使用的海域、海岛面积。使用权面积与宗海(用岛)面积一致的，可以不填写。

【使用金总额】填写项目用海、用岛的使用金总额。

【使用金标准依据】填写确定项目用海、用岛使用金的标准依据、文件名称。

【使用金缴纳情况】填写海域使用人向管理部门缴纳海域使用金的方式，包括一次性、逐年、分期等不同方式。逐年、分期缴纳的，逐年、逐期分别记载。可以另加页记载。

5. 构(建)筑物所有权登记信息。

【构(建)筑物登记原因】填写土地上构筑物及海域(含无居民海岛)上的构筑物、建筑物登记的具体原因。如自建、买卖、互换、继承、受遗赠、因生效法律文书取得构(建)筑物或者构(建)筑物灭失等。

【构筑物类型】填写构筑物的类型，包括隧道、桥梁、水塔等地上构筑物类型，透水构筑物、非透水构筑物、跨海桥梁、海底隧道等海上构筑物类型。无居民海岛上的建筑物登记可以另附页，记载编号、名称及用途、占岛面积、建筑面积、层数、高度、结构方式、建成年份等。

【构(建)筑物规划用途】填写构(建)筑物规划许可文件及其所附图件上确定的用途。

【构(建)筑物面积、竣工时间】填写构(建)筑物的测量面积和竣工验收文件确定的竣工时间。

6. 土地承包经营权、农用地的其他使用权登记信息。

【发包方】以家庭承包或其他方式取得承包经营权的，填写承包合同的发包方全称。

【权利人】填写权利人的姓名或名称。家庭承包的，填写承包方代表的姓名。

【共有情况】填写单独所有、按份共有或共同共有。属于按份共有的，还要填写共有的份额。家庭承包的按照姓名(性别、年龄、与户主关系)的格式逐个填写共有人。

【登记原因】填写家庭承包、其他方式承包、互换、转让、生效法律文书取得等登记的原因。

【承包(使用权)面积】填写权利人在一宗地内承包或者使用的土地面积。承包(使用权)面积与宗地面积一致的，可以不填写。

【土地所有权性质】填写国家所有或者集体所有。

【水域滩涂类型】填写水域滩涂的类型，包括淡水水域滩涂或其他水域滩涂。

【养殖业方式】填写批准养殖的方式，包括池塘、大水面放养、围栏、工厂化、筏吊式、滩涂底播、网箱等养殖方式。

【草原质量】填写管理部门按照草原评价体系确定的草原质量情况，包括草群盖度、建群、优势种、产草量等。

【适宜载畜量】填写管理部门按照草原的面积、牧草产量和家畜日采食量核定适宜畜养的家畜数量。

【附记】流转土地经营权的，可以记载转入的主体、期限，登簿人和时间等信息。

7. 林权登记信息。

【林地权利人】填写林地的承包经营权、林地使用权等权利人姓名或名称。

【登记原因】林地使用权登记原因填写划拨等；林地承包经营权登记原因填

写家庭承包、其他方式承包、互换、转让、生效法律文书取得等林地登记的原因。

【使用权(承包)面积】填写权利人在一宗地内使用或者承包的林地面积。使用权(承包)面积与宗地面积一致的,可以不填写。

【林地所有权性质】填写国家所有或者集体所有。

【主要树种】填写森林、林木所在宗地上 1~3 种主要树木种类。

【株数】森林、林木难以用面积准确表明的,填写零星树木、四旁树木和农田林网等的株数。

【林种】填写森林种类,包括防护林、用材林、经济林、薪炭林、特种用途林等。

【起源】填写天然林或者人工林。

【造林年度】填写有关文件确定的造林年度。

【小地名】填写地形图上的标有地名,应以地形图为准,地形图上没有记载或者记载有误的,用当地群众普遍认可的地名。

【林班、小班】根据森林资源规划设计调查所区划的林班和小班数据填写。

8. 其他相关权利登记信息(取水权、探矿权、采矿权等)。

【权利类型】填写取水权、探矿权、采矿权等法律规定需要登记的其他权利。

【登记原因】填写取水权、探矿权、采矿权等法律规定需要登记的其他权利的登记原因。

【权利内容】填写其他相关不动产权利必要的权利内容。该项可根据不同的权利拓展相应内容。

【取水地点、水源类型、取水量、取水用途】按照流域管理机构或县级以上地方人民政府水行政主管部门批准的取水许可文件确定的信息填写。农村集体经济组织及其成员在本集体经济组织的水塘、水库中取水的,家庭生活和零星散养、圈养畜禽饮用等少量取水的,按照有关部门调查的结果填写。为保障矿井等地下工程施工安全和生产安全必须进行临时应急取(排)水的,为消除对公共安全或者公共利益的危害临时应急取水的,为农业抗旱和维护生态与环境必须临时应急取水的,按照省、自治区、直辖市人民政府的规定,或者县级以上地方人民政府水行政主管部门或者流域管理机构备案、同意的有关文件填写。

【勘查面积】填写探矿许可文件确定的勘查面积。

【开采矿种、开采方式、生产规模】填写采矿许可文件确定的开采矿种、开采方式、生产规模。

9. 地役权登记信息。

【地役权人】填写地役权合同中的地役权人，一般为需役地权利人。

【供役地权利人】填写地役权合同中的设立地役权的供地役权利人。

【登记原因】填写合同设立、因不动产受让取得、因生效法律文书取得，因地役权内容或期限变化进行变更登记等地役权登记的原因。

【地役权内容】填写地役权主要内容，包括地役权合同中约定的供役地利用目的和方法等。粘附地役权合同的，本栏可以略写。

【地役权利用期限】地役权合同中约定的利用期限。

10. 抵押权登记信息。

【抵押不动产类型】用勾选的方式填写土地、土地和房屋、林地和林木、土地和在建建筑物、海域、海域和构筑物、其他等。

【抵押权人】填写抵押合同中的抵押权人。

【抵押人】填写抵押合同中的抵押人。

【抵押方式】填写一般抵押或者最高额抵押。

【登记类型】填写登记的具体类型，如初始登记、转移登记、变更登记、更正登记等。

【登记原因】填写合同设立、因不动产受让取得、因生效法律文书取得，因抵押权内容变化进行变更登记等抵押权登记的原因。

【在建建筑物坐落】填写在建建筑物项目的具体坐落位置。

【在建建筑物抵押范围】填写抵押合同约定的在建建筑物抵押范围。可以附图表。

【被担保主债权数额（最高债权数额）】填写被担保的主债权金额。

【债务履行期限（债权确定期间）】填写主债权合同中约定的债务人履行债务的期限。

【最高债权确定事实和数额】填写债权确定的原因及事实，同时注明所确定的债权金额。如约定的债权确定期间届满；没有约定债权确定期间或者约定不明确，抵押权人或者抵押人自最高额抵押权设立之日起满二年后请求确定债权；新的债权不可能发生；抵押财产被查封、扣押；债务人、抵押人被宣告破产或者被撤销等。

11. 预告登记信息。

【权利人】填写不动产买卖合同中的购买人或者抵押合同中的抵押权人。

【义务人】填写不动产买卖合同中的转让人或者抵押合同中的抵押人。

【预告登记种类】填写预告登记的种类,包括预售商品房买卖预告登记、其他不动产买卖预告登记、预售商品房抵押权预告登记、其他不动产抵押权预告登记等。

【登记原因】填写买卖、设定抵押等预告登记的原因。

【不动产坐落、土地权利人、规划用途、房屋性质、所在层/总层数、建筑面积】预购的期房办理预告登记时,需要按照购房合同填写相应的不动产坐落、土地权利人、规划用途、房屋性质、所在层/总层数、建筑面积信息。

【取得价格/被担保主债权数额】填写不动产买卖合同中的转让价格或者抵押合同中的被担保主债权数额。

【附记】可以记载“预转现”等情况。

12. 异议登记信息。

【申请人】填写申请异议登记的利害关系人的姓名或名称。

【异议事项】填写利害关系人提出异议的具体内容。

【注销原因】填写异议登记注销的具体原因。

13. 查封登记信息。

【查封机关】填写依法对不动产实施查封等限制措施的国家有权机关名称,如××市中级人民法院等。

【查封类型】填写查封、轮候查封、预查封、轮候预查封等。

【查封文件】填写查封机关依法作出查封等限制措施的文件。

【查封文号】填写查封机关依法作出查封等限制措施的文件文号。

【查封期限】填写查封文件上填写的限制措施的起止日期。查封文件填写的限制措施的起始日期一般与查封时间一致。

【查封范围】填写查封文件中对不动产单元的查封范围,可附图表。

【解封机关】填写依法对不动产权利解除查封等限制措施的国家机关名称。

【解封文件】填写查封机关依法解除限制措施的文件名称。

【解封文号】填写查封机关依法解除限制措施的文件文号。

8. 单一版不动产权证书样式及使用填写说明

单一版

中华人民共和国
不动产权证书

根据《中华人民共和国物权法》等法律法规,为保护不动产权利人合法权益,对不动产权利人申请登记的本证所列不动产权利,经审查核实,准予登记,颁发此证。

登记机构(章)

年　　月　　日

中华人民共和国国土资源部监制

编号 NO. D00000000000

________(　　)________不动产权第　　号

权 利 人	
共有情况	
坐　　落	
不动产单元号	
权利类型	
权利性质	
用　　途	
面　　积	
使用期限	
权利其他状况	

附　记

附图页

☞ 单一版不动产权证书使用和填写说明

一、使用说明

单一版不动产权证书可以记载一个不动产单元上的一种权利或者互相兼容的一组权利。如集体土地所有权、国有建设用地使用权及房屋所有权、土地承包经营权及林木所有权等,可以在单一版证书记载。

不动产登记完成后,登记机构应当根据登记簿记载的内容,填写不动产权证书。登记簿记载的内容发生变化涉及证书的,不动产权利人在申请登记时应当交回不动产权证书,登记机构重新核发证书。登记簿记载的不动产权利注销的,不动产权利人应当交回证书,或者由登记机构公告废止。

二、填写说明

(一)二维码

登记机构可以在证书上生成二维码,储存不动产登记信息。二维码由登记机构按照规定自行打印。

(二)登记机构(章)及时间

盖登记机构的不动产登记专用章。登记机构为县级以上人民政府依法确定的、负责不动产登记工作的部门,如:××县人民政府确定由该县国土资源局负责不动产登记工作,则该县国土资源局为不动产登记机构,证书加盖"××县国土资源局不动产登记专用章"。

填写登簿的时间,格式为××××年××月××日,如 2015 年 3 月 1 日。

(三)编号

即印制证书的流水号,采用字母与数字的组合。字母"D"表示单一版证书。数字一般为 11 位。数字前 2 位为省份代码,北京 11、天津 12、河北 13、山西 14、内蒙古 15、辽宁 21、吉林 22、黑龙江 23、上海 31、江苏 32、浙江 33、安徽 34、福建 35、江西 36、山东 37、河南 41、湖北 42、湖南 43、广东 44、广西 45、海南 46、重庆 50、四川 51、贵州 52、云南 53、西藏 54、陕西 61、甘肃 62、青海 63、宁夏 64、新疆 65。国家 10,用于国务院国土资源主管部门的登记发证。数字后 9 位为证书印制的顺序码,码值为 000000001～999999999。

(四)不动产权证书号:A(B)C 不动产权第 D 号

"A"处填写登记机构所在省区市的简称。"B"处填写登记年度。"C"处一般填写登记机构所在市县的全称,特殊情况下,可根据实际情况使用简称,但应确保在省级范围内不出现重名；“D”处是年度发证的顺序号，一般为7位，码值为0000001～9999999。如苏(2015)徐州市不动产权第0000001号、苏(2015)睢宁县不动产权第0000001号。

国务院国土资源主管部门登记的，“A”处填写“国”。“B”处填写登记年度。“C”处填写“林”或者“海”。“D”处是年度发证的顺序号，一般为7位，码值为0000001～9999999。

(五)权利人

填写不动产权利人的姓名或名称。共有不动产，发一本证书的，权利人填写全部共有人，“权利其他状况”栏记载持证人；共有人分别持证的，权利人填写持证人，其余共有人在“权利其他状况”栏记载。

宅基地、家庭承包方式取得的承包土地等共有不动产，权利人填写户主姓名，其余权利人在“权利其他状况”栏记载。

(六)共有情况

填写单独所有、共同共有或者按份共有的比例。

涉及房屋、构筑物的，填写房屋、构筑物的共有情况。

(七)坐落

填写宗地、宗海所在地的地理位置名称。涉及地上房屋的，填写有关部门依法确定的房屋坐落，一般包括街道名称、门牌号、幢号、楼层号、房号等。

(八)不动产单元号

填写不动产单元的编号。

(九)权利类型

根据登记簿记载的内容，填写不动产权利名称。涉及两种的，用“/”分开(“/”由登记机构自行打印)。如：

1. 集体土地所有权；2. 国家土地所有权；3. 国有建设用地使用权；4. 国有建设用地使用权/房屋(构筑物)所有权；5. 宅基地使用权；6. 宅基地使用权/房屋(构筑物)所有权；7. 集体建设用地使用权；8. 集体建设用地使用权/房屋(构筑物)所有权；9. 土地承包经营权；10. 土地承包经营权/森林、林木所有权；11. 林地使用权；12. 林地使用权/森林、林木使用权；13. 草原使用权；14. 水域滩涂养殖权；15. 海域使用权；16. 海域使用权/构(建)筑物所有权；17. 无居民海岛使用权；18. 无居民海岛使用权/构(建)筑物所有权；等等；

(十)权利性质

国有土地填写划拨、出让、作价出资(入股)、国有土地租赁、授权经营等;集体土地填写家庭承包、其他方式承包、批准拨用、入股、联营等。土地所有权不填写。房屋按照商品房、房改房、经济适用住房、廉租住房、自建房等房屋性质填写。构筑物按照构筑物类型填写。森林、林木按照林种填写。海域、海岛填写审批、出让等。

涉及两种的,用"/"分开("/"由登记机构自行打印)。

(十一)用途

土地按《土地利用现状分类》填写二级分类,海域按《海域使用分类体系》填写用海类型二级分类。房屋、构筑物填写规划用途。

涉及两种的,用"/"分开("/"由登记机构自行打印)。

(十二)面积

填写登记簿记载的不动产单元面积。涉及宗地、宗海及房屋、构筑物的,用"/"分开("/"由登记机构自行打印),分别填写宗地、宗海及房屋、构筑物的面积。

土地、海域共有的,填写宗地、宗海面积。共同共有人和按份共有人及其比例(共有的宗地、宗海,填写相应的使用权面积;建筑物区分所有权房屋和共有土地上建筑的房屋,填写独用土地面积与分摊土地面积加总后的土地使用面积)等共有情况在"权利其他状况"栏记载。

(十三)使用期限

填写具体不动产权利的使用起止时间,如××××年××月××日起至××××年××月××日止。涉及地上房屋、构筑物的,填写土地使用权的起止日期;涉及海上构(建)筑物的,填写海域使用权的起止日期;土地承包经营权填写土地承包合同起止日期。土地所有权以及未明确权利期限的可以不填。

(十四)权利其他状况

根据不同的不动产权利类型,可以分别填写以下内容:

1. 土地所有权

按照农用地、建设用地、未利用地三大类,可以依据最新土地调查成果或者勘测结果填写对应的面积。

2. 房屋所有权

(1)房屋结构:按照钢结构、钢和钢筋混凝土结构、钢筋混凝土结构、混合结构、砖木结构、其他结构等六类填写。

(2)专有建筑面积和分摊建筑面积。

(3)房屋总层数和所在层：记载房屋所在建筑物的总层数和所在层。

(4)房屋竣工时间等。

3. 土地承包经营权

(1)发包方：填写土地承包合同的发包方全称。

(2)承包土地的实测面积。

(3)家庭承包方式的共有人情况：填写依法共同享有该证书所登记土地承包经营权的所有人员的姓名(性别、年龄、与户主关系)等情况。

4. 森林、林木所有权和使用权

记载主要树种、造林年度、小地名，以及依据《森林资源规划设计调查技术规程》(GB/T 26424—2010)确定的用途。

5. 海域使用权和无居民海岛使用权

(1)项目名称、项目性质。项目性质填写公益性或经营性等。

(2)用海方式及面积。

(十五)附记

记载设定抵押权、地役权、查封等权利限制或提示事项以及其他需要登记的事项。

(十六)附图页

附反映不动产界址及四至范围的示意图形，不一定依照比例尺。附图应当打印，暂不具备条件的，可以粘贴。房地一体登记的，附图页要同时打印或粘贴宗地图和房地产平面图。

9. 集成版不动产权证书样式及使用填写说明

集成版

中华人民共和国
不动产权证书

________(　　)________不动产权第　　号

根据《中华人民共和国物权法》等法律法规,为保护不动产权利人合法权益,对不动产权利人申请登记的本证所列不动产权利,经审查核实,准予登记,颁发此证。

登记机构(章)
年　　月　　日

中华人民共和国国土资源部监制
编号 NO. J00000000000

不动产权利（一）

权 利 人			
共有情况			
坐　　落			
权利类型			
权利性质			
使用期限			
不动产单元号	用　途	面积	备注
权利其他状况			
附　　记			

登记机构（章）

年　　月　　日

附图页

不动产权利(二)

权 利 人			
共有情况			
坐　　落			
权利类型			
权利性质			
使用期限			
不动产单元号	用途	面积	备注
权利其他状况			
附　　记			

登记机构(章)

年　　月　　日

附图页

不动产权利(三)

权 利 人			
共有情况			
坐　　落			
权利类型			
权利性质			
使用期限			
不动产单元号	用途	面积	备注
权利其他状况			
附　　记			

登记机构(章)

年　　月　　日

附图页

其他需注明事项

☞ 集成版不动产权证书使用和填写说明

一、使用说明

集成版不动产权证书目前主要适用于农村集体经济组织拥有多个建设用地使用权或一户拥有多个土地承包经营权的情况。一本证书可以记载一个权利人在同一登记辖区内享有的多个不动产单元上的不动产权利。如在某村拥有的集体建设用地使用权及房屋所有权、多块土地承包经营权、土地承包经营权及林木所有权，在一宗土地上拥有的多幢或多套房屋等，可以在集成版证书记载。

不动产登记完成后，登记机构应当根据登记簿记载的内容，填写不动产权证书。登记簿记载的内容发生变化涉及证书的，登记机构可以视情况记载有关变化内容，或者更换证书。

二、填写说明

（一）不动产权证书号：A（B）C 不动产权第 D 号

“A”处填写登记机构所在省区市的简称。“B”处填写登记年度。“C”处一般填写登记机构所在市县的全称，特殊情况下，可根据实际情况使用简称，但应确保在省级范围内不出现重名；“D”处是年度发证的顺序号，一般为 7 位，码值为 0000001～9999999。如苏（2015）徐州市不动产权第 0000001 号、苏（2015）睢宁县不动产权第 0000001 号。

国务院国土资源主管部门登记的，“A”处填写“国”。“B”处填写登记年度。“C”处填写“林”或者“海”。“D”处是年度发证的顺序号，一般为 7 位，码值为 0000001～9999999。

证书记载多个不动产单元上的不动产权利时，使用一个证号。不动产权利变化涉及换证或者证书记载权利全部注销的，证号改变或者废止。

（二）编号

即印制证书的流水号，采用字母与数字的组合。字母“J”表示集成版证书。数字一般为 11 位。数字前 2 位为省份代码，北京 11、天津 12、河北 13、山西 14、内蒙古 15、辽宁 21、吉林 22、黑龙江 23、上海 31、江苏 32、浙江 33、安徽 34、福建 35、江西 36、山东 37、河南 41、湖北 42、湖南 43、广东 44、广西 45、海南 46、重庆 50、四川 51、贵州 52、云南 53、西藏 54、陕西 61、甘肃 62、青海 63、宁夏 64、新疆 65。国家 10，用于国务院国土资源主管部门的登记发证。数字后 9 位为证书印制的顺序码，码值为 000000001～999999999。

（三）二维码

登记机构可以在证书上生成二维码，储存不动产登记信息。二维码由登记机构按照规定自行打印。

（四）权利人

填写不动产权利人的姓名或名称。共有的不动产，发一本证书的，权利人填写全部共有人，“权利其他状况”栏记载持证人；共有人分别持证的，权利人填写持证人，其余共有人在“权利其他状况”栏记载。

宅基地、家庭承包方式取得的承包土地等共有不动产，权利人填写户主姓名，其余权利人在“权利其他状况”栏记载。

（五）共有情况

填写单独所有、共同共有或者按份共有的比例。

涉及房屋、构筑物的，填写房屋、构筑物的共有情况。

（六）坐落

集成版不动产权证书在农村使用的，坐落可以填写至行政村或者村民小组的地理位置；在城市使用的，对于同一宗地内的多幢或者多套房屋，坐落可以按照宗地的地理位置填写。

（七）权利类型

根据登记簿记载的内容，填写不动产权利名称。涉及两种的，用“/”分开（“/”由登记机构自行打印）。如：

1. 集体土地所有权；2. 国家土地所有权；3. 国有建设用地使用权；4. 国有建设用地使用权/房屋（构筑物）所有权；5. 宅基地使用权；6. 宅基地使用权/房屋（构筑物）所有权；7. 集体建设用地使用权；8. 集体建设用地使用权/房屋（构筑物）所有权；9. 土地承包经营权；10. 土地承包经营权/森林、林木所有权；11. 林地使用权；12. 林地使用权/森林、林木使用权；13. 草原使用权；14. 水域滩涂养殖权；15. 海域使用权；16. 海域使用权/构（建）筑物所有权；17. 无居民海岛使用权；18. 无居民海岛使用权/构（建）筑物所有权；等等。

（八）权利性质

国有土地填写划拨、出让、作价出资（入股）、国有土地租赁、授权经营等；集体土地填写家庭承包、其他方式承包、批准拨用、入股、联营等。土地所有权不填写。房屋按照商品房、房改房、经济适用住房、廉租住房、自建房等房屋性质填写。

构筑物按照构筑物类型填写。森林、林木按照林种填写。海域、海岛填写审批、出让等。

涉及两种的，用“/”分开（“/”由登记机构自行打印）。

（九）使用期限

填写具体不动产权利的使用起止时间，如××××年××月××日起至××××年××月××日止。涉及地上房屋、构筑物的，填写土地使用权的起止日期；涉及海上构（建）筑物的，填写海域使用权的起止日期；土地承包经营权填写土地承包合同起止日期。土地所有权以及未明确权利期限的可以不填。

（十）不动产单元号

填写不动产单元的编号。

（十一）用途

土地按《土地利用现状分类》填写二级分类，海域按《海域使用分类体系》填写用海类型二级分类。房屋、构筑物填写规划用途。

涉及两种的，用“/”分开（“/”由登记机构自行打印）。

（十二）面积

填写登记簿记载的不动产单元面积。涉及宗地、宗海及房屋、构筑物的，用“/”分开（“/”由登记机构自行打印），分别填写宗地、宗海及房屋、构筑物的面积。

土地、海域共有的，填写宗地、宗海面积。共同共有人和按份共有人及其比例（共有的宗地、宗海，填写相应的使用权面积；建筑物区分所有权房屋和共有土地上建筑的房屋，填写土地使用面积）等共有情况在“权利其他状况”栏记载。

（十三）备注

记载多块承包土地或者多幢、多套房屋的，其中某地块或者某幢、某套房屋发生转移的，可以在备注栏记载，不更换证书。可以记载承包土地等实测面积。

（十四）权利其他状况

根据不同的不动产权利类型，可以分别填写以下内容：

1. 土地所有权

按照农用地、建设用地、未利用地三大类，可以依据最新土地调查成果或者勘测结果填写对应的面积。

2. 房屋所有权

（1）房屋结构：按照钢结构、钢和钢筋混凝土结构、钢筋混凝土结构、混合结构、砖木结构、其他结构等六类填写。

(2)专有建筑面积和分摊建筑面积。

(3)房屋总层数和所在层:记载房屋所在建筑物的总层数和所在层。

(4)房屋竣工时间等。

3. 土地承包经营权

(1)发包方:填写土地承包合同的发包方全称。

(2)家庭承包方式的共有人情况:填写依法共同享有该证书所登记土地承包经营权的所有人员的姓名(性别、年龄、与户主关系)等情况。

4. 森林、林木所有权和使用权

记载主要树种、造林年度、小地名,以及依据《森林资源规划设计调查技术规程》(GB/T 26424—2010)确定的用途。

5. 海域使用权和无居民海岛使用权

(1)项目名称、项目性质。项目性质填写公益性或经营性等。

(2)用海方式及面积。

(十五)附记

记载设定抵押权、地役权、查封等权利限制或提示事项以及其他需要登记的事项。

(十六)登记机构(章)及时间

盖登记机构的不动产登记专用章。登记机构为县级以上人民政府依法确定的、负责不动产登记工作的部门,如××县人民政府确定由该县国土资源局负责不动产登记工作,则该县国土资源局为不动产登记机构,证书加盖"××县国土资源局不动产登记专用章"。

填写登簿的时间,格式为××××年××月××日,如2015年3月1日。

(十七)附图页

附反映不动产界址及四至范围的示意图形,不一定依照比例尺。附图可以打印,也可以粘贴。房地一体登记的,附图页要同时打印或粘贴宗地图和房地产平面图。承包地可以一个地块一个图,也可以多个地块一个图。

10. 不动产登记证明样式及使用填写说明

____( )______不动产证明第 号

不动产登记证明

根据《中华人民共和国物权法》等法律法规，为保护申请人合法权益，对申请人申请登记的本证明所列不动产权利或登记事项，经审查核实，准予登记，颁发此证明。

登记机构(章)

年 月 日

中华人民共和国国土资源部监制

编号 NO. 00000000000

证明权利或事项	
权利人(申请人)	
义 务 人	
坐 落	
不动产单元号	
其 他	
附 记	

☞ 不动产登记证明使用和填写说明

一、使用说明

不动产登记证明用于证明不动产抵押权、地役权或者预告登记、异议登记等事项。不动产登记申请人申请登记的事项记载于登记簿后,登记机构应根据登记簿的记载内容,填写本登记证明。

因本证明对应的不动产登记簿记载内容发生变更的,不动产登记证明的权利人或者申请人应当交回不动产登记证明,登记机构重新核发新的证明。因本证明对应的不动产登记簿记载的内容注销的,不动产登记证明的权利人或者申请人应当交回该证明,或者由登记机构公告废止。

二、填写说明

(一)登记机构(章)及时间

盖登记机构的不动产登记专用章。登记机构为县级以上人民政府依法确定的、负责不动产登记工作的部门,如××县人民政府确定由该县国土资源局负责不动产登记工作,则该县国土资源局为不动产登记机构,证明加盖"××县国土资源局不动产登记专用章"。

填写登簿的时间,格式为××××年××月××日,如2015年3月1日。

(二)编号

即印制证明的流水号,一般为11位。前2位为省份代码,北京11、天津12、河北13、山西14、内蒙古15、辽宁21、吉林22、黑龙江23、上海31、江苏32、浙江33、安徽34、福建35、江西36、山东37、河南41、湖北42、湖南43、广东44、广西45、海南46、重庆50、四川51、贵州52、云南53、西藏54、陕西61、甘肃62、青海63、宁夏64、新疆65。国家10,用于国务院国土资源主管部门的登记发证。后9位为证明印制的顺序码,码值为000000001~999999999。

(三)不动产登记证明号:A(B)C不动产证明第D号

"A"处填写登记机构所在省区市的简称。"B"处填写登记年度。"C"处一般填写登记机构所在市县的全称,特殊情况下,可根据实际情况使用简称,但应确保在省级范围内不出现重名;"D"处是年度发证的顺序号,一般为7位,码值为0000001~9999999。如苏(2015)徐州市不动产证明第0000001号、苏(2015)睢宁县不动产证明第0000001号。

国务院国土资源主管部门登记的,"A"处填写"国"。"B"处填写登记年度。

“C”处填写“林”或者“海”。“D”处是年度发证的顺序号，一般为 7 位，码值为 0000001～9999999。

（四）二维码

登记机构可以在证明上生成二维码，储存不动产登记信息。二维码由登记机构按照规定自行打印。

（五）证明权利或事项

填写抵押权、地役权或者预告登记、异议登记等事项。

（六）权利人（申请人）

抵押权、地役权或者预告登记，填写权利人姓名或名称。异议登记，填写申请人姓名或名称。

（七）义务人

填写抵押人、供役地权利人或者预告登记的义务人的姓名或名称。异议登记的，可以不填写。

（八）坐落

填写不动产单元所在宗地、宗海的地理位置名称。涉及地上房屋的，填写有关部门依法确定的房屋坐落，一般包括街道名称、门牌号、幢号、楼层号、房号等。

（九）不动产单元号

填写不动产单元的编号。

（十）其他

根据不同的不动产登记事项，分别填写以下内容：

1. 抵押权

（1）不动产权证书号；

（2）抵押的方式；

（3）担保债权的数额。

2. 地役权

（1）供役地的不动产权证书号；

（2）需役地的坐落；

（3）地役权的内容。

3. 预告登记

（1）已有的不动产权证书号；

(2) 预告登记的种类。

4. 异议登记

异议登记的内容。

(十一) 附记

记载其他需要填写的事项。

11. 不动产登记申请审批表样式及使用填写说明

不动产登记申请审批表

<table>
<tr><td rowspan="2">收件</td><td>编号</td><td></td><td rowspan="2">收件人</td><td rowspan="2"></td></tr>
<tr><td>日期</td><td></td></tr>
</table>

单位：□平方米 □公顷(□亩)、万元

<table>
<tr><td rowspan="2">申请登记事由</td><td colspan="5">□土地所有权 □国有建设用地使用权 □宅基地使用权 □集体建设用地使用权
□土地承包经营权 □林地使用权 □海域使用权 □无居民海岛使用权
□房屋所有权 □构筑物所有权 □森林、林木所有权 □森林、林木使用权
□抵押权 □地役权 □其他________</td></tr>
<tr><td colspan="5">□首次登记(□总登记 □初始登记)□转移登记 □变更登记 □注销登记
□更正登记 □异议登记 □预告登记 □查封登记 □其他________</td></tr>
<tr><td rowspan="12">申请人情况</td><td colspan="5">登　记　申　请　人</td></tr>
<tr><td>权利人姓名(名称)</td><td colspan="4"></td></tr>
<tr><td>身份证件种类</td><td></td><td>证件号</td><td colspan="2"></td></tr>
<tr><td>通信地址</td><td colspan="2"></td><td>邮 编</td><td></td></tr>
<tr><td>法定代表人或负责人</td><td></td><td>联系电话</td><td colspan="2"></td></tr>
<tr><td>代理人姓名</td><td></td><td>联系电话</td><td colspan="2"></td></tr>
<tr><td>代理机构名称</td><td colspan="4"></td></tr>
<tr><td colspan="5">登　记　申　请　人</td></tr>
<tr><td>义务人姓名(名称)</td><td colspan="4"></td></tr>
<tr><td>身份证件种类</td><td></td><td>证件号</td><td colspan="2"></td></tr>
<tr><td>通信地址</td><td colspan="2"></td><td>邮 编</td><td></td></tr>
</table>

续表

<table>
<tr><td rowspan="3">申请人情况</td><td>法定代表人或负责人</td><td></td><td>联系电话</td><td colspan="2"></td></tr>
<tr><td>代理人姓名</td><td></td><td>联系电话</td><td colspan="2"></td></tr>
<tr><td>代理机构名称</td><td colspan="4"></td></tr>
<tr><td rowspan="5">不动产情况</td><td>坐　落</td><td colspan="4"></td></tr>
<tr><td>不动产单元号</td><td></td><td>不动产类型</td><td colspan="2"></td></tr>
<tr><td>面　积</td><td></td><td>用　途</td><td colspan="2"></td></tr>
<tr><td>原不动产权证书号</td><td></td><td>用海类型</td><td colspan="2"></td></tr>
<tr><td>构筑物类型</td><td></td><td>林　种</td><td colspan="2"></td></tr>
<tr><td rowspan="2">抵押情况</td><td>被担保债权数额
（最高债权数额）</td><td></td><td colspan="2">债务履行期限
（债权确定期间）</td><td></td></tr>
<tr><td>在建建筑物抵押范围</td><td></td><td colspan="2"></td><td></td></tr>
<tr><td rowspan="2">地役权情况</td><td>需役地坐落</td><td colspan="4"></td></tr>
<tr><td>需役地不动产单元号</td><td colspan="4"></td></tr>
<tr><td rowspan="7">登记原因及证明</td><td>登记原因</td><td colspan="4"></td></tr>
<tr><td rowspan="6">登记原因
证明文件</td><td colspan="4">1.</td></tr>
<tr><td colspan="4">2.</td></tr>
<tr><td colspan="4">3.</td></tr>
<tr><td colspan="4">4.</td></tr>
<tr><td colspan="4">5.</td></tr>
<tr><td colspan="4">6.</td></tr>
<tr><td colspan="2">申请证书版式</td><td>□单一版　集成版</td><td>申请分别持证</td><td colspan="2">□是　否</td></tr>
<tr><td>备注</td><td colspan="5"></td></tr>
<tr><td colspan="6">本申请人对填写的上述内容及提交的申请材料的真实性负责。如有不实，申请人愿承担法律责任。

申请人（签章）：　　　　　　　　　　申请人（签章）：
代理人（签章）：　　　　　　　　　　代理人（签章）：
年　月　日　　　　　　　　　　　　年　月　日</td></tr>
</table>

续表

不动产登记审批情况（申请人请勿填写）	初　审	复　审	核　定
	审查人：　　（签章） 年　月　日	审查人：　　（签章） 年　月　日	负责人：　　（公章） 年　月　日
备 注			

☞ **不动产登记申请审批表使用和填写说明**

一、使用说明

不动产登记申请审批表主要内容包括登记收件情况、申请登记事由、申请人情况、不动产情况、抵押情况、地役权情况、登记原因及其证明情况、申请的证书版式及持证情况、不动产登记审批情况。

不动产登记申请审批表将登记申请表和登记审批表合并，并非将申请程序和审批程序合并。不动产登记申请审批表为示范表格，各地可参照使用，也可以根据实际情况，从便民利民和方便管理出发，进行适当调整。

二、填写说明

【收件编号、时间】填写登记收件的编号和时间。

【收件人】填写登记收件人的姓名。

【登记申请事由】用勾选的方式，选择申请登记的权利或事项及登记的类型。

【权利人、义务人姓名（名称）】填写权利人和义务人身份证件上的姓名或名称。

【身份证件种类、证件号】填写申请人身份证件的种类及编号。境内自然人一般为《居民身份证》，无《居民身份证》的，可以为《户口簿》《军官证》；法人或其他组织一般为《组织机构代码证》，无《组织机构代码证》的，可以为《营业执照》《事业单位法人证书》《社会团体法人登记证书》。港澳同胞的为《港澳居民来往内地通行证》《港澳同胞回乡证》《居民身份证》;台湾同胞的为《台湾居民来往大陆通行证》或其他有效旅行证件,在台湾地区居住的有效身份证件或经确认的身份证件。外籍人的身份证件为《护照》和中国政府主管机关签发的居留证件。

【通信地址、邮编】填写规范的通信地址、邮政编码。

【法定代表人或负责人】申请人为法人单位的,填写法定代表人姓名;为非法人单位的,填写负责人姓名。

【代理人姓名】填写代权利人申请登记的代理人姓名。

【代理机构名称】代理人为专业登记代理机构的,填写其所属的代理机构名称,否则不填。

【联系电话】填写登记申请人或者登记代理人的联系电话。

【坐落】填写宗地、宗海所在地的地理位置名称。涉及地上房屋的,填写有关部门依法确定的房屋坐落,一般包括街道名称、门牌号、幢号、楼层号、房号等。

【不动产单元号】填写不动产单元的编号。

【不动产类型】填写土地、海域、无居民海岛、房屋、建筑物、构筑物或者森林、林木等。

【面积】填写不动产单元的面积。涉及宗地、宗海及房屋、构筑物的,分别填写宗地、宗海及房屋、构筑物的面积。

【用途】填写不动产单元的用途。涉及宗地、宗海及房屋、构筑物的,分别填写宗地、宗海及房屋、构筑物的用途。

【原不动产权证书号】填写原来的不动产权属证书或者登记证明的编号。

【用海类型】填写《海域使用分类体系》用海类型的二级分类。

【构筑物类型】填写构筑物的类型,包括隧道、桥梁、水塔等地上构筑物类型,透水构筑物、非透水构筑物、跨海桥梁、海底隧道等海上构筑物类型。

【林种】填写森林种类,包括防护林、用材林、经济林、薪炭林、特种用途林等。

【被担保债权数额(最高债权数额)】填写被担保的主债权金额。

【债务履行期限(债权确定期间)】填写主债权合同中约定的债务人履行债务的期限。

【在建建筑物抵押范围】填写抵押合同约定的在建建筑物抵押范围。

【需役地坐落、不动产单元号】填写需役地所在的坐落及其不动产单元号。

【登记原因】填写不动产权利首次登记(总登记、初始登记)、转移登记、变更登记、注销登记、更正登记等的具体原因。

【登记原因证明文件】填写申请登记提交的登记原因证明文件。

【申请证书版式】用勾选的方式选择单一版或者集成版。

【申请分别持证】用勾选的方式选择是或者否。

【初审、复审、核定】不动产登记的审批可以分为审核和核定程序。登记审核可以是初审、复审两审制，也可以是一审制。具体由专业的登记人员根据《不动产登记暂行条例》等规定填写审核意见，并签章。核定是登记机构有关负责人对登记结果的核查审定。不动产登记的具体审批程序可以由地方根据实际情况自行确定。

【备注】可以填写登记申请人在申请中或者登记机构在审批中认为需要说明的其他事项。

《民法典》适用与司法实务

茆荣华/主编

978-7-5197-4499-1　定价：198.00元

结合《民法典》最新的法律规定和审判实务中的50个法律适用重点问题，聚焦《民法典》的重要法律制度，为《民法典》施行后的重点、疑难法律规定的适用提供具有可操作性的实务指引，为民商事案件的办理提供有益参考。

民法典一本通

葛伟军/编著

978-7-5197-4747-3　定价：186.00元

以《民法典》的结构为基础，按照总则、物权、合同、人格权、婚姻家庭、继承、侵权责任的体系编排。在体例上以民法典的条文为主线，摘编关联法律、司法解释及解释性文件、行政法规及部门规章，并以相关案例为实证。

身边的民法典（漫画说法）

张迪圣　张素/著

978-7-5197-4505-9　定价：48.00元

联系与社会大众紧密相关的衣食住行、物权合同、婚姻家庭、收养继承、购物消费及常见侵权情形等实际需求，通过形象生动的漫画展现身边常见的生活法律问题，并用通俗易懂的语言进行分析解答，为读者解决法律问题、处理法律事务提供实用的解答和指引。

中华人民共和国民法典
（学习笔记版）

978-7-5197-4820-3　定价：68.00元

本书为《民法典》的学习笔记版。根据条文内容精炼条文要旨，提炼出全文目录，方便读者查询。将法律条文序号一律由汉字改为阿拉伯数字，清晰醒目，可辨识性高。将法律条文序号、条旨、法律正文分三栏排列，方便查阅。法律条文包含多款的，分别在每一款前面标注款号，方便查找。每页的固定位置留白，供使用人评注。

民法典学习推荐读本

民法典热点问题1200问

法律出版社法律应用中心/编

978-7-5197-4916-3　定价：72.00元

本书联系与人民生活密切相关的衣食住行、物权合同、婚姻家庭、收养继承、购物消费、常见侵权等实际需求，提炼常见法律问题，依据《民法典》及相关法律法规进行分析解答，为读者处理法律事务、解决法律问题提供直接、准确实用的解答。

民法典实用问题版系列

中华人民共和国民法典：实用问题版
978-7-5197-4798-5　定价：72.00元

民法典总则编：实用问题版
978-7-5197-4814-2　定价：36.00元

民法典物权编：实用问题版
978-7-5197-4813-5　定价：55.00元

民法典合同编：实用问题版
978-7-5197-4808-1　定价：60.00元

民法典人格权编：实用问题版
978-7-5197-4812-8　定价：20.00元

民法典婚姻家庭编：实用问题版
978-7-5197-5316-0　定价：32.00元

民法典继承编：实用问题版
978-7-5197-4810-4　定价：20.00元

民法典侵权责任编：实用问题版
978-7-5197-4811-1　定价：32.00元

对《民法典》重点条文进行注解，并收录关联的法律法律法规、司法解释、部门规章。同时，结合生活实践提炼法律适用问题，为处理法律事务、解决法律问题提供实用的指引，并收录常用的法律文书（合同）范本等实用工具。